古典文獻研究輯刊

七 編

潘美月・杜潔祥 主編

第 18 冊

《上海博物館藏戰國楚竹書(四)·
采風曲目、逸詩、內豐、相邦之道》研究(上)

陳 思 婷 著

國家圖書館出版品預行編目資料

《上海博物館藏戰國楚竹書（四）·采風曲目、逸詩、內豊、相邦之道》研究（上）／陳思婷著 — 初版 — 台北縣永和市：花木蘭文化出版社，2008〔民97〕

目 2+226 面；19×26 公分

（古典文獻研究輯刊 七編；第 18 冊）

ISBN：978-986-6657-68-9（精裝）

1. 簡牘文字　2. 研究考訂

796.8　　　　　　　　　　　　　　　　97012766

ISBN - 978-986-6657-68-9

9 789866 657689

古典文獻研究輯刊

七 編 第十八冊　　　　　　　ISBN：978-986-6657-68-9

《上海博物館藏戰國楚竹書（四）· 采風曲目、逸詩、內豊、相邦之道》研究（上）

作　　者　陳思婷

主　　編　潘美月　杜潔祥

總 編 輯　杜潔祥

企劃出版　北京大學文化資源研究中心

出　　版　花木蘭文化出版社

發 行 所　花木蘭文化出版社

發 行 人　高小娟

聯絡地址　台北縣永和市中正路五九五號七樓之三

　　　　　電話：02-2923-1455 ／傳真：02-2923-1452

電子信箱　sut81518@ms59.hinet.net

初　　版　2008 年 9 月

定　　價　七編 20 冊（精裝）新台幣 31,000 元

《上海博物館藏戰國楚竹書(四)‧
采風曲目、逸詩、內豐、相邦之道》研究（上）

陳思婷　著

作者簡介

陳思婷，台灣省台中縣人，台灣師範大學國文學系碩士。目前任教於台北市中正國民中學。著有專書《上海博物館藏戰國楚竹書（四）讀本》（合著，萬卷樓，2007 年）、單篇論文〈說夬〉（《東方人文學誌》第五卷第三期）。

提　　要

　　本書針對《上海博物館藏戰國楚竹書（四）》〈采風曲目〉、〈逸詩〉、〈內豊〉、〈相邦之道〉四篇考釋文字，並探究其中思想內容：

　　《采風曲目》是前所未見的音樂史料，它以宮、商、徵、羽等聲名分類標示各曲目的音樂性質，顯示了當時這些詩乃入樂之作，本文除了針對分類聲名作文字考釋，提供古代音樂史更多的研究資料外，更試圖由曲目名稱，去推論其可能包含的意義，以及楚地詩歌流傳的概況。

　　《交交鳴鵻》、《多薪》為兩首逸詩，在目前先秦出土材料中，也唯有這批上博竹簡，才保留有這類詩歌作品，這兩篇詩歌形式風格和《詩經》十分相近，但不見於史籍記載。雖說「詩無達詁」，但本文在文字考釋之餘，更期望能推論其詩旨，並討論其在《詩經》與《楚辭》南北兩大文學源流中所扮演的角色。

　　《內豊》全篇內容與《大戴禮記》〈曾子立孝〉、〈曾子事父母〉等篇章有關，但不完全相同。除了考釋文字，藉由《內豊》與《大戴禮記》的對照，也可以進一步探求儒家孝道思想的變遷。

　　傳世文獻對孔子與魯哀公的問答多有記載，繼《上博二‧魯邦大旱》後，《相邦之道》的出現，又補充了這方面的史料，簡文中記有孔子與哀公、子貢之間的問答。本文欲由孔子一貫的政治思想出發，推求孔子對哀公的評價。

凡　例

一、本文每章先列出竹簡釋文，在釋文中以〔1〕、〔2〕、〔3〕等形式，標示出學者們曾特別討論過的議題，依各學者文章發表之先後次序，羅列各家說法，再提出本文所作之結論。

二、釋文採用窄式隸定，其用以括號（　）註明寬式隸定或通同字。

三、釋文中每簡簡號以【　】表示，標示在各簡簡文之後。

四、簡文中有標點符號者，依符號形式、位置一併標示於釋文中。

五、若爲斷簡殘篇，而可以據上下文義、體例補字者，所補之字外加框線　。若有殘泐不能辨識之字，或是不可據文義、其他線索推測缺字者，□表示缺一字，☑表示缺若干字。若簡文前後文義未完，應該還有字，則以……表示。

六、本文中言及與筆者親炙之師長，均尊稱爲師，其他學者則不加敬稱。

七、本文中所引之十三經原文注疏，皆本於《十三經注疏》（台北：藝文出版社，2001 年 12 月初版 14 刷），文中不再另行加註。

八、每章註腳由 1 開始標示序號。

九、本論文所引用的出土文字材料出處均用簡稱，對照如下：（依筆劃排列）

　　◎甲骨文字

　　1. 乙---董作賓《殷墟文字乙編》

　　2. 甲---董作賓《殷虛文字甲編》

　　3. 合---中國社會科學院歷史研究所編《甲骨文合集》

　　4. 京津---胡厚宣《戰後京津新獲甲骨》

　　5. 京都---貝塚茂樹《京都大學人文科學研究所藏甲骨文字》

　　6. 前---羅振玉《殷墟書契》

　　7. 後---羅振玉《殷墟書契後編》

　　8. 菁---羅振玉《殷虛書契菁華》

　　9. 粹---郭沫若《殷契粹編》

　　10. 鐵---劉鶚《鐵雲藏龜》

◎金　文
1. 集成---《殷周金文集成》

◎戰國文字
1. 曾---曾侯乙墓
2. 天卜---江陵天星觀 1 號墓卜筮簡
3. 天策---江陵天星觀 1 號墓遣策簡
4. 信 1---信陽長臺關 1 號墓竹書簡
5. 信 2---信陽長臺關 1 號墓遣策簡
6. 望 M1---江陵望山 1 號墓竹簡
7. 望 M2---江陵望山 2 號墓竹簡
8. 包---荊門包山簡 2 號墓
9. 郭---荊門郭店 1 號墓竹簡

老甲---老子甲	老乙---老子乙
老丙---老子丙	太---太一生水
緇---緇衣	魯---魯穆公問子思
窮---窮達以時	五---五行
唐---唐虞之道	忠---忠信之道
成---成之聞之	尊---尊德義
性---性自命出	六---六德
語一---語叢一	語二---語叢二
語三---語叢三	語四---語叢四

10. 九 M56---江陵九店 56 號墓竹簡
11. 磚---江陵磚瓦廠 270 號墓竹簡
12. 仰天---《長沙仰天湖二五號墓竹簡》
13. 上博一---《上海博物館藏戰國楚竹書（一）》
14. 上博二---《上海博物館藏戰國楚竹書（二）》
15. 上博三---《上海博物館藏戰國楚竹書（三）》
16. 上博四---《上海博物館藏戰國楚竹書（四）》

　　秦陶---《秦代陶文》

　　侯馬---《侯馬盟書》

　　帛---長沙子彈庫帛書

　　璽彙---羅福頤主編《古璽彙編》

第一章　緒　論

第一節　研究動機與目的

　　王國維先生首倡「二重證據法」，認爲學術研究，必須配合「紙上之史料」以及「地下之材料」。1982 年，饒宗頤先生更進一步地提出，欲探索文化，必須結合「田野考古」、「文獻記載」和「甲骨文的研究」，〔註1〕此即所謂的「三重證據法」，相較於王國維之說，除了考古實物、傳世古書之後，更多了一重證據，即「古文字材料」。〔註2〕饒宗頤先生曾說：「我們有兩個中國，一個在地下，一個在地上」，〔註3〕就戰國文字的領域而言，湖北荊門出土的包山、郭店楚簡，以及上海博物館藏楚簡，是近年來所發現最重要的先秦古文字材料，其中《上海博物館藏戰國楚竹書（一）》於 2002 年問世以來，更是學者研究的重點。在這幾年當中，上博楚簡陸續出版，學者們也在前賢建立的堅實基礎上，對文字的釋讀有了長足的進步，我們所了解到的，不僅只是戰國文字在文字演變歷史上的地位，更包含了竹書內容在學術思想上的影響。

　　《上海博物館藏戰國楚竹書（四）》在學者們的殷殷期盼下出版，毫無例外地一如《上博（一）》、《上博（二）》、《上博（三）》那般，聚集了學者的焦點。

　　在《上海博物館藏戰國楚竹書（四）》中，《采風曲目》是前所未見的音樂史料，它以宮、商、徵、羽等聲名分類標示各曲目的音樂性質，顯示了當時這些詩乃入樂之作，本文除了針對分類聲名作文字考釋，提供古代音樂史更多的研究資料外，更

〔註1〕饒宗頤：《談三重證據法——十干與立主》，1982 年 5 月香港夏文化探討會上致詞。
　　　　《饒宗頤二十世紀學術文集》卷一，（台北：新文豐，2003 年 10 月），頁 16。
〔註2〕李零：《簡帛古書與學術源流》，（北京：三聯書店，2004 年 4 月），頁 10。
〔註3〕沈建華：《饒宗頤新出土文獻論證》，（上海：上海古籍出版社，2005 年 9 月），頁 267。

試圖由曲目名稱,去推論其所可能包含的意義,以及楚地詩歌流傳的概況。

　　《逸詩》〈交交鳴鷺〉、〈多薪〉二篇是另一項值得重視的文獻。目前先秦出土材料中,也唯有這批上博竹簡,才保留有這類詩歌作品,這兩篇詩歌的形式風格和《詩經》十分相近,但不見於史籍記載。雖說「詩無達詁」,但本文在文字考釋之餘,更期望能無礙地說明詩旨,並討論其在《詩經》與《楚辭》南北兩大文學源流中所扮演的角色。

　　《內豊》全篇內容與《大戴禮記》〈曾子立孝〉、〈曾子事父母〉等篇章有關,但不完全相同。除了考釋文字,藉由《內豊》與《大戴禮記》的對照,我們也可以探求儒家孝道思想的變遷。

　　《論語》、《荀子》、《韓非子》、《禮記》等文獻皆記載了孔子與魯哀公的問答,繼《上博二‧魯邦大旱》後,《上博四‧相邦之道》的出現,又補充了這方面的史料。簡文中除了記有孔子與哀公之間的問答,以及孔子退出宮廷後與子貢的談話,本文欲由孔子一貫的政治思想出發,推求孔子對哀公的評價為何。

第二節　研究方法

　　楊樹達於《積微居金文說》自序中,曾言及「每釋一器,首求字形之無牾,終期文義之大安,初因字以求義,繼復因義以定字。義有不合,則活用其字形,借助於文法,乞靈於聲韻,以通假讀之。」〔註4〕這段話指出了研究古文字時,對字形、音、義三方面都必須兼顧的要點。

　　考釋古文字,首先必須辨識字形。以往古文字的領域中,戰國文字的識字多半都是孤立的,這是由於過去戰國文字的材料,泰半是璽印、貨幣等器物,幾乎沒有辭例可循。過去學者常以清末孫詒讓提出的「偏旁分析法」,〔註5〕將未釋字的部件一一分析,比對參照已知的偏旁變化,由字形去分析一個字的結構。近年來,簡帛文字大量出土,其內容往往是一篇篇的論著,有些甚至與傳世文獻可資對照,學者於是大量地運用了「辭例校勘法」,〔註6〕以辭例比較的方式釋字。〔註7〕戰國時期的文字,不但形體變化多,而且普遍使用通假字,增加了考釋的困難。本文在討論通假字時,採用黃侃所定之古聲十九紐,以及陳師新雄的古韻三十二部,務求切合

〔註4〕楊樹達:《積微居金文說(增訂本)》,(北京:中華書局,2004年1月重印),頁1。
〔註5〕高明:《中國古文字學通論》,(北京:北京大學出版社,1996年),頁170。
〔註6〕高明:《中國古文字學通論》,(北京:北京大學出版社,1996年),頁171。
〔註7〕李零:《簡帛古書與學術源流》,(北京:三聯書店,2004年4月),頁170。

古音規則，並盡量舉出古書通假之例。釋出文字之後，再回歸至簡文內容，務使文義通達無滯。

　　除了由文字學著手外，本文亦運用語法、考古學〔註8〕以及生物學、〔註9〕植物學〔註10〕等研究成果，希望能兼顧各領域的知識，對簡文內容做最完整全面的說明。

〔註 8〕如第一章釋《采風曲目》之「又蘐」。

〔註 9〕如第三章釋「鴽」。

〔註 10〕如第四章釋〈多薪〉。

第二章 〈采風曲目〉校釋

第一節 前 言

據原考釋說明，本篇僅殘存六簡（簡二由兩支殘簡拼接），共 150 字，最長的一簡為 56.1 釐米，上端仍有兩個字位置的斷缺長度，其他幾支簡所缺的部位都在上端，而下端較為完整。記載的內容是五聲中的宮、商、徵、羽各聲調及所屬歌曲的篇目，沒有發現角音的聲名。

本篇包括：宮穆、宮巷、宮訐、宮示祝、徙商、商、訐商、訐徵、徵和、趨羽、訐羽、羽乍等 12 個宮調名；以及〈子如思我〉、〈碩人又文〉、〈喪之末〉、〈疋芏月〉、〈埜又葛〉、〈出門乩東〉、〈君壽〉、〈牕兄人毋逃虐門〉、〈不寅之嫗〉、〈要丘〉、〈奚言不從〉、〈豊又酉〉、〈高木〉、〈锥☒〉、〈牧人〉、〈募人〉、〈蠶亡〉、〈鼍氏〉、〈城上生之葦〉、〈道之遠尒〉、〈良人亡不宜也〉、〈**𠂤**也遺夫〉、〈塵**軶**之實〉、〈亓**𩽈**也〉、〈鴿羽之白也〉、〈子之賎奴〉、〈北埜人〉、〈鳥虎〉、〈咎比〉、〈王音深浴〉、〈嘉賓逗憙〉、〈☒居〉、〈思之〉、〈絲信然〉、〈邝叟弋虎〉、〈狗虐君毋死〉等 36 個曲目名；以及「又敂」一個演奏說明。曲目的性質，有些詞句也許和今本《毛詩》的詩句十分類似，但大多數曲目的性質還不是很清楚。是否為孔子選編後未傳的逸詩，或是楚地采集的詩歌，其實也都不能確定。

由於本篇的曲目都沒有歌詞，所以具體內容不易肯定，本文僅能根據曲目名稱加以推論。

第二節　關於「分類聲名」及「又蔎」

一、分類聲名

原考釋謂：

> 簡中各種歌曲目錄，現存有宮、商、峉（徵）、羽等四聲名諸調，這些名
> 稱中還各在聲名的字首或字尾另綴一字表示。這些名稱分別爲：宮穆、宮
> 巷、宮訐、宮祝、🈂️商、趀商、訐商、訐峉、峉和、韽羽、趀羽、訐羽、
> 羽襆；和聲名相綴合的有穆、巷、訐、🈂️、祝、趀、韽、襆、和等九字。
> 按五聲排列，諸曲調的次序約如下：
> 宮穆　宮巷　宮訐　宮祝　　第一簡
> 🈂️商　趀商　訐商　第二簡
> 訐峉　峉和　第三簡
> 韽羽　趀羽　訐羽　羽襆　　第四簡
> 其中第二簡趀商、訐商和第四簡的趀羽、訐羽前後排列次序相同，可知其
> 排列有某種程式。曲目多寡按實際情況而定，這是樂官依據五聲爲次序並
> 按各自不同樂調類別整理采風資料中眾多曲目的一部份。每首歌曲弦歌時
> 可依此類別定出歌腔，這大約是楚地所流行的音樂。〔註1〕

　　原考釋馬承源依「宮、商、角、徵、羽」五聲音階來排列簡序，〔註2〕並認爲
《采風曲目》各簡所包含的曲調〔註3〕有「宮穆、宮巷、宮訐、宮祝」（以上屬第一
簡）、「🈂️（本文釋爲「徙」）商」、「趀商」、「訐商」（以上屬第二簡）、「訐峉」、「峉
和」（以上屬第三簡）、「韽羽」、「趀羽」、「訐羽」、「羽襆」（以上屬第四簡）等十三

〔註1〕馬承源主編：《上海博物館藏戰國楚竹書（四）》，（上海：上海古籍出版社，2004年
　　　12月），頁162。

〔註2〕曾侯乙鐘的基本音列爲：「峉、𡇯（羽）、宮、商、角」（參黃翔鵬：〈先秦音樂文化
　　　的光輝創造——曾侯乙墓的古樂器〉，《文物》，1979年第1期，頁35），《采風曲目》
　　　的簡序，應亦可參考這樣的順序加以排列。

〔註3〕王文耀認爲：「曾侯乙鐘樂音系統中的許多音名是由宮、商、角、峉（徵）、𡇯（羽）
　　　五聲階名加上『曾』、『顄』、『角』等後綴以及『蔎』、『濙』、『少』等前綴構成的。
　　　其中除了『濙』、『少』構成低、高八度音外，其餘都是變化音級。這些變化音級是
　　　產生於人們配製和聲效果的需要，而不是旋律、曲式的發展而構成新的調式音階的
　　　需要。」（詳見王文耀：〈曾侯乙鐘銘文之管見〉，《古文字研究》第九輯，頁399。）
　　　然而就《采風曲目》簡文而言，以西方的音樂觀點來看，樂曲的調式（例如升降記
　　　號）會在曲子的開頭出現，使人明白此曲的調式爲何，若「宮穆」、「宮巷」……只
　　　作爲變化音名，並非調式，則無法突顯其標示於曲目之前的意義。

個分類聲名。五聲音階中的「徵」，簡文作「峇」，與曾侯乙編鐘銘文相同，《采風曲目》缺少了五聲音階中的角音，原考釋認為可能早年即已散佚。

下文依前綴或後綴，重新排列這十二個分類聲名，〔註4〕並以學者所提出的看法為基礎重新隸定，並加以討論：

（一）「穆」與「和」

卜辭 （合38400）字，于省吾釋「穆」，謂「象有芒穎之禾下垂形」，〔註5〕金文加「彡」為飾作 （牆盤）、（適簋）。楚系「穆」字禾穗部份多訛為「日」形，「彡」形變化繁多，或完全省略作 （包2.213）；亦有訛為「丰」、「刀」、「火」、「勿」等形作 （曾侯乙鐘）、（包2.47）、（包牘1）、（郭·魯1）者。第一簡「」字與曾侯乙鐘之形相同，原考釋釋「穆」可從。

「峇」字從「夊」（即「㞢」字變體），從「口」當為飾符，可讀為「徵」。甲骨文有「」字（《甲骨文編》4299號），西周金文牆盤作「」，裘錫圭以為象背部有腓子之㞢刀，即「㞢」字，當為獨體象形文。〔註6〕楚系文字作「」（包138，右旁）、楚璽作「」（璽彙2984·上旁），後一形與本簡同形，均為「㞢」字之異寫。

關於「宮穆」一詞，原考釋謂：

> 分類聲名。《曾侯乙編鐘》下二·二側鼓音銘：「商曾。」右鼓音銘：「姑洗之商曾，穆音之宮。穆音之才（在）楚為穆鐘，其才（在）周為剌音。」「宮穆」是否即是「穆宮」字位的轉換，尚未確知，但所標應是《碩人》詩曲的樂調類屬。薛尚功《歷代鐘鼎彝器款識法帖》著錄有《楚王酓章鐘》二器，銘文和《曾侯乙編鐘》下列中央銘五十又六祀之《楚王酓章鐘》相同。此二器銘文之末另有標音字，前一器為「穆商□」，《兩周金文辭大系圖錄考釋》隸定為「穆商商」，其實圖示末字非「商」字甚明，而是另一名稱，第一器的「穆」是楚律名或律的異名。第二器銘末音名為「亅羿（羽）反，宮反」，「亅」可能是「少」字的殘筆，則或可讀為「少羽反」，《曾侯乙編鐘》銘有「少羽之反」，由此說明「穆」可能與楚律名有關。〔註7〕

〔註4〕原考釋第四簡之「」，本文依董珊之說（董珊：〈讀上博藏戰國楚竹書（四）雜記〉，簡帛研究網，2005年2月20日）釋為「鵅」，將「鵅（鷺）羽之白」視為曲目名稱。（詳後文）。

〔註5〕于省吾：〈釋穆〉，《甲骨文字詁林》，（北京：中華書局，1996年），頁145～146。

〔註6〕裘錫圭：〈古文字釋讀三則〉，《古文字論集》，（北京：中華書局，1992年8月），頁399～402。

〔註7〕馬承源主編：《上海博物館藏戰國楚竹書（四）》，（上海：上海古籍出版社，2004年

「**旮和**」之「**和**」，原考釋謂：

> 應與聲名有關。在《曾侯乙編鐘》三・四背面右鼓有一個單音詞階名「觞」，《曾侯乙墓》第三章〔1〕樂律關係中論單音詞聲名「觞」是「表示著宮音上方的純四度音」。簡文之「和」因前綴字有聲名「徵」，故而不大可能是五聲之外的單音詞聲名，比較之下應該是與音律有關之字，但《曾侯乙編鐘》銘文中記載楚國的八個律名中沒有「觞」這個名稱。《曾侯乙編鐘》記載的楚國加前綴或後綴詞而構成的變聲名之中，綴詞區分爲八種不同情況，與之很不相同。由於不能確認所錄的分類標目的名稱是否爲楚制或從別國引入，或引入的樂目都已轉換成楚國通用樂調的稱謂，這些問題都缺乏相關的文物來加以驗證。〔註8〕

董珊認爲「宮穆」即爲「變宮」、「徵和」即爲「變徵」：

> 從傳世文獻和出土資料來看，「宮穆」與「徵和」應當分別指「變宮」和「變徵」兩個音名，即較「宮」、「徵」音位低半音（一律）的音名。《淮南子・天文》云：
>
> 「宮生徵，徵生商（今本作「徵生宮，宮生商」，此據《晉書・律曆志》、《宋書・律志》校改），商生羽，羽生角，角生姑洗，姑洗生應鐘，〈不〉比於正音故爲『和』，應鐘生蕤賓，不比於正音故爲『繆』」。
>
> 以上錄文中「姑洗生應鐘，〈不〉比於正音故爲『和』」之「比」前增「不」字，王念孫《讀書雜誌》已經舉《晉書・律曆志》引淮南王安曰：「應鐘不比正音，故爲和」；清胡彥昇亦引《宋書・卷十一・律志》亦言「姑洗生應鐘，不比於正音，故爲『和』」沈約自注云「姑洗三月，應鐘十月，不與正音比效爲和。」此皆足證今本脫去「不」字。

---

12 月），頁 164。思婷案：宋代出土二件楚王酓章鐘，元代以後已不存。《殷周金文集成》00083 所收之摹本銘文爲「乍（作）曾侯／乙宗彝，／算之于／西湯，其／永時（持）用言（享）／穆鐘、商。」

黃翔鵬認爲編列於曾侯鐘的楚王鎛與宋代出土之楚王酓章鐘同套，乃楚惠王贈予曾侯乙之物，因作爲陪葬品，替換了編鐘組原本的大甬鐘。黃翔鵬謂：「據郭老判斷，大鐘（案：指楚王酓章鐘）上另刻『穆商商』三字，小鐘上另刻『翠反』、『宮反』等字，由於文體有異，應該是後人校鐘律、標音的結果。這個判斷極爲準確。」並說明「穆商商」爲：「曾國的樂律體系屬楚文化範圍，但是基本律的高度卻高一個全音，也就是『穆商』，曾國的『楚商』如與楚國作樂律的比較，自然就是『穆商之商』了。」（詳見黃翔鵬：〈釋「楚商」——從曾侯鐘的調式研究管窺楚文化問題〉，《文藝研究》，1979 年第二期，頁 72～81。

〔註 8〕馬承源主編：《上海博物館藏戰國楚竹書（四）》，（上海：上海古籍出版社，2004 年 12 月），頁 168。

《淮南子・天文》的這段文字，是以黃鐘均為例，以說明二變（變宮、變徵）之音。據司馬彪《續漢書・律曆志・律准》保存西漢京房說：「建日冬至之聲，以黃鐘為宮，太簇為商，姑洗為角，林鐘為徵，南呂為羽，應鐘為變宮，蕤賓為變徵，此聲氣之元，五音之正也」，即應鐘、蕤賓的律准，分別相當於黃鐘均的變宮、變徵二音位。據王念孫說，「比」訓為「合」、訓為「入」，「不比於正音」即變宮、變徵分別為宮、徵之變，不入於宮、商、角、徵、羽這五正音。

《淮南子・天文》謂應鐘（黃鐘之變宮）為「和」，蕤賓（黃鐘之變徵）為「繆」；楚簡則稱「宮穆」、「徵和」，與《淮南子》相反。王念孫云：「《大雅・烝民》箋曰：『穆，和也』。『穆』、『繆』古字通」。和、繆（穆）都訓為「和」，指調和於正音。「穆（繆）」亦訓「和」，所以楚簡音名綴詞「穆」、「和」可以換用。《隋書・卷十五・志第十》「宮、商、角、徵、羽為正，變宮、變徵為和」，以「和」統說二變之音，可為「穆」亦即「和」之確證。

馬承源先生在注釋中指出，曾侯乙編鐘3・4在背右鼓有「姑洗之和」的音名「和」與楚簡「徵和」之「和」有關（《上博四》168頁）；馬先生還指出，楚簡之「宮穆」之「穆」，跟宋人所見之楚王鐘銘「穆商商」、曾侯乙編鐘下2・2右鼓曾律名「穆音」、楚律名「穆鐘」之「穆」，都是相關的。研究者多認為曾侯乙編鐘銘的「和」、「穆」確跟《淮南子・天文》相關，但具體解釋還存在分歧。就目前的情況來看，以《淮南子・天文》釋《采風曲目》的「穆」、「和」，似較為直接簡明。〔註9〕

【思婷案】

《國語・周語》有段關於景王問鐘律於伶州鳩的記載：

王弗聽，問之伶州鳩。對曰：「臣之守官弗及也。臣聞之，琴瑟尚宮，鐘尚羽，石尚角，匏竹利制，大不踰宮，細不過羽。夫宮，音之主也。第以及羽，聖人保樂而愛財，財以備器，樂以殖財。故樂器重者從細，輕者從大。是以金尚羽，石尚角，瓦絲尚宮，匏竹尚議，革木一聲。〔註10〕

王將鑄無射，問律於伶州鳩。對曰：「律所以立均出度也。古之神瞽考中聲而量之以制，度律均鐘，百官軌儀，紀之以三，平之以六，成於十二，

〔註9〕 董珊：〈讀上博藏戰國楚竹書（四）雜記〉，簡帛研究網，2005年2月20日。

〔註10〕 （三國）韋昭注：《國語・周語下》，台北：藝文印書館，1959年，頁126。

天之道也。夫六，中之色也，故名之曰黃鐘，所以宣養六氣、九德也。由是第之：二曰太蔟，所以金奏贊陽出滯也。三曰姑洗，所以修潔百物，考神納賓也。四曰蕤賓，所以安靖神人，獻酬交酢也。五曰夷則，所以詠歌九則，平民無貳也。六曰無射，所以宣布哲人之令德，示民軌儀也。爲之六閒，以揚沈伏，而黜散越也。元閒大呂，助宣物也。二閒夾鐘，出四隙之細也。三閒仲呂，宣中氣也。四閒林鐘，和展百事，俾莫不任肅純恪也。五閒南呂，贊陽秀也。六閒應鐘，均利器用，俾應復也。〔註11〕

這二段文字說明了周代已有七音十二律的存在，可與西方音樂的十二調對照如下表（此對應表是以宮調式座落於C音開始推算）：

十　二　律	黃鐘	大呂	太蔟	夾鐘	姑洗	仲呂	蕤賓	林鐘	夷則	南呂	無射	應鐘
中國調式	宮		商		角		變徵	徵		羽		變宮
對應西方音樂調式	C	C#	D	D#或Eb	E	F	F#或Gb	G	G#或Ab	A	A#或Bb	B

這個七聲音階的特點是：它的半音位置落在變徵和徵之間、變宮和宮之間。〔註12〕董珊引《淮南子‧天文訓》「不比於正音故爲『和』」、「不比於正音故爲『繆』」以及《大雅‧烝民》箋：「穆，和也」之語，謂「宮穆」與「徵和」即爲「變宮」和「變徵」，此說相當具有說服力。若依董珊之說，則「變宮」和「變徵」就是比「宮」、「徵」音位低半音（一律）的音名。

董珊所引《續漢書》京房之語，即表示當黃鐘爲宮時，依序排列到「變宮」名稱爲「應鐘」、「變徵」名稱爲「蕤賓」。《周禮‧大司樂》亦有「圜鐘（即夾鐘）爲宮，黃鐘爲角，太蔟爲徵，姑洗爲羽」、「函鐘（即林鐘）爲宮，太蔟爲角，姑洗爲徵，南呂爲羽」、「黃鐘爲宮，大呂爲角，太蔟爲徵，應鐘爲羽」等說法，〔註13〕這說明了當十二律的黃鐘開始於不同的調式（宮、商、角、徵、羽）時，連帶地「太蔟、姑洗、林鐘、南呂、應鐘、蕤賓」……也會相對移動。

（二）𪠡：宮𪠡

原考釋謂：

〔註11〕 （三國）韋昭注：《國語‧周語下》，（台北：藝文印書館，1959年），頁132。

〔註12〕 楊蔭瀏：《中國古代音樂史稿》，（台北：大源，1997年），頁1～39。

〔註13〕 轉引自楊蔭瀏：《中國古代音樂史稿》，（台北：大源，1997年），頁1～86。

「郋」所以聲符「芇」，與《上海博物館藏戰國楚竹書（二）·魯邦大旱》篇「△路」即「巷」字之聲符相同，疑「郋」亦爲「巷」字。〔註14〕

【思婷案】

本簡「🔲」字，字亦見曾侯乙墓竹簡167「🔲」。楚系文字中另有「🔲」（包142）、「🔲」（包144）等字，以往有將上列字形誤釋爲它字者。〔註15〕郭店楚簡《緇衣》第一簡云：「夫子曰：好嬺女好茲衣，亞亞女亞🔲白」，與今本「子曰：好賢如緇衣，惡惡如巷伯」相對照，「🔲白」即「巷伯」。自從1997年西安出土秦代「永巷」封泥，得知「巷」字作🔲、🔲等形，乃从行、芇〔註16〕聲，可證包山、郭店竹簡諸字皆爲楚系「巷」字之異體，〔註17〕其聲符部份，上部從「廿」形，亦有訛爲「口」形作🔲（上博二·魯邦大旱簡3）者；下方作「巾」形，亦有作「市」形者。原考釋釋「🔲」爲「巷」字，可從。

「宮巷」作爲分類聲名，董珊謂：「『巷』疑讀爲『弘』（參看《古字通假會典》第7頁『洪與弘』），似指宮音之弘大者，即低音區的宮音」。〔註18〕

「巷」從共得聲，上古音屬匣紐東部；弘，上古音屬匣紐蒸部，二者音近，故可通假，《呂氏春秋·忠廉》：「衛懿公有臣曰弘演。」《韓詩外傳》七「弘演」即作「洪演」。「弘」有「大」義，董珊認爲「宮巷」可讀「宮弘」，即「低音區的宮音」。

曾侯乙墓出土之編鐘鐘銘，有「大羽」、「大宮」之稱者，此「大」字作爲前綴，用以表示低一個八度音。〔註19〕故「宮弘」之說，亦有所據，然而實際音律爲何，

〔註14〕馬承源主編：《上海博物館藏戰國楚竹書（四）》，（上海：上海古籍出版社，2004年12月），頁165。

〔註15〕包山簡142、144二形，收錄於《楚系文字編》147頁「遑」字下。曾167一形則收於《楚系文字編》549頁「郘」字下。黃錫全釋「衛」，《〈包山楚簡〉部分釋文校釋》，《湖北出土商周文字輯證》附錄四，武漢大學出版社，1992年。

〔註16〕「芇」字見於西周半伯簋（04331），從共得聲。（參裘錫圭：〈古幣叢考讀後記〉，《古幣叢考》，頁3、季師旭昇：《說文新證》（上），頁530。徐寶貴亦由郭店楚簡及東周秦人「永巷丞印」、睡虎地秦簡「巷」字，証明「芇」、「廾」、「共」爲音同字。（參徐寶貴：《〈郭店楚簡研究三則〉，《古籍整理研究學刊》，2003年3月第2期，頁22～21,〉

〔註17〕徐在國：《隸定古文疏證》，頁308～309、白於藍：〈釋包山楚簡中的「巷」字〉，《殷都學刊》1997年3月，頁44～45、趙平安：〈釋包山楚簡中的「衛」與「遑」〉，《考古》，1998年5月，頁80～81、何琳儀、徐在國：〈釋芇及其相關字〉，《中國文字》新27期，頁103～110。

〔註18〕董珊：〈讀上博藏戰國楚竹書（四）雜記〉，簡帛研究網，2005年2月20日。

〔註19〕譚維四：《曾侯乙墓》，（台北縣中和市：瑞昇文化，2005年），頁186。

仍有待進一步證據以供研究。本調所屬曲目爲〈喪之末〉，爲喪歌之末章，若以用低沉的宮音來表達哀傷之感，當頗合適。

（三）訐：宮訐、訐商、訐客、訐羽

楚系「言」字作 （包 2.14），無論是獨體或作爲形旁，絕大部份的「言」字很少簡省上方橫筆，但這樣的情況雖少，也並非罕見，如 （諱，上博一·孔子詩論簡 8）、（諱，上博一·孔子詩論簡 9）、（詞，郭·語一 108）等字所從之「言」旁，即與本篇第三簡「」字相同。故「」從言、從干，原考釋隸定爲「訐」，可从。

關於「訐」的意義原考釋無說，董珊則謂：

> 訐：既可以作後綴：「宮訐」；也可以作爲前綴：「訐（衍、衍）商」、「訐徵」、「訐羽」。從構詞形式上說，「宮訐」是「大名冠小名」，其餘三個是「小名冠大名」，「訐」無論做前綴還是後綴，其意義應該相同。
>
> 從語音上看，「訐」相當於曾侯乙編鐘銘表示低音區之音階名前綴「遺」，兩個字都讀爲「衍」，訓爲「大」、「廣」。在簡文中，「宮訐」、「訐（衍）商」、「訐（衍）徵」、「訐（衍）羽」分別指低音區的宮、商、徵、羽，都較正音低一個八度。〔註20〕

曹建國謂：

> 「訐」相當於曾侯乙鐘律的「遺」，可以讀爲「衍」，訓爲「廣」、大」之類。從音樂學的角度解釋，「遺」或「訐」表示低一至兩個八度，比如「遺徵」爲「徵」的低兩個八度。董珊先生認爲「訐」在簡文中既可充當前綴，也可充當後綴。對照曾侯乙鐘律，其說或不確。在曾侯乙鐘律中，音名的前綴和後綴有嚴格的區分，且非常統一，似不應相混。〔註21〕

【思婷案】

曾侯乙鐘磬樂律銘文中，有「遺羽」、「遺宮」、「遺商」，「遺」字作爲前綴詞，表示比正聲組低兩個或兩個以上八度的音。〔註22〕「訐」從「干（見／元）」聲，與曾侯乙鐘磬樂律銘「遺（溪／元，讀爲衍）」聲近韻同，董珊由「訐」、「遺」二字音近，推論「訐」之意義與「遺」相同，其說頗爲合理，但「訐」的實際用法

〔註20〕 董珊：〈讀上博藏戰國楚竹書（四）雜記〉，簡帛研究網，2005 年 2 年 20 日。
〔註21〕 曹建國：〈上博簡《采風曲目》試探〉，《中國簡帛學國際論壇 2006 論文集》，（2006 年 11 月 8～10 日，武漢），頁 256～257。
〔註22〕 石泉主編：《楚國歷史文化辭典》，（武漢大學出版社，第 1 版 1996 年），頁 451。

仍有待研究。

（四）祝（厎）：宮祝

董珊認為此處音階名稱「無後綴」，即「宮：祝君壽」，「所謂『宮祝』之『祝』字乃是『祝君壽』之『祝』字，此『宮』字無綴加成分，指標準五音之宮。」〔註23〕董珊的看法是本簡「▨」（以下稱△）字為「祝」，不屬分類聲名，應與「君壽」連讀。

曹建國：

> 簡文「宮祝」當即曾侯乙鐘律的「宮厎」。編號為「中三‧5」曾侯乙編鐘右鼓背面銘文為：「姑洗之宮厎，姑洗之在楚為呂鐘，其反為宣鐘。」裘錫圭先生注：「此字不識，有可能从右得聲。」崔憲從音律角度解釋：「宮厎一詞當與宮音的涵義不盡相同。如作『宮右之音』解，以琴律而言，則相當於琴的正調──弦七徽（宮）位置偏右，略比宮音偏高。因與實測數據（+17音分）相近，『宮厎』或即指此，存疑。」……
>
> ……不僅僅是曾侯乙鐘律為我們解釋《采風曲目》音階名提供了背景知識。反過來說，《采風曲目》也有助於解釋研究曾侯乙鐘律。比如「宮厎」在曾侯乙鐘律中只出現了一次，它的含義不能確知，甚至於它是否具有音樂學意義也沒有得到人們的認可。現在，《采風曲目》中在此出現了「宮祝」，儘管我們還是不能確知其律學意義，但至少肯定楚系音樂中，「宮厎」是完全存在的。〔註24〕

季師旭昇讀「祝」為「厎」：

> 「祝」從「尤（為／之）」聲，「厎」從「右（為／之）」聲，二字聲韻畢同。曾侯乙編鐘 C.65.中.3.3 銘云「姑洗之宮厎」。〔註25〕

【思婷案】

欲討論△字究竟屬於分類聲名，還是應與曲目名稱連讀，仍必須由字形著手分析。△左旁從示，楚系「示」字作「示」（天策），亦有省上方橫筆者，此形多位於字形下方，如「祭」（祭，包 2.225）、「福」（福，包 2.37）。

〔註23〕董珊：〈讀上博藏戰國楚竹書（四）雜記〉，簡帛研究網，2005 年 2 月 20 日。

〔註24〕曹建國：〈上博簡《采風曲目》試探〉，《中國簡帛學國際論壇 2006 論文集》，（2006 年 11 月 8～10 日，武漢），頁 257～258。

〔註25〕季師旭昇：〈《采風曲目》釋讀（摘要）〉簡帛研究網，2006 年 11 月 27 日。季師旭昇主編：《上海博物館藏戰國楚竹書（四）讀本》，頁 12～13。

卜辭「尤」字作 （鐵 50.1），于省吾謂在 字上部附加橫劃或斜劃，作為指事字的標志，以別於「又」，而仍以「又」為聲。〔註26〕西周早期金文作 （獻簋），春秋金文作 （鑄司寇鼎），指事符號移至「又」形下方。〔註27〕楚系未見獨體「尤」字，郭店楚簡有「　」（郭·六16）字，吳良寶釋「忧」；〔註28〕於偏旁中作「　」（宊。楚系，璽彙 2154）、　（蚘。晉系，魚顛匕）。

楚系「兄」字大多作「　」（郭·六13），上從「口」形，然而偶有從「廿」形作「　」（郭·語一70）者，因此「兄」作為偏旁時上方亦有作「廿」形者如 祝（祝，帛甲 6·5）、　（祝，帛甲 6·75）。

楚系「示」字於偏旁或省上方橫筆，故本簡△左旁所從，應可釋為「示」，△字形與帛甲 6.75 之「祝」字相近，但若將兩者仔細比較，可發現△右旁所從之字，橫筆右方未貫出，且橫筆上方右側的筆畫，並未連接至橫筆下方，較接近「又」形，不似「廿」形；橫筆下方兩筆，與橫筆又極為接近，中間不似有「口」形。因此不能將△右旁所從之字，解釋為「廿」形筆畫太過接近的結果。此字應從示從尤，隸定為「祝」。

曾侯乙編鐘銘以「厝」字作為後綴用語，黃翔鵬對曾侯乙墓樂銘的研究指出「厝」為「高一古代音差的後綴」，〔註29〕並云：

> 此鐘的古鼓音標音為宮，而實測音高則比應有音高高出一個古代音差。按弦律來看，以三分損益律之翠為空弦時，宮音的標準音位應在十二徽之左方，此鐘的實際音高恰在十二徽，其位置卻在宮音之右。不承認弦律，這條銘文也就無從解釋。〔註30〕

曾國文化屬於楚文化範疇，其音樂體系自不例外，「祝」讀為「厝」，無論在聲韻或考古文物皆有所據。

（五）徒：徒商

第二簡「　」（以下稱△）字，由於字跡模糊，較難辨識，原考釋依形摹作「　」，

〔註26〕于省吾：〈釋古文字中附劃因聲指事字的一例〉，《甲骨文字釋林》，頁 445。

〔註27〕季師旭昇：《說文新證》（下），（台北：藝文印書館，2004 年），頁 274。

〔註28〕吳良寶：〈璽陶文字零釋〉，《中國古文字研究第一集》，吉林大學出版社 1999 年，頁 151～152；吳良寶：〈讀郭店楚簡札記三則〉，《古籍整理研究學刊》2001 年 5 期，頁 8。

〔註29〕黃翔鵬：〈先秦文化的光輝創造──曾侯乙墓的古樂器〉，《文物》1979 年第七期，頁 35。

〔註30〕黃翔鵬：〈先秦文化的光輝創造──曾侯乙墓的古樂器〉，《文物》1979 年第七期，頁 36。

未作隸定；〔註31〕董珊則釋△爲「率」，但附註「（？）」，〔註32〕表示未能確定之意。
陳斯鵬謂△「从辵从寡」：

> 《采風曲目》簡 2「商」，「商」上一字原未釋，細審之，實从辵从寡
> （無「宀」），應以「寡」爲聲，與同篇簡 4「羽」之「」記錄同一個
> 詞，爲樂調限制詞，義待考。〔註33〕

房振三則謂△「从辵从辰」：

> △字從「辵」甚明，右旁雖稍顯模糊，但仔細辨認可知是「辰」。「辰」，
> 在以往古文字中似未見。《說文》：「辰，水之衺流別也，從反永。」（十一
> 下三）「永」，戰國文字習見，如：

（哀成叔鼎）　　　　　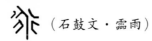（十四年陳侯午敦）

（石鼓文·吾水）　　　　　（石鼓文·霝雨）

> △字所從「辰」與《石鼓文·霝雨》「永」之反書極爲相似而略有變化。
> 故△當隸作「遰」。

> 據董珊先生研究，《采風曲目》中出現在宮、商、峉（徵）、羽音階前後
> 的綴詞共有七個，即穆、巷、訐、遰（董文隸定爲「率」，疑莫能定）、
> 趨、襆（？）、和，其中綴以「訐、趨、穆、和、巷」的都表示比正音低
> 的音名。簡文遰從「辵」從「辰」，疑讀爲「派」。《說文·水部》：「派，
> 別水也。」《文選·左思〈吳都賦〉》：「百川派別。」劉逵注引《字說》：
> 「水別流爲派。」《郭璞〈江賦〉》：「流九派乎潯陽。」李善注同。曾侯
> 乙墓編鐘樂律銘有「變商」，是在「商」音基礎上產生的一個音名。「派」
> 有「別流、分流」之義，故「遰（派）商」應當也是在「商」音的基礎
> 上變化出的一個音名，其音階是高於還是低於「商」音，目前尚難以確
> 定，有待進一步研究。〔註34〕

曹建國謂：

> 「率商」之「率」，馬承源先生未釋，此從董珊先生釋。古籍中「率」通
> 「屑」，《韓詩外傳》二：「子路率爾而對。」《說苑·尊賢》「率」作「屑」。

〔註31〕馬承源主編：《上海博物館藏戰國楚竹書（四）》，（上海：上海古籍出版，2004 年），
　　　　頁 166。
〔註32〕董珊：〈讀上博藏戰國楚竹書（四）雜記〉，簡帛研究網，2005 年 2 月 20 日。
〔註33〕陳斯鵬：〈初讀上博竹書（四）文字小記〉，簡帛研究網，2005 年 3 月 05 日。
〔註34〕房振三：〈上博館藏楚竹書（四）釋字二則〉，簡帛研究網，2005 年 3 月 29 日。

屑者,小也,少也。故「率商」即曾侯乙鐘律的「少商」,如編號爲「中二·5」的編鐘鉦部背面銘文:「坪皇之少商,姑洗之下角。」作爲音名前綴詞,「少」表示高八度音的意思,「少商」即高八度的商。〔註35〕

【思婷案】

卜辭「率」作 ![字] (寧滬 3.154),孫詒讓所釋,〔註36〕戴侗謂象大索之形。〔註37〕西周金文作 ![字] (盂鼎 2837)、![字] (小臣謎簋 4268) ![字] (永盂 10322)、![字] (毛公鼎 2841)等形,加「止」,索形兩旁數點類化从「行」,強調行動率領之意。楚系簡帛「率」承甲金文作 ![字] (上博一·緇衣 2)、![字] (包 2.74) 等形。〔註38〕簡文△字,左旁从「彳」,下方从「止」,十分清晰,可隸作「辵」,這是可以確定的部份。△整體字形與《上博一·緇衣》簡 2 之「率」字亦相當相似,但是△右旁有三撇筆,與「宀」形不類。董珊之說可參,但△未必即爲「率」字。

《采風曲目》第四簡「![字]」、「![字]」二字,原考釋誤釋爲「鴞」、「鼻」,實則二字應釋爲「鵒」、「鳥」,且「鴞羽」不爲分類聲名。〔註39〕另一方面,第四簡「![字]」、「![字]」所从之鳥字,鳥羽之形作「![字]」、「![字]」形,與△之筆勢不同。陳斯鵬以簡四之「![字]」字爲基礎釋「△」,恐不可信。

房振三謂△「从辵从厎」。《說文》謂「厎」字「从反永」,然西周中期吳方彝「永寶用」之「永」作「![字]」,春秋器杞伯簋「永寶用享」的「永」字,亦有作「![字]」者,秦代的五十二病方「脈」字作「![字]」,从肉从永。可見由於古文字正反無別之故,早期「永」與「厎」並無不同。〔註40〕

房振三謂「△字所從『厎』與《石鼓文·霝雨》『永』之反書極爲相似而略有變化」。就字形而言,戰國時期的「永」字,作 ![字] (齊系,十四年陳侯午敦)、![字] (燕系,休涅壺)、![字] (晉系,哀成叔鼎)、![字] (楚系,酓章鐘)、![字] (秦系,石鼓·車

〔註35〕曹建國:〈上博簡《采風曲目》試探〉,《中國簡帛學國際論壇 2006 論文集》,(2006年 11 月 8～10 日,武漢),頁 257。

〔註36〕孫詒讓:《契文舉例》下,(台北:藝文印書館,1963 年),頁 13。

〔註37〕季師旭昇:《說文新證》(下),(台北:藝文,2004 年),頁 221。

〔註38〕董妍希:《金文字根研究》,(國立台灣師範大學國文研究所碩士論文,2000 年),頁205～206;陳嘉凌:《楚系簡帛字根研究》,(國立台灣師範大學國文研究所碩士論文,2001 年),頁 516。

〔註39〕董珊:〈讀上博藏戰國楚竹書(四)雜記〉,簡帛研究網,2005 年 2 月 20 日;楊澤生:〈讀上博(四)箚記〉,簡帛研究網,2005 年 3 月 24 日。

〔註40〕季師旭昇:《說文新證》(下),(台北:藝文印書館,2004 年 10 月),頁 153。

攻），右側皆爲一曲筆；唯有秦系或作「行」形如 （石鼓・霝雨），〔註41〕但這種寫法的「永」字不見於楚系文字，而且《石鼓・霝雨》「永」字反書後（），與△字右旁所從仍不類，故△恐不能釋爲「从辵从辰」。

以上諸說於字形皆不像。考楚系「徙」字作「」（包259），與△字字形相近，「△商」似可釋爲「徙商」。

季師旭昇認爲若釋爲「徙商」，應可讀爲「少商」：

> 「徙」字甲骨文作「」（乙8295），从尸从少，胡厚宣先生〈再論殷代農作施肥問題〉釋「屎」，以爲用於《説文》「徙」字的古文「㳬」；裘錫圭先生〈甲骨文中所見的商代農業〉以爲「把屎跟《説文》『徙』字看作一個字，則是可信的。李家浩同志認爲卜辭屎田就應該讀爲徙田，可能跟古書中所說的爰田意近。……這樣看來，……屎田似可讀爲選田。」俞偉超先生請李家浩爲此字撰說：「甲骨文屎字或可作㽕。古『少』、『小』本是一字，……胡厚宣先生曾經指出屎即《説文》『徙』字古文『㳬』是正確的。」李家浩先生並指出見於出土古文字材料中的漢代「徙」字都寫作从「辵」「少」，沙、徙古音相近，徙當爲从辵、沙省聲。《説文》的「㳬」應即「屎」字之訛；「屎」則爲陳侯因咨敦的訛變。以上諸字，都應該釋爲「徙」。《孟子・滕文公上》「死徙無出鄉」，趙岐注：「徙，謂爰土易居，平肥磽也。」（《中國古代社會公社組織的考察——論先秦兩漢的單——僤——彈》6〜53頁）

> 「少（審紐宵部）」、「沙（疏紐歌部）」，聲母舌頭與齒音鄰近，韻部雖未見旁轉之例，但是歌部與宵部入聲之藥部卻有旁對轉的例子（參陳師新雄《古音學發微》（師大國文研究所博士論文，嘉新水泥公司文化基金會研究論文第187號，1972），1082頁）。甲骨文「少」字，馬敍倫《讀金器刻詞》以爲即「沙」字初文，前引李家浩先生說舉出「見於出土古文字材料中的漢代『徙』字都寫作从『辵』『少』，沙、徙古音相近，徙當爲从辵、沙省聲。」「徙（心紐支部）」與「沙（疏紐歌部）」聲韻俱近。據此，戰國楚系「徙」字讀爲「少」，當可成立。若是，「徙商」即見於曾侯乙編鐘之少商，「少商」即比「商」音高八度。〔註42〕

包山250簡「徙」字作，乃假借「長遻（沙）」之遻。曾憲通謂：

〔註41〕何琳儀：《戰國古文字典》，（北京：中華書局，1998年），頁626。

〔註42〕李師旭昇主編：《《上海博物館藏戰國楚竹書》（四）讀本》，（台北：萬卷樓，2007年），頁15〜16。

沙、徙均屬心母歌部，《文選‧長門賦》李善注：「蹝與躧音義同。」《戰國策‧燕策一》：「猶釋弊蹝。」馬王堆本蹝作沙。可證沙、徙古音相同，可以通假。〔註43〕

由於△之字形較模糊渙漫，將△釋為「徙」只是在字形隸定上的一種看法，季師將「徙商」讀為曾侯乙編鐘之「少商」，則在意義上提供了較完備的解釋。

（六）趯（趯）：趯商、趯羽

「趯」，原考釋隸定作「趯」，以為樂調分類聲名。董珊則隸定作「趯」：

> 「趯」從「畟」聲，可讀為「曾」。「畟」與「曾」古音同為精母，韻屬職、蒸，可以構成入、陽對轉。曾侯乙編鐘銘有後綴詞「曾」，構成「宮曾」、「徵曾」、「商曾」、「羽曾」四個音名。實測表明，「曾」表示某音下方 386 音分的大三度。以此例簡文，即：若以宮為 C，「趯（曾）商」為下方的 ^bB，「趯（曾）羽」為下方的 F。〔註44〕

【思婷案】

郭店楚簡《尊德義》、《唐虞之道》皆言及「后稷」，其字作「禝」（郭‧尊 7）、「禝」（郭‧唐 10）；《上博一‧孔子詩論》簡 24「后稷」之「稷」字作「稷」，其右旁所從與《采風曲目》「趯」字所從相同，此字實從走，畟省聲，董珊所釋字形可從。

由於曾侯乙墓鐘銘的變化音名中，有前綴詞和後綴詞，因此學者很自然地會以曾侯乙編鐘的既有資料對《采風曲目》中的分類聲名加以推論。曾侯乙鐘銘使用了「姑」、「曾」、「角」、「顧」、「顧下角」等前綴或後綴詞，而董珊將「趯」讀為「曾」，至於「趯」是否即等同於曾侯乙鐘銘中的「曾」，仍有待研究。在曾侯乙鐘銘中，四個核心階名尾碼「曾」字，分別為「徵曾」、「羽曾」、「宮曾」、「商曾」，用以表示徵、羽、宮、商下方的大三度音，〔註45〕若依董珊以「曾」的用法來解釋「趯」所代表的意思，則「趯商」即商音（D）下方大三度音，即 ^bB；「趯羽」即羽音（A）下方的大三度音，即 F。

（七）䣊（索）：羽䣊（索）

〔註43〕曾憲通：〈論齊國遷盟之璽及其相關問題〉，《容庚先生百年誕辰紀念文集》，（廣東：廣東人民出版社，1998 年），頁 621。

〔註44〕董珊：〈讀上博藏戰國楚竹書（四）雜記〉，簡帛研究網，2005 年 2 月 20 日。

〔註45〕譚維四：《曾侯乙墓》，（台北：瑞昇文化，2005 年），頁 185。

原考釋隸爲「羽譔」，釋爲樂調分類聲名，﹝註46﹞與第五簡「邥譔弋虎」之「譔」相同。﹝註47﹞董珊認爲「譔」字仍有疑問，而且除了第四簡的「羽譔」之外，第五簡「邥譔弋虎」的「邥譔」也屬於分類聲名，「邥」很像是個特殊的音階名稱。﹝註48﹞

楊澤生將簡四與簡五的「詐」字隸作「詖」，謂：

> 「詖」字又見於上文 4 號簡，只不過其左旁從「音」（可能受其上文「王音」之「音」的影響）與此稍有不同罷了：其右旁與《昭王毀室昭王與龔之脽》6 號簡 （被）字所從的「皮」旁相近，整理者兩處皆釋作「譔」，非是。﹝註49﹞

何有祖隸爲「詐」：

> 4 號簡「詐」，原圖版作 ，左部從「音」。右部與上博三《容成氏》51 號簡 、45 號簡 、44 號簡 ，三「作」字形同。，可釋作「詐」。
>
> 「羽詐」是樂調名。具體含義待考。﹝註50﹞

曹建國隸作「譔」，並從董珊之說，認爲「邥」是音階聲名：

> 「菐」古音爲並母屋部，而「甫」爲幫母魚部，聲、韻俱近，音可以相通。古籍中「朴」通「拊」，而从「卜」得聲的字和从「菐」得聲的字常通，故从「菐」的字與从「付」的字可通。而从「付」得聲的字常通从「甫」得聲的字，所以从「菐」的「譔」與从「甫」得聲的「顄」可通，「譔」即是曾侯乙鐘律的「顄」。加後綴「顄」的音名都表示該音上方的大三度音，而且爲 386 音分的「純律音程」，簡文中的「羽譔」即表示某律「羽」上方大三度音。
>
> 「邥譔」的「邥」作爲音名不可解，曾侯鐘律中除四基音、商、徵、羽外，還有高、低八度異名的終、鼓、巽、鑮、歔等，「邥」讀音與之皆不類。但相比較而言，「邥」的讀音與「鼓」關係較爲密切。鼓是魚部字，只是支部字。但作爲「只」的繁寫的「只」屬於鐸部，同時「鼓」也有「支」符，所以我們認爲簡文的「邥」也許可以通曾侯乙鐘律的「鼓」。在曾侯乙鐘律中，鼓是羽高八度的異名，則「邥譔」或是高八度羽上方大三度音。

﹝註46﹞馬承源主編：《上海博物館藏戰國楚竹書（四）》，（上海：上海古籍出版社，2004 年 12 月），頁 168。

﹝註47﹞馬承源主編：《上海博物館藏戰國楚竹書（四）》，（上海：上海古籍出版社，2004 年 12 月），頁 169。

﹝註48﹞董珊：〈讀上博藏戰國楚竹書（四）雜記〉，簡帛研究網，2005 年 2 月 20 日。

﹝註49﹞楊澤生：〈讀《上博四》札記〉，簡帛研究網，2005 年 3 月 24 日。

﹝註50﹞何有祖：〈上博楚竹書（四）箚記〉，簡帛研究網，2005 年 4 月 15 日。

〔註51〕

季師旭昇謂：

「馛」字原簡作「」，右旁確實從「复」，何說可從（不過，隸定作「酢」，似乎又多了一個「人」旁）。此字嚴式隸定當作「馛」，與曾侯乙墓銅器所見之「馛」當為同字（「复」、「乍」同音），以「乍（牀／鐸）」聲求之，此字當讀為「索（心／鐸）」（「索」或隸作「素」，索素本一字，「素」在心紐魚部），曾侯乙編鐘下一‧三「剌音之𦥑曾，夺於索（素）宮之顛」、下二‧四「犀則之徵曾，𦥑於索（素）商之顛」，「索」為音名前綴。李純一先生〈曾侯乙編鐘銘文考索〉釋「素」為「本」或「始」，以「夺於素」為律名，與「濁割肆」相當。曾憲通先生〈曾侯乙編鐘標音銘與樂律銘綜析〉以為「索（素）宮之顛」與「索（素）商之顛」分別出現在標音銘「徵曾」和「羽曾」的背面樂律銘中，應是此二音的特別說明。素有大素、小素之分，鐘銘之素應指小素，此處的小素非指高八度的律名，而是指低一律的律名，亦就是與傳統周律相符而與曾律不合（曾國律音比傳統周律高一律），所以才有必要在樂律銘中特別指出「姑洗之徵曾」，「夺（符）于素宮之顛」，「姑洗之羽曾」，「夺于素商之顛」，大意是說：姑洗律之徵曾，符合於姑洗律之宮顛（角）；姑洗律之羽曾，符合於濁姑洗律之商顛（角）。馬承源先生主編之《商周青銅器銘文選》以為：「素有本意，素宮之匯是指鐘的鼓中基本音響宮音的上行大三度，鼓旁音，即角音。」崔憲《曾侯乙編鐘鐘銘校釋及其律學研究》47頁釋云：「用弦律解釋，『素宮』當為『弦宮』，即『宮弦』。『剌音之𦥑曾』的音高相當于琴的宮弦12徽，靠近11徽而接近宮弦上方的大三度。故稱『附于索宮之顛』。根據琴律的律學特性分析，姑存此一解。」以上諸說，除李淳一先生外，其餘各家都以為是音名前綴。本篇「羽馛（素）」則為音名後綴。〔註52〕

【思婷案】

師說可從，（下文以△稱之）應隸定為「酢」，讀為「索」（詳後文）。

由原考釋所整理列出的諸曲調名來看，簡文中所存的「宮、商、𥙿、羽」四聲，

〔註51〕曹建國：〈上博簡《采風曲目》試探〉，《中國簡帛學國際論壇 2006 論文集》，（2006年 11 月 8～10 日，武漢），頁 258。

〔註52〕季師旭昇主編：《上海博物館藏戰國楚竹書（四）讀本》，（台北：萬卷樓，2007 年 3月），頁 25～26。

其前或後皆可另綴一字，〔註53〕而且簡文中墨釘記號，只用在區別二首相鄰的曲目，在注明各種聲名時，聲名與其下的曲目是沒有墨釘的。

在第五簡「邡謢戈虎」四字以下空白，且前後皆有墨釘，顯示此四字自成一單元而與前後無涉。由於分類聲名與曲目之間無墨釘標示，且「△」字亦出現於第四簡作爲分類聲名之故，故董珊由第四簡之「羽△」進而推論「邡△」之「△」也當作音階名稱之後綴，認爲「邡」字是個「特殊的音階名稱」。

對於《采風曲目》所列的曲調名稱，雖有待更進一步的研究，然而若單純由《采風曲目》本身的六支簡文來看，所有曲調雖有前綴或後綴兩種標音方式，但作爲變化音名的前綴詞或後綴詞，一律都是和五聲音階中的「宮、商、客、羽」綴合，因此董珊將「邡」字作爲特殊音階名稱的看法，在有更多資料佐證之前，先予以保留，本文仍以「邡謢戈虎」四字爲一曲目名稱來加以討論。

因此「詐」字在第四簡之分類聲名「羽詐」中，當作後綴詞，在第五簡「邡謢戈虎」則爲曲目名稱，「詐」作爲後綴所代表的意義，可從季師旭昇之說。

二、又 詨

「詨」字从音从交，於《采風曲目》共三見，其中第一簡的第一個「詨」字，所从「音」旁上方無一橫筆。本篇作爲分類聲名的「訐」字，出現三次，其中第一、三簡的「訐」字所从「言」旁亦簡省上方橫筆。關於「詨」字於簡文中的意義，原考釋謂：

> 殘曲目。「詨」，《廣韻》：「詨，指聲。」《集韻》：「筊，《説文》：『手足指節鳴也。』或作『詨』、『攷』，通作『肑』。」按《集韻》所解與簡文恐非同字。〔註54〕

董珊謂：

> 「詨」在兩支簡中出現三次：
> ……又詨。《子奴思我》。宮穆：《碩人》，又文又詨。【1】
> 率（？）商：《要丘》，又……詨——。【2】
> 不難看出，「（又文）又詨」跟在歌詩曲目名稱之後，是對該曲目做補充説明的話。不能理解爲曲名。

〔註53〕馬承源主編：《上海博物館藏戰國楚竹書（四）》，（上海：上海古籍出版社，2004年12月），頁162。

〔註54〕馬承源主編：《上海博物館藏戰國楚竹書（四）》，（上海：上海古籍出版社，2004年12月），頁164。

古代歌曲分爲無伴奏的徒歌和有合樂的樂歌。樂歌尚有樂器伴奏與和聲兩種合樂方式。「文」、「詨」似與此有關。

樂器伴奏分管弦樂和鼓樂兩類。「文」可能指鼓樂節奏。《禮記・樂記》「始奏以文，複亂以武」。鄭玄注：「文，謂鼓也；武，謂金也。」

「詨」，可讀爲「絞」，似指眾人和聲。《楚辭・大招》「伏戲《駕辯》，楚《勞商》只，謳和《揚阿》，趙簫倡之」，王逸注：「《駕辯》、《勞商》，皆曲名也。言伏義氏作瑟，造《駕辯》之曲，楚人因之作《勞商》之歌，皆要妙之音。可樂聽也。或曰：《伏義》、《駕辯》、《勞商》，皆要妙歌曲也。勞，絞也，以楚聲絞商音，爲之清越也。」《文選》馬融《長笛賦》「絞灼激以轉」，李善注「絞灼激，聲相繞激也」；《長笛賦》又云：「絞槩汩湟，五音代轉」，李善注：「絞槩汩湟，音相切摩貌。言聲相絞槩，如水之聲。汩湟，水流貌。」

據李善注，「絞」字義爲聲音相互繞激、切摩，則《大招》「勞商」王逸注「絞」爲「以楚聲絞商音」可能是說：以楚人歌聲與琴瑟之商音相和。而簡文「又詨（絞）」的意思是此曲有眾人歌聲與歌詩曲調相和。意思相近。第二簡「又詨（絞）」是合以商音，與《大招》「勞商」之意相近；而1號簡文所見乃是詨（絞）以宮音。〔註55〕

董珊不將「詨」字釋爲曲目，而是將此字視爲音樂術語的一種。黃鳴則謂：

「詨」字，馬承源先生引《集韻》說，但認爲《集韻》所說「詨」字之或體「訬」與此處文意不合。其說甚審。以文意來看，此處之「詨」或爲「姣」字之或體？此處三個「詨」字，均出現於篇名之中，其詞性應爲名詞或形容詞。《詩・陳風・月出》：「月出皎兮。佼人僚兮。舒窈糾兮。勞心悄兮。月出皓兮。佼人懰兮。舒憂受兮。勞心慅兮。月出照兮。佼人燎兮。舒夭紹兮。勞心慘兮。」佼人，《經典釋文》曰：「佼字又作姣，古卯反，好也。」《方言》云：「自關而東，河濟之間，凡好謂之姣。」可見「佼」就是「姣」，美貌之意。此外，姣字還有形體健美之意，《說文・女部》：「姣，好也。」段玉裁注曰：「姣謂容體壯大之好也。」故姣字，男女皆可通用，如《孟子・告子上》：「不知子都之姣者，無目者也。」如果說姣字是以「女」爲形旁而取意，那麼，詨字也很有可能以「音」作爲形旁而取意，容貌與音聲之美，都是古人所稱揚的對象，詨字同樣也可指稱「好」的意思。揆之

以三處例子，意義可以吻合無間。如在「《……又諔》」、「《又文又諔》」中，它被用來讚美詩歌主人公某一方面的美質。這兩處的「又」，應該作「有」講，如《又文又諔》，則指主人公既有高雅的態度，又有壯美的儀表，這是男性貴族君子大夫的寫照。《詩・魯頌・駉》：「有驈有皇，有驪有黃。」正是類似的句式。而在《嬰（要）丘又（有）諔》中，「要丘」是地名，這位「諔」者又可能是一位美貌的女子了。如《詩・鄭風・野有蔓草》：「有美一人，清揚婉兮。……有美一人，婉如清揚。」清揚婉約的美女在野外徘徊，也許還唱著清澈透明如水晶琉璃般的謠歌，等著意中人的到來。作爲采風而來的民歌，《嬰（要）丘又（有）諔》可能也有類似的意境吧。〔註56〕

黃鳴的看法與董珊不同，他將「諔」字視爲曲目用字，認爲「諔」與「姣」意義相近，只不過是以「音」爲形旁，形容人容貌或形體之美。

曹建國：

> 文者，德也；諔者，姣也，形容人容貌端莊美好，男女皆可用「姣」，《孟子・告子上》：「不知子都之姣者，無目者也。」簡文中的《又文又諔》，即《有文有姣》，是稱贊君子德行、容貌皆佳；而《要丘又諔》即《要丘有姣》，要丘之美人，大抵是一首情詩。〔註57〕

【思婷案】

若將「諔」字視爲曲名用字，以黃鳴之說釋「諔」，的確是文通意順，可備一說。

然依董珊之說，將「諔」字視爲曲目名稱之後的補充說明，也不無可能。這是因爲《采風曲目》短短六簡之中，「諔」字即出現三次，即簡1之《…又諔》、《又文又諔》，簡2之《嬰（要）丘又（有）諔》，「諔」字若作爲曲名，出現頻率之高，乃其他曲目用字所無；其次，三處「諔」字皆出現在「又」之後，似乎是一種固定用法。基於上述二點理由，本文較認同董珊將「諔」視爲音樂術語的看法，但是對於「諔」字，本文認爲還可以有其他的解釋。

「諔」，是以手足指節之聲發出節拍的方式。音樂的要素，乃在於節奏、旋律與合聲，〔註58〕《楚辭・九歌》：「展詩兮會舞，應律兮相節」，漢代張衡在〈七辯〉中說：「曳羅縠之舞衣，乘酒騂以朝翔，舉長徒以蹜節，奮縞袖之翩人」，都在說明

〔註56〕黃鳴：〈上博四《采風曲目》零拾〉，簡帛研究網，2005年12月30日。

〔註57〕曹建國：〈上博簡《采風曲目》試探〉，《中國簡帛學國際論壇2006論文集》，（2006年11月8～10日，武漢），頁259。

〔註58〕李慧：《台灣土著民族舞蹈音樂節奏之研究》，（台北：大卷，1990年），頁60。

音樂或舞蹈必須合於節奏，即使最原始、古老的音樂，在聲樂和器樂的配合中，節奏也是不可或缺的。

相傳上古時期即有「抃歌」，宋陳暘《樂書》謂：「帝嚳令伶人作唐歌，有抃以為節」，「抃」即是以兩手相擊以節樂。〔註59〕以先秦時期而言，當時即有用來擊打節拍的樂器，如《詩經・陳風・宛丘》云：

> 子之湯兮，宛丘之上兮，洵有情兮，而無望兮。
> 坎其擊鼓，宛丘之下。無冬無夏，值其鷺羽。
> 坎其擊缶，宛丘之道。無冬無夏，值其鷺翿。

詩中言及「擊鼓」、「擊缶」，即是用以節樂。除了「鼓」、「缶」以外，湖北江陵望山一號楚墓、滕店一號楚墓各出土一件「舂牘」，根據《周禮・春官・笙師》鄭注云：「舂牘以竹，大五六寸，長七尺，短者一、二尺，其端有兩空，髹畫，以兩手築地。以此三器築地，為之行節，明不失禮」。劉熙《釋名・釋樂器》：「舂，撞也。牘，築也。以舂築地為節也。」由此看來，舂牘除了用以節樂之外，還有禮儀方面的意義。〔註60〕

秦代李斯〈諫逐客書〉云：「夫擊甕叩缶、彈箏搏髀而歌呼嗚嗚快耳者，真秦之聲也。」可見秦地傳統音樂，是以拍打大腿、擊甕叩缶的方式發出節奏。

至於漢代的民間音樂「相和歌」，《舊唐書・音樂志》謂：

> 平調、清調、瑟調，皆周「房中曲」之遺聲也；漢世謂之三調。又有楚調、
> 側調。楚調者，漢「房中樂」也，高帝樂楚聲，故「房中樂」皆楚聲也；
> 側調生於楚調；與前三調總謂之相和。

由此可見「相和歌」與楚國音樂頗有淵源，〔註61〕根據《宋書・樂志》云：「相和，漢舊曲也。絲竹更相和，執節者歌」，即說明了漢代拍板節歌之風。

由上古至漢代，演奏音樂時，打擊節拍的方式，由簡單地以拍手或擊打身體（如「抃以為節」、「搏髀」），或者是發展為各式各樣的打擊樂器（如「擊甕叩缶」、「執節而歌」），這些都是因為音樂與節奏有密不可分的關係。

《采風曲目》的「敆」字，原考釋引《廣韻》與《集韻》之說，謂「敆」意為「指聲」、「手足指節鳴也」，然而又很保留地說「所解與簡文恐非同字」。其實若以拍擊身體或器物以節樂的音樂傳承來看，這可能也是發出節奏的一種方式。《說文・筋部》云：「箭，手足指節鳴也，從筋省勺聲。」段注曰：「其聲膊膊然。」「敆」即

〔註59〕陳正之：《民樂瑰寶：臺灣的北管與南管》，（台中市：省新聞處，1990年），頁48。
〔註60〕蕭亢達：《漢代樂舞百戲藝朮研究》，（北京：文物出版社，1991年），頁151～152。
〔註61〕黃翔鵬：〈釋「楚商」〉，《文藝研究》，1979年第二期，頁72～73。

是以「膊膊然」之節奏聲，配合著音樂旋律。

因此〈采風曲目〉中的「又蔎」應是對曲目的輔助說明，表示以手足指節之聲配合音樂發出節拍之意。

第三節　〈采風曲目〉簡文校釋

【第一簡】

☑——又（有）蔎〔1〕■，〈子奴思我〉〔2〕■。宮穆：〈碩人又文〉〔3〕——又（有）蔎■。宮䣕（巷）：〈喪之末〉〔4〕■。宮訐（衍）：〈疋芏月〉〔5〕，〈埜又（有）葛〉〔6〕■，〈出門弖（以）東〉〔7〕■。宮祝：〈君壽〉〔8〕

本簡上端殘，下端平齊完整。長四十六‧六釐米。現存三十五字。

本簡書有「宮穆」、「宮䣕」、「宮訐」及「宮祝」等四個樂調分類聲名、「又蔎」則為音樂術語，乃是對曲目的輔助說明；本簡並記錄了〈子如思我〉、〈碩人又文〉、〈喪之末〉、〈疋芏月〉、〈埜又葛〉、〈出門弖東〉、〈君壽〉七個曲目。〈采風曲目〉中的分類聲名與「又蔎」的討論已見上文，下文則對各曲目的字形及內容加以討論，並推測各曲目可能包括的意涵。

〔1〕又蔎　　音樂術語

〈采風曲目〉六支簡文中，「又蔎」共三見，原考釋皆釋為曲目名。

【思婷案】

本文釋「又蔎」為音樂術語，詳見上文。

〔2〕子奴思我　　曲目。

【字形】

B. 我

林澐據二里崗文化墓葬出土的實物，謂「我」象「刃部有齒的一種鉞形武器」，即文獻所稱之「錡」。〔註62〕楚系「我」字作「𢦏」（郭‧語四‧6），右旁即已省作「戈」形，仍保留鋸齒狀的刃部特徵，亦有作「𢦏」（郭‧老甲31）、「𢦏」（郭‧六15），刃部已訛似「勿」形，與《說文》「我」之古文「𢦥」相近。楚系「戈」

〔註62〕林澐：〈說戚、我〉，《古文字研究》第十七輯，（北京：中華書局，1986年），頁203～204。

形有加橫筆爲飾作 （遠，包 2.202）、（戔，郭‧成 34），本簡「」字「戈」形多一橫筆，可視爲飾筆，也可能是左旁筆畫延伸所致，原考釋釋「我」，可从。

【各家說法】

關於本曲〈子奴思我〉之意，季師旭昇謂：

> 《毛詩‧鄭風‧褰裳》：「子惠思我，褰裳涉溱。子不我思，豈無他人？」
> 舊解「惠」爲「愛」，其實不可从。甲骨文惠字爲語氣副詞，表示出強調、
> 必要和肯定的語氣。這種用法拿來解釋《毛詩‧鄭風‧褰裳》，非常合適，
> 所以「子惠思我」的意思是：「你如果眞的想念我。」（參拙作〈從古文字
> 談詩經中幾個特殊的「惠」字的解釋〉，《紀念于省吾先生誕辰一百周年暨
> 中國古文字學研討會論文集》，長春‧吉林大學，1996.11）〈采風曲目〉
> 的「子奴（如）思我」和「子惠思我」意思非常接近，如果此說可信，那
> 麼〈采風曲目〉中和今本《毛詩》相同的篇目除了〈碩人〉之外，也許還
> 可以加上〈子如思我〉（即〈褰裳〉）。〔註63〕

黃鳴認爲：

> 《子奴思我》，李銳先生解爲「子如思我」，〔註64〕與《褰裳》中的「子惠
> 思我」同義，並據此推測其可能就是《褰裳》。由詩句的相合推到全篇的
> 相合，這是上博一《詩論》研究以來常見的推理範式。而如此推斷的話，
> 簡 4 中的《子之賤奴》是否也要定爲《子之賤如》，如作形容詞尾，作「……
> 的樣子」來解？「奴」作爲女子自稱，始於南北朝時代，此處顯然不能應
> 用。那麼，此處之「奴」是否可以作實詞來解釋，其意就是奴隸？如此，
> 則《子奴思我》爲名詞的意動用法，「以奴視我」之意，是爲控訴詩，後
> 面的《子之賤奴》則爲實詞義，與《子奴思我》內容亦相近。作「如」或
> 作實詞講，兩種說法皆可通，姑且存疑。〔註65〕

【思婷案】

原考釋僅對字形作出隸定，並未加以說明，季師則以「奴」通假爲「如」。「奴」，乃諸切；「如」，人諸切，古音皆在泥鈕魚部，音同可通。將「子奴思我」與〈鄭風‧褰裳〉「子惠思我」一句相對照，釋爲「你如果眞的想念我」。對此，黃鳴以「由詩句的相合推到全篇的相合，這是上博一《詩論》研究以來常見的推理範式。

〔註63〕季師旭昇：〈上博四零拾〉，簡帛研究網，2005 年 2 月 15 日。
〔註64〕案：此說乃季師旭昇提出。
〔註65〕黃鳴：〈上博四《采風曲目》零拾〉，簡帛研究網，2005 年 12 月 30 日。

而如此推斷的話，簡 4 中的《子之賤奴》是否也要定爲《子之賤如》，如作形容詞尾，作『……的樣子』來解？」提出疑義，但若依季師所言，將〈子奴思我〉之「奴」字通假爲「如」，並不表示第四簡的〈子之賤奴〉也必須依此通假。在楚系簡帛中，通假之例甚多，但並非 A 字通假爲 B 字，則全篇 A 字皆爲 B 字。如上博二《魯邦大旱》第四簡「或必寺虗名虗」，即「或必待吾禁乎」，〔註66〕又此篇中，同一「女」字，於第三簡讀「若」，〔註67〕第五簡則讀爲「如」；又如包山簡中，同一「疋」字，有讀爲「胥」者，亦有讀爲「足」者。可見〈子奴思我〉與〈子之賤奴〉二曲目的「奴」字，不必通假爲同字、作同一解釋。

《上博一・孔子詩論》所論及的詩篇中有〈涉秦〉一詩，馬承源謂：「涉秦，篇名。今本《詩・國風・鄭風》有「褰裳」，詩句云：『子惠思我，褰裳涉溱』。『涉溱』通『涉秦』，當爲同一篇名。」〔註68〕由於《孔子詩論》五十八首詩篇，均可與《毛詩》相對照，故簡本〈涉秦〉即〈鄭風〉之〈褰裳〉應無疑問。由上博（一）楚簡中得知楚人稱《毛詩》〈褰裳〉爲〈涉秦（溱）〉，這可能反應當時楚地《詩經》之篇名並不固定、或另有別稱的情形。《詩經》許多詩歌皆以首句字詞爲篇名，因此不排除本曲目〈子奴（如）思我〉即楚人以〈褰裳〉首句作爲別稱的可能。

但〈子奴思我〉也許是其他不同的詩歌，畢竟此曲目意義並不能確定，而且由《孔子詩論》的例子來看，簡本中絕大多數的篇名，仍是與《詩經》相合的，因此〈子奴思我〉是否即〈褰裳〉，實難遽下斷語，因此〈子奴思我〉也有可能是與〈褰裳〉無涉的另一詩歌。

黃鳴之說，則認爲「奴」字不須通假爲他字，逕讀爲本字即可，故將「奴」字視爲名詞副語，對此曲目加以說解。

《說文・女部》：「奴、婢，皆古之辠人也。」《周禮・秋官・司厲》曰：「其奴，男子入于辠隸，女子入于舂藁。」注曰：「奴，從坐而沒入縣官者，男女同名。」古代罪人或其家屬入官服雜役者，不分男女皆稱爲奴，「奴」本用爲名詞，如《論語・微子》：「箕子爲之奴」，《呂氏春秋・開春》有一段記載：「叔嚮之弟羊舌虎善欒盈，欒盈有罪於晉，晉誅羊舌虎，叔嚮爲之奴而腸。」叔嚮爲其所累而爲奴，可印證《周禮》所言。

〔註66〕蘇建洲：《上海博物館藏戰國楚竹書（二）校釋》，（國立台灣師範大學國文研究所博士論文，2004 年），頁 504。

〔註67〕蘇建洲：《上海博物館藏戰國楚竹書（二）校釋》，（國立台灣師範大學國文研究所博士論文，2004 年），頁 500～501。

〔註68〕馬承源主編：《上海博物館藏戰國楚竹書（一）》，（上海：上海古籍出版社，2001 年），頁 159。

　　黃鳴提及「『奴』作爲女子自稱，始於南北朝時代，此處顯然不能應用。」由於「奴」的身份卑下，後世作爲自謙之詞，不論男女尊卑，都稱自己爲奴，宋代以後，則爲女子的自稱，《宋史・忠義傳・陸秀夫》即載：「楊太妃垂簾，與群臣語，猶自稱奴。」然正如黃鳴所言，此種自謙的用法在戰國時代尚未出現，故不能以此意解釋曲目。

　　由於此曲目「奴」字置於動詞「思」之前，故黃鳴將「奴」字視爲名詞副語，釋爲「以奴視我」之意。要判別這樣的解釋是否恰當，我們可以查閱先秦古籍中是否曾出現類似的用法。

　　名詞活用作副語時，其中的一項功能是表示態度，例如〈田單復國〉：田單乃起，引還，東鄉坐，師事之。」此乃言田單以「對待師的態度」來對待士兵；《孟子・萬章下》孟子曰：「繆公之於子思也，亟問，亟餽鼎肉。子思不悅，於卒也摽使者出諸大門之外，北面稽首再拜而不受，曰：『今而後知君之犬馬畜伋！』」此處以「犬馬」修飾「畜」字，即表示國君供養孔伋，是以用養犬馬的態度待之；《漢書・司馬遷傳》：「固主上所戲弄，倡優畜之，流俗之所輕也。」此處的「倡優」同樣也當名詞副語使用，在說明、修飾其後之動詞「畜」，即以待倡優的態度來畜養之。〔註69〕

　　因此若將「子奴思我」之「奴」視爲名詞副語，用以說明「思」的態度，應該也是一種可以參考的意見。元代楊允孚《灤京雜詠》詩中有「皮囊乳酒鑼鍋肉，奴視山陰對角羊」之語，此例時代較晚，而且在《詩經》中罕見以名詞用爲副語之例，但是以「奴」字置於動詞之前，說明主詞作此動作時，對對方採取「視爲奴隸、卑視」的態度，在先秦語法中是可以成立的。

〔3〕碩人又文　　　曲目

【字形】

　　本簡「🐘」（△）字，原考釋釋「碩」。楚系「石」字加「＝」爲飾，十分常見，△右旁從「頁」亦十分清晰，故隸爲「碩」並無疑問，這也是楚系簡帛中第一次出現的「碩」字。

【內容】

【各家說法】

　　原考釋將〈碩人〉視爲曲目名：

────────────

〔註69〕以上所引之例，參楊師如雪：《文法ABC》，（台北市：萬卷樓，2002年），頁123。

曲目。《詩‧衛風‧碩人》：「手如柔荑，膚如凝脂。領如蝤蠐，齒如瓠犀。螓首蛾眉，巧笑倩兮，美目盼兮。碩人敖敖，說於農郊。四牡有驕，朱幩鑣鑣，翟茀以朝。」《詩‧邶風‧簡兮》提到「碩人」的有：「簡兮簡兮，方將萬舞。日之方中，在前上處。碩人俣俣，公庭萬舞。」《詩‧衛風‧考槃》則則有：「考槃在澗，碩人之寬」，「考槃在阿，碩人之薖」，「考槃在陸，碩人之軸」。《詩‧小雅‧甫田之什‧白華》則有「滮池北流，浸彼稻田。嘯歌傷懷，念彼碩人。」又「有鶖在梁，有鶴在林。維彼碩人，實勞我心。」〔註70〕簡文「碩人」也應該是《詩》的篇目。〔註71〕

季師旭昇本從原考釋以「碩人」為曲目名稱，〔註72〕後認為「碩人」應與其下「又文」連讀為〈碩人有文〉：

綜觀〈采風〉「☑又鼓」、「又文又鼓」、「要丘又鼓」，其共同點為「又鼓」，「要丘又鼓」的「要丘」勢必要看成曲目名，比照這個讀法，我們傾向「又文又鼓」的「又文」也應該看成曲目名，因此把「又鼓」看成是對曲目的輔助說明，似乎比較合理些。

本簡以「碩人又文又鼓」連讀，中間不加標點符號，則本曲目似應讀為「〈碩人又（有）文〉──又鼓」，謂「碩人有文彩」──本曲有節奏樂器伴奏。

據此，本篇與《毛詩‧衛風‧碩人》未必有關。〔註73〕

【思婷案】

「又鼓」為音樂術語，不應視為曲目名。本曲目依季師之說，讀為〈碩人又文〉，即「碩人有文采」之意。

《爾雅‧釋詁》：「碩，大也。」朱自清謂：「大人猶美人，古人『碩』、『美』二字為讚美男女之統詞，故男亦稱美，女亦稱碩」，〔註74〕由《詩經》言及「碩人」的詩篇來看，〈衛風‧碩人〉著墨於莊姜的絕世之美；〈邶風‧簡兮〉「碩人俣俣」，乃寫高大魁梧之舞者；〈衛風‧考槃〉之「碩人」，依《集傳》之說，乃美賢者隱居之樂；至於〈白華〉一詩，《集傳》曰：「幽王取申女以為后，又得褒姒以黜申后，故申后作此詩」，故此詩之「碩人」，《集傳》曰：「亦謂幽王也」。此外又有「辰彼碩

<hr />

〔註70〕案：此當為〈小雅‧魚藻之什‧白華〉之詩句。

〔註71〕見《上海博物館藏戰國楚竹書（四）》，（上海：上海古籍出版社，2004年12月），頁164～165。

〔註72〕季師旭昇：〈上博四零拾〉，簡帛研究網，2005年2月15日。

〔註73〕季師旭昇主編：《上海博物藏戰國楚竹書（四）讀本》，（台北：萬卷樓，2007年），頁7。

〔註74〕朱自清：《古詩歌箋釋三種》，（上海：上海古籍出版社，1981年），頁124。

女,令德來教」(〈小雅‧車舝〉)、「有美一人,碩大且卷。⋯⋯有美一人,碩大且儼」(〈陳風‧澤陂〉)等詩句。

不僅如「碩人俁俁」可稱美男性;「碩」同樣亦可讚美女子,如「碩人其頎」〔註75〕、「碩人敖敖」〔註76〕。這反映了當時的審美觀念中,無論男女皆以身形健壯為美,男子要體態魁梧、有力如虎,女子除了身材高挑外,還以「儼」〔註77〕、「卷」〔註78〕、有「令德」為美。《詩經》中慣以「碩」字為稱美之辭,即體現當時對於形體之美的要求,並非如林黛玉式的病態美,而是追求修長的身材、健美的體態。

《墨子》卷四《兼愛中》:「昔者楚靈王好士細要,故靈王之臣皆以一飯為節,脅息然後帶,扶牆然後起。比期年,朝有黧黑之色。」《韓非子》卷二〈二柄〉:「楚靈王好細腰,而國中多餓人。」上有所好,下必甚焉,君主的偏好,往往牽動影響國人的思想行為,楚國臣民為了投其所好,使自己變得面黃肌瘦、弱不禁風。此詩若非《詩經》中的篇目,而與《采風曲目》其他詩篇同為楚地楚人之作品,即證明了「楚王好細腰」這種不健康、傷害人體的審美觀由於不符合人性,故不能長久形成主流,一般人還是以碩長健美當作「美」的標準。

〔4〕喪之末　　曲目

【字形】

A. 喪

【各家說法】

本簡 ![字] (![字]) 字(下文作△),原考釋隸定為「喪」。范常喜釋為「桑」,認為△與上博(二)《容成氏》簡 41 之 ![字] (下文作○)同形,並引裘錫圭之語:「古人為了使新舊字形有比較明顯的聯繫,往往把表意字字形的一部分改成形狀跟這部分字形相近的一個聲旁。」認為△、○上方作「芒」形:

上部所從「芒」字作 ![字],其左上部 ![字] 形仍有些向左傾斜,充分體現了從「尢」到「芒」的聲化過程。

整理者將此字隸定作「喪」,指出:「喪之末,曲名。」案:此字實為「桑」字。《詩經》詠桑之句多見,如:《氓》:「桑之未落,其葉沃若。」《黃鳥》:

〔註75〕《集傳》:「長貌。」《箋》:「謂莊姜儀表長麗俊好頎頎然。」

〔註76〕敖,《傳》曰:「長貌」。《箋》:「敖敖,猶頎頎也。」

〔註77〕《集傳》曰:「矜莊貌。」

〔註78〕《集傳》:「好貌。」

「黃鳥黃鳥，無集于桑。」《南山有台》：「南山有桑，北山有楊。」〔註79〕
曹建國讀爲「桑之末」。〔註80〕

【思婷案】

關於《容成氏》之○字，蘇建洲釋「喪」：

> 雖然字形稍怪，但仍可辨析出來。字從四「口」，从「木」，從「九」形，
> 並增添「亡」聲符，而且「九」（ ）與「亡」（ ）有共筆的現象。
> 李零先生將本字隸作「桑」，實際上不夠精確的。〔註81〕

△、○上方作筆劃相連的「九」形；楚系「芒」字作 （郭・語四・3），「屮」
形與「亡」形是分開來的，故蘇說可從。

甲骨文「喪」字作 （粹470）、 （後下35.1）等形，乃在「桑」（ ，前4.41.4）
字上加「口」形分化而出，其「口」形多寡不一，少則一「口」形，亦有多至五「口」
形者。〔註82〕《說文》釋「喪」之本義爲「亡」也，即「亡失」之義，〔註83〕「死喪」
乃後起之引申義，故「喪」字墻盤作 、癲鐘作 ，即是加上「走」爲義符；而
旅作父戊鼎作 、毛公鼎作 ，則是下方作「亡」形，可視爲義符兼聲，〔註84〕井
人妄鐘之 字，加上了「走」與「亡」爲義符，同樣也是「喪」的繁文。

楚系簡帛中多次出現「喪」字，以郭店楚簡爲例，其字形與辭例如下：

1. ，「喪，急（仁）之喘（端）也。」（郭・語一・98）

2. ，「喪，急（仁）也。愨（義），宜也。」（郭・語三・35）

3. ，「古（故）吉事上左，喪事上右。」（郭・老丙・8）

4. ，「是以卜牪軍居左，上牪軍居右。言以喪豐居之也。」（郭・老丙・9）

〔註79〕 范常喜：〈簡帛《周易・夬卦》「喪」字補說〉，武漢大學簡帛研究中心網站，2005
年3月14日，范常喜：〈對楚簡中「喪」字的一點補充〉，武漢大學簡帛研究中心網
站，2006年3月17日。

〔註80〕 曹建國：〈上博簡《采風曲目》試探〉，《中國簡帛學國際論壇2006論文集》，（2006
年11月8～10日，武漢），頁259。

〔註81〕 蘇建洲：《上海博物藏戰國楚竹書（二）校釋》，（國立台灣師範大學國文研究所博士
論文，2004年），頁290。

〔註82〕 季師旭昇：《說文新證》（上），（台北：藝文，2002年10月），頁95。

〔註83〕 陳夢家：《殷虛卜辭綜述》第十八章「身分」；李學勤：〈評陳夢家殷虛卜辭綜述〉，《考
古學報》1957年第3期。（見於《古文字詁林》第二冊，頁188～189。）

〔註84〕 季師旭昇：《說文新證》（上），（台北：藝文，2002年10月），頁95。

5. ![字形]，「戰勝則以喪豊居之。」（郭‧老丙‧10）

6. ![字形]，「居喪必又（有）夫纞（戀）纞（戀）之忞（哀）。」（郭‧性 67）

　　以上六例「喪」字的意義，皆用為「死喪」之義，我們可以看到第 1、2 例的「喪」字承旅父作戍鼎、毛公鼎而來，加「亡」為義符，而第 3～6 例則是在下方加上「死」為義符，以突顯「死喪」之義。

　　包山楚簡 92：「以其![字形]其子丹，而得之於![字形]之室」，「![字形]」字原考釋依形隸定作「架」，並釋此字：

　　　　讀如操，《說文》：「把持也。」〔註85〕

《包山楚簡文字編》亦從原考釋之說，〔註86〕湯餘惠則釋「![字形]」為「喪」：

　　　　甲骨文「喪眾」之「喪」寫作![字形]、![字形]，金文或作![字形]（瘉鐘「![字形]」字所
　　　　從），簡文寫法殆由此形訛變。此種變化和甲骨文桑榆之桑寫作![字形]、![字形]，
　　　　而小篆析形作![字形]十分相類。92 簡：「以其～其子丹，而得之於![字形]之室。」
　　　　釋為喪失之喪與文意正合。〔註87〕

劉信芳則釋「![字形]」字為「桑」：

　　　　或隸作「喪」，按原簡字從木作，應是「桑」字，讀為「喪」。「喪」屢見
　　　　於郭店簡，或從「亡」作，或從「死」作，與從「木」之「桑」不是一字。
　　　　《儀禮‧士喪禮》：「醫笄用桑」，鄭玄〈注〉：「桑之為言喪也。」簡 167
　　　　有人名「桑覎」。李零〈讀《楚系簡帛文字編》〉（《出土文獻研究》第五輯）
　　　　云：「美國塞克勒美術館藏楚帛書殘片有此字，辭例作『□桓（樹）～桃
　　　　李』」以證此字為「桑」字。〔註88〕

　　從金文「喪」字來看，毛公鼎之「![字形]」、瘉鐘之「![字形]」、南彊鉦之「![字形]」、喪![字形]寶鉼之「![字形]」等字，無論是否加上「亡」、「走」等義符，其桑樹之形皆已有所省變，或省去樹木之根本，樹枝之形亦有所省略或變化，但最大的共同點在於其主體部分皆作「![字形]」形（似「九」形），何琳儀即指出此形體為戰國文字所本。〔註89〕

〔註85〕 湖北省荊沙鐵路考古隊：《包山楚簡》，（北京：文物出版社，1991 年 10 月），頁 46。

〔註86〕 張光裕主編，袁國華合編：《包山楚簡文字編》，（台北縣板橋市：藝文印書館，1992年），頁 215。

〔註87〕 湯餘惠：〈包山楚簡讀後記〉，《考古與文物》，1993 年第二期。轉引自《古文字詁林》第二冊，頁 191。

〔註88〕 劉信芳：《包山楚簡解詁》，（台北：藝文，2003 年），頁 88。

〔註89〕 何琳儀：《戰國古文字典》，（北京：中華書局，1998 年），頁 707。

燕系「喪」字作「（圖）」（璽彙 3271），下方由金文「喪」所加之「亡」形訛變而來；晉系「喪」字作「（圖）」（璽彙 3272），樹木之形仍十分完整；秦系作「（圖）」（日甲 105），亦加「亡」為義符；上文所列出郭店楚簡之「喪」字，桑樹之形僅存「九」形，這些字形雖有差異，但桑枝之末端皆彎向左側作「（圖）」，包山簡 92「（圖）」字亦是如此，而且此字桑樹之形仍完整保留，由於此字已在桑樹之形上加「口」形，顯見已由「桑」字分化，故仍應釋「喪」。包山簡 113：「新都（圖）夜公」、簡 167：「（圖）人（圖）睚」〔註90〕，與包山簡 92 字形相似，只是多一「口」形，亦應釋「喪」，此字用為地名、人名，學者多讀為「桑」。〔註91〕李零認為包山簡 92、113、167 之「喪」字應釋「桑」，〔註92〕其理由在於「美國塞克勒美術館藏楚帛書殘片有此字，辭例作『□桓（樹）～桃李』」，〔註93〕但甲骨文中「桑」、「喪」二字已有明顯區別，且目前所見的戰國文字「桑」作（圖）（秦系，秦陶 1610）、（圖）（秦系，睡虎地秦簡 32.7），西漢「桑」字作（圖）（老子甲後 184），都是只有桑樹之形，未加上「口」形，故楚帛書此句，應隸定為「喪」，讀為「桑」，「桑」與「喪」古音皆為心紐陽部，故可通假，並不能直接將其隸定為「桑」字。

因此楚系文字的「喪」字，仍是承甲金文而來，唯其桑樹之形省變為「九」形，「口」形之分化符號多半仍在，與甲骨文字相同的是，「口」形由二到四個不等；且有時加「死」或「亡」形作義符，有時加上「木」形。少數「喪」字寫法較特別，例如《上博二·民之父母》簡 9 之「喪」字，從「九」形、從死；〔註94〕或是《上博二·容成氏》簡 41 之「喪」字「從四『口』，從『木』，從『九』形，並增添『亡』聲符，而且『九』與『亡』有共筆的現象」。〔註95〕但基本上其字形結構皆由「九」形、「口」形、「木」、「死」、「亡」等形構成，故本簡△字應從原考釋「喪」。

〔註90〕 包山簡 167「（圖）人～睚」為原考釋所釋（見《包山楚簡》頁 29），「睚」應改釋為「睍」（詳見《包山楚簡文字編·緒言》頁 15）。

〔註91〕 例如劉信芳：《包山楚簡解詁》，（台北：藝文印書館，2003 年），頁 105。何琳儀：《戰國古文字典》，頁 706～707。李零：讀〈楚系簡帛文字編〉，《出土文獻研究》第五輯，頁 141。

〔註92〕 《上博二·容成氏》簡 41，之「喪」字，李零亦隸定為「桑」。見《上海博物館藏戰國楚竹書（二）》，頁 282。

〔註93〕 李零：讀《楚系簡帛文字編》，《出土文獻研究》第五輯，頁 141。

〔註94〕 蘇建洲：《上海博物館藏戰國楚竹書（二）校釋》，（國立台灣師範大學國文研究所博士論文，2004 年 6 月），頁 373。

〔註95〕 蘇建洲：《上海博物館藏戰國楚竹書（二）校釋》，（國立台灣師範大學國文研究所博士論文，2004 年 6 月），頁 290。

【內容】

原考釋僅釋爲「曲目」，並無進一步說解。「喪之末」可能即「喪歌之末曲」。全國各地皆有喪歌，這在民間是極爲常見的風俗，喪歌又可稱爲「孝歌」、「夜歌」、「挽歌」、「葬歌」、「陰鑼鼓」、「跳喪鼓」〔註96〕等，在先秦典籍中亦可見有關葬歌的記載，例如《左傳・哀公十一年》曰：

> 爲郊戰故，公會吳子伐齊。五月，克博。壬申，至于嬴。中軍從王，胥門巢將上軍，王子姑曹將下軍，展如將右軍。齊國書將中軍，高無丕將上軍，宗樓將下軍。陳僖子謂其弟書：「爾死，我必得志。」宗子陽與閭丘明相屬也。桑掩胥御國子。公孫夏曰：「二子必死。」將戰，公孫夏命其徒歌虞殯。陳子行命其徒具含玉。公孫揮命其徒曰：「人尋約，吳髮短。」東郭書曰：「三戰必死，於此三矣。」使問弦多以琴，曰：「吾不復見子矣。」陳書曰：「此行也，吾聞鼓而已，不聞金矣。」

杜預《注》曰：「虞殯，送葬歌曲，示必死。」孔穎達《疏》曰：

> 正義曰：賈逵云，虞殯，遣殯歌詩，杜云送葬歌曲，並不解虞殯之名。禮啓殯而葬，葬即下棺。反日中而虞，蓋以啓殯，將虞之歌謂之虞殯，歌者樂也，喪者哀也，送葬得有歌者，蓋挽引之人爲歌聲以助哀，今之挽歌是也。舊說挽歌漢初田橫之臣爲之，據此挽歌之有久矣。晉初荀顗制禮以吉凶不雜，送葬不宜有歌去之，摯虞駁之云：「詩云：君子作歌，惟以告哀，葬之有歌，不爲害也，復存之」。

《左傳》的這段文字，即說明先秦已有詠唱喪歌的風俗，這樣的風俗習慣延續至漢魏時期，最爲人所熟知的喪歌即是《蒿里》與《薤露》，《漢書》卷六十三・武五子傳・廣陵厲王劉胥傳》：

> 王自歌曰：「欲久生兮無終，長不樂兮安窮！奉天期兮不得須臾，千里馬兮駐待路。黃泉下兮幽深，人生要死，何爲苦心！何用爲樂心所喜，出入無悰爲樂亟。蒿里召兮郭門閱，死不得取代庸，身自逝。」

顏師古注：「蒿里，死人里。」晉代崔豹《古今注・音樂》亦云：

> 《薤露》、《蒿里》，送哀歌也，出田橫門人。橫自殺，門人傷之而作悲歌，言人命如薤上露，易晞滅也。亦謂人死魂魄歸於蒿里，故用二章。其一曰：「薤上朝露何易晞！露晞明朝還復滋，人死一去何時歸？」……至孝武時，李延年乃分二章爲二曲，《薤露》送王公貴人，《蒿里》送士大夫庶人，

〔註96〕中國藝術研究院音樂研究所（中國音樂詞典編輯部）編：《中國音樂詞典》，（北京：人民音樂出版社，1984 年），頁 334。

　　　　使挽柩者歌之，世亦呼爲挽歌。亦謂之長短歌。

喪家常以吟唱喪歌的方式表示哀悽之情，時至今日，我們仍可以在辦理喪事的場合
見到這樣的習俗。

　　楚人崇信鬼神風氣之盛，可由古籍記載得知，《左傳·昭公十三年》：「吳滅州
來，令尹子旗請伐吳。王弗許，曰：『吾未撫民人，未事鬼神，未修守備，未定國家，
而用民力，敗不可悔。州來在吳，猶在楚也。子姑待之。』」、《呂氏春秋·異寶》：
「楚人信鬼」、《漢書·地理志》：「楚人信巫鬼，重淫祀」，神與鬼是楚人信奉崇拜的
對象。人死爲鬼，一般都給人陰森的感受，但在楚人眼中的「鬼」，似乎並不是那麼
令人畏懼，例如〈國殤〉描寫爲國捐軀的戰士，「誠既勇兮又以武，終剛強兮不可凌。
身既死兮神以靈，魂魄毅兮爲鬼雄」，充滿對戰士們的崇敬之意。

　　楚人對於祭祀是如此的重視，在面對死亡這件事，自然也產生許多祭祀之儀式、
歌舞與風俗。《莊子·至樂》記載莊子喪妻「箕踞鼓盆而歌」之事，宋公文、張君引
《明史·陳綱傳》記：「楚俗居喪，好擊鼓歌舞」與周耘〈荊楚跳喪研究〉、唐嘉弘
《巴史三題》等資料，說明此類風俗亦爲楚人所承，並指出：

> 楚人奠祭死者或爲死者招魂時，也要唱喪歌，如〈招魂〉：「招具該備，永
> 嘯呼些。」就是唱喪歌。……
>
> 楚人在牽挽柩車下葬時唱的喪歌有一種名爲〈下里〉。《襄陽耆舊記》卷一
> 記宋玉曰：「昔楚有善歌者，……始而曰〈下里〉、〈巴人〉，國中屬而和之
> 者數萬人。」聞一多先生認爲下里就是蒿里，……從上引宋玉關於〈下里〉
> 的一段話中，我們可以發現兩點問題：1.〈下里〉是一首相和歌，一倡眾
> 和，具有整齊執紼者的節奏、步調和勸力的作用；2.楚人愛唱〈下里〉這
> 首喪歌，不單出殯時唱，平時也唱。後一習俗爲漢代人所繼承。《漢書·
> 周舉傳》記大將軍梁商與親昵在洛水上宴飲，酣醉之時大唱〈薤露〉。又
> 《續後漢書·五行志》劉昭注引《風俗通》云：「時京師賓婚嘉會皆作魁
> 櫑，酒酣之後，續以挽歌。魁櫑，喪家之樂；挽歌，執紼相偶和之者。」
> 喪歌……有其獨特的韻味、聲腔和效果。它雖淒涼、悲惋，但卻高曼抒情，
> 有利於大幅度地渲泄鬱積，因而即使在節慶的氣氛也同樣可以唱來。……
> 〔註97〕

這樣的風俗，深深地影響了後世的兩湖人，王建輝等學者即說明荊楚地區的人們「普
遍地把喪事當『白喜事』辦」的例子：

〔註97〕宋公文、張君：《楚國風俗志》，（武漢：湖北教育出版社，1995年），頁319～321。

《黔陽縣志》載:「喪家每夜群聚而謳,歌呼達旦,或一夕,或三五夕,謂之暖喪。」現在湖北西部一帶,特別是長陽縣,仍保留著跳喪的習俗,參加喪禮的人們,狂歌酣舞,通宵達旦,好比重大節慶。這種對死的瀟灑態度,跟人們將死看成一種解脫,看成是一種靈魂的超度有關。〔註98〕

由於對死亡的豁達與重視,使得楚人對喪歌有所偏好。

喪歌的存在是毫無疑問的,但喪歌有沒有所謂的末曲呢?根據《楚國風俗志》的說明,喪歌「通常由初卒時家人跳踴所唱的歌、設祭堂時唱的歌和出殯時執紼唱的挽歌三部分所組成」,〔註99〕可見喪歌有階段性的劃分,而《中國音樂辭典》的資料則顯示,的確有成組成套的喪歌:

舊時習俗,人死後要在家停靈數日,守靈時,往往請三、五個歌手來唱喪歌,由天黑唱到天亮,有些地區的喪歌已形成一套固定的形式。一般是開始和結束都有祭祀的儀式曲,或名起鼓、煞鼓;中間則可自由歌唱,這是整個喪歌的主要部分,可唱亡人,或唱歷史故事、愛情故事等。湖北的跳喪鼓則由一歌師擊鼓,二歌師在靈前邊唱邊跳,內容與上述同。曲調低沉悲哀,大多為獨唱和齊唱。有的地方用鑼、鼓伴奏,有的地方不用伴奏。〔註100〕

由上列資料可以得知,在辦理喪事的過程中,從親人死亡開始,一直到入土為安的那一刻,親友吟唱喪歌的時間可長達數日,而且喪歌不是只有一首,而是依喪事辦理的進程,演唱數首不同的歌曲。

又以有「千載清音」〔註101〕美譽的南管來說,由於長期流傳於民間,與人們生活緊密結合,因此也應用於喪禮樂祭,其樂祭內容有「起指」(此時上香,並獻花、果、燭)、「落曲」(此時斟酒以祭)、「煞譜」(表示樂祭禮成),〔註102〕由此亦可證明喪葬樂是有程序之分的。

因此「喪之末」有可能就是「喪歌中的末曲」,即一連串辦理喪事的過程中,接近尾聲時所詠唱的詩歌。人們吟唱的喪歌既然有這麼多首,而《采風曲目》獨收〈喪

〔註98〕王建輝、劉森淼:《荊楚文化》,(瀋陽:遼寧教育出版社,1992年),239~240。
〔註99〕宋公文、張君:《楚國風俗志》,(武漢:湖北教育出版社,1995年),頁319。
〔註100〕中國藝術研究院音樂研究所(中國音樂詞典編輯部)編:《中國音樂詞典》,(北京:人民音樂出版社,1984年),頁334。
〔註101〕南管可上溯至漢代相和歌「絲竹更相和,執節者歌」的遺風,而且南管樂曲的結構,明顯的具有唐代大曲風格。更有研究發現:南管是目前中國所有樂種之中,唯一和湖北出土的戰國(西元前四世紀)樂器音律近似者。(參考漢唐樂府網站,http://www.hantang.com.tw/Q&A.htm)
〔註102〕林吳素霞:《南管音樂賞析——入門篇》,(彰化:彰化縣文化局,1990年),頁87。

之末〉的原因，可能正如〈蒿里〉、〈薤露〉一般，由於歌詞曲調動人，因而在所有的喪歌中特別著名、傳唱甚廣的緣故。

　　喪與桑在古文字或通假字皆有密切關係，「喪之末」若讀爲「桑之末」，或指桑枝之末端。此外，在詩歌中，桑又往往與桑林有關，此詩或爲情詩，然而作此解有增字解經之嫌。

〔5〕疋芏月

【字形】

　　A. 疋

　　「疋」與「足」原爲一字，甲骨文作 𧾷（甲 2878）形，金文作 𧾷（免簋）形，至戰國文字開始分化，〔註 103〕在楚系文字中，「足」、「疋」二者字形上的差異在於「足」字作 𧾷（包 121）、𧾷（郭・成 13），其上作「口」形，「疋」字作 𧾷（仰1）、𧾷（上博一・孔子詩論 10），其上作「﹀」或「○」形。然而「足」、「疋」二字在字形上雖有所區分，但在用字時卻偶有混用的情形，例如仰天湖簡 4「𧾷布」，應隸爲「綎布」，而讀爲「疏（疋）布」；〔註 104〕包山 129 簡有「▇▇ 金六匀」，整理者釋爲「足金六匀（鈞）」，〔註 105〕然而以字形來看，「疋」字上方作「○」形，故應爲「疋」字，「疋金」讀爲「足金」，即「純金」之意。〔註 106〕因此雖然「疋」、「足」二字在戰國文字中已分化，但還是得依據上下文義來加以分辨。本簡 𧾷 字上部不作「口」形，原考釋隸定爲「疋」，可从。

　　B. 芏

【各家說法】

　　𦬬（下文以△表之），原考釋隸定作「芏」，楊澤生謂：

　　　「芏」字舊未見，不知是否與《集韻・東韻》訓爲「堁也」（即土壤）的「堁」字有關。簡文「芏」疑讀爲「供」，當祭祀、奉祀講。〔註 107〕

〔註 103〕何琳儀：《戰國古文字典》，（北京：中華書局，1998 年），頁 384、580 頁。季師旭昇：《說文新證》（上），（台北：藝文，2002 年 10 月），127～129 頁。

〔註 104〕何琳儀：《戰國古文字典》，（北京：中華書局，1998 年），頁 385。

〔註 105〕湖北省荊沙鐵路考古隊：《包山楚簡》，頁 26。劉信芳亦隸定作「足金六匀（鈞）」，見《包山楚簡解詁》，頁 121。

〔註 106〕張光裕主編、袁國華合編：《包山楚簡文字編》，頁 611。何琳儀：《戰國古文字典》，頁 580～581。

〔註 107〕楊澤生：〈讀上博（四）箚記〉，簡帛研究網，2005 年 3 月 24 日。又載於《古文字研究》第二十六輯（北京：中華書局，2006 年），頁 335。

楊澤生指出《集韻·東韻》有「埬」字，訓爲「塿也」（即土壤），並認爲「芏」可能讀爲「供」，即「祭祀、奉祀」之意。

【思婷案】

楚簡中有「芏」字作 坐（仰天5）、坐（仰天27）與此簡△字字形有些類似，何琳儀謂「芏」字「从艸、土聲。《廣韻》：『草名，生海邊，可爲蓆。』仰天湖簡讀蓆。」〔註108〕然而「芏」之「艸」形與△上方部件仍有所區別。

楚系文字从「艸」者，「艸」形大部份皆作「屮屮」，豎筆多不貫穿至下方，雖然偶而也有豎筆貫穿作 苲（苲，隨縣71）者，但這種情形較少見。

楚系未見獨體之「廾」字，而从「廾」之字的「廾」形，不僅和「艸」形不同，而且多位於字形下方。「廾」字甲骨文作「𠬞」（後1.17.1），即《說文》所云之「竦手也」，象左右兩手相拱持之形，楚系「廾」字在構字功能上，主要用作形符，很少用作聲符。當「廾」爲會意字部件時，所捧持之物，皆置於「廾」之上方，即所謂「以位見意」〔註109〕之會意字，如「承」之或體作 丞（天卜）、承（包232），像兩手捧一人，會奉承之意；「具」作 具（郭·緇16），會雙手拱貝之意；「兵」作 兵（包241），會雙手持斤之意；「戒」作 戒（璽彙0163），會雙手持戈，以戒不虞之意。〔註110〕

本簡△字上方作「X X」形，筆畫貫穿，與楚系「艸」形不類，故排除此字从「艸」的可能，但是「X X」形仍和一般楚系的「廾」形寫法有些不同，其筆勢乃作兩「X」形，且左右兩部件相連。金文中「廾」字有「广」、「又」兩形體相連者，例如 兵（兵，㱿簋）、具（具，叔具鼎），在楚系文字中大部分的「廾」形，都是「广」、「又」兩部件分開的，然而亦有「广」、「又」相連的寫法，例如 與（與，郭·老乙4）、郱（郱，包221）但這樣的情形較少見。

「共」字金文作 共（共覃父乙簋），其後「口」形漸訛爲「廿」形。〔註111〕楚系簡帛有作 共（郭·緇25）形者，與《說文》篆文「共」十分相近，又進一

〔註108〕何琳儀：《戰國古文字典》（上），（北京：中華書局，1998年），頁529。

〔註109〕例如「莫、班、炙、盟」等字，皆爲「會異體文字以位見意」者。林尹：《文字學概說》，（台北市：正中書局，1971年），頁119～121。

〔註110〕楚系文字似未見「廾」純粹作聲符者，多爲會意兼聲，例如「弄、共」等字。燕系文字有「𧮫」字，从言、廾聲即「誩」之異文（見何琳儀：《戰國古文字典》，頁419）。當「廾」爲形聲字部件時，其位置也多在整個字的下方。

〔註111〕季師旭昇：《說文新證》（上），（台北：藝文印書館，2002年），頁165。

步訛爲 ，上方部件近似「心」形；另一方面，「共」亦有作 ![字形]（包239）、![字形]（璽彙5139）、![字形]（箕，信2.6）、![字形]（箕，信2.20）、![字形]（楚帛書·甲7.5）等形者，由包山簡239之「共」字的筆勢來看，上方的「![字形]」已不似「廿」形，反而和「卄」形相近，可能是受到「共」字下方「廾」形的影響所致，璽彙5139之「共」字上方筆畫近一步分離，與「广」、「又」相連的「卄」形相近，楚帛書之「共」字上方部件更是分離爲兩個「X」形。推測其字形演變如下：

![字形] （共覃父乙簋）→ ![字形]（郭·緇25） → ![字形] （郭·六22）

![字形]（包239）→ ![字形]（璽5139）→ ![字形]（帛·甲7.5）

　　與本簡△字上部形體最爲類似的，應該是包山簡239與璽彙5139之「共」字上方的筆畫。戰國文字在書寫時往往有刪減同形者，例如「絕」作「![字形]」（郭·老乙4）或「![字形]」（郭·老甲1）；「敗」作「![字形]」（包28）或「![字形]」（曾61）；晉系文字中有一「埜」字，作「![字形]」（璽5150）、「![字形]」（璽5152），何琳儀謂此字从土、共聲，乃「共」之繁文，在晉璽中「埜」讀爲「恭」，乃箴言之璽。〔註112〕

　　△字可能是 ![字形]（包239）或 ![字形]（璽彙5139）這類形體的「共」字，加「土」形爲飾，又由於上方部件已訛近「卄」形，與下方所从之「廾」形體類似，故在刪簡同形的習慣下，省略了一個「卄」形，仍讀爲「共」。當然我們也不排除「土」形爲形符，「廾」爲聲符的可能。

【內容】

【各家說法】

　　原考釋隸作〈疋埜月〉，並無進一步說解。楊澤生認爲可讀爲「糈供月」：

> 「疋」字疑當讀爲「糈」。「糈」常被用作供品。如《楚辭·離騷》：「巫咸將夕降兮，懷椒糈而要之。」王逸注：「糈，精米，所以享神。」《山海經·西山經》：「其十輩神者，其祠之，毛一雄雞，鈐而不糈。」《淮南子·説山》：「病者寢席，醫之用針石，巫之用糈藉，所救鈞也。」《漢書·揚雄傳上》：「費椒糈以要神分，又勤索彼瓊茅。」
>
> 「埜」字舊未見，不知是否與《集韻·東韻》訓爲「壏也」（即土壤）的「埁」字有關。簡文「埜」疑讀爲「供」，當祭祀、奉祀講，如《後漢書·禮儀志上》：「正月上丁，祠南郊。禮畢，次北郊，明堂，高廟，世祖廟，

〔註112〕何琳儀：《戰國古文字典》（上），（北京：中華書局，1998年），頁417。

謂之五供。五供畢，以次上陵。」

「疋芚月」之「月」當指月亮。古代有祭祀日月星之俗。《周禮‧大宗伯》：「以實柴祀日月星辰。」《管子‧輕重己》：「以冬至日始，數四十六日，冬盡而春始。天子東出其國四十六裡而壇，服青而絻青，搢玉總，帶玉監，朝諸侯卿大夫列士，循于百姓，號曰祭日，犧牲以魚。……以冬日至始，數九十二日，謂之春至；天子東出其國，九十二裡而壇，朝諸侯卿大夫列士，循于百姓，號曰祭星。……以夏日至始，數九十二日謂之秋至，秋至而禾熟，天子祀于太惢，西出其國，百三十八裡而壇，……朝諸侯卿大夫列士，循于百姓，號曰祭月。」《禮記‧祭法》：「王宮，祭日也。夜明，祭月也。幽宗，祭星也。」《禮記‧祭義》：「祭日於壇，祭月於坎，以別幽明，以製上下。」《孔叢子‧論書》：「主於郊宮，所以祭日也。夜明所以祭月也。幽滎所以祭星也。」《漢書‧郊祀志》：「祭日以牛，祭月以羊彘特。」

前引《楚辭》和《山海經》都是楚人作品，楚竹書出現《疋芚月》這樣的曲目應該不是偶然的。明人張瀚《松窗夢語》卷七：「中秋供月以餅，取團圓之象，遂呼月餅。」以餅供月與戰國楚地的「糈供月」有些相似，或許不無淵源。﹝註113﹞

【思婷案】

「芚」應可讀「共」，楚系金文「共」字多作爲「供」，﹝註114﹞例如戰國晚期的楚王酓肯鉈鼎（《集成》2479），其銘文作「楚王酓肯（朏）复（作）鑄鉈（匜）鼎（鼎），台（以）共（供）歲棠（嘗）」；楚王酓忑鼎（《集成》2794）其銘文作：「楚王酓复戰隻（獲）兵銅。正月吉日，室鑄喬鼎（鼎）之盍（蓋），㠯（以）共（供）歲棠（嘗）」，因此△即可能讀爲「供」。

若「疋芚月」讀爲「疋供月」，則「疋」可能如楊澤生所言乃祭月之物。古代「祭月」的風俗，源起於人們對自然界事物的敬畏心理，日、月、山、川、風、雨、雷、電，以至於獸、樹等，都奉爲神靈加以膜拜，而月亮自然也成爲重要的祭拜對象。早在《尚書‧舜典》即有關於古代祭月的記載：「正月上日，受終于文祖。在璿璣玉衡，以齊七政。肆類于上帝，禋于六宗，望于山川，遍于群神。」傳曰：「精意以享謂之禋。宗，尊也，所尊祭者其祀有六，謂四時也、寒暑也、日也、月也、星也、

﹝註113﹞ 楊澤生：〈讀上博（四）劄記〉，簡帛研究網，2005 年 3 月 24 日。
﹝註114﹞ 目前楚系文字未見「供」字。

水旱也，祭亦以攝告。」可見當時即有祭月之禮，孔疏曰：

> 《正義》曰，國語云：精意以享禋也。《釋詁》云：禋，祭也。孫炎曰：
> 禋，絜敬之祭也。《周禮·大宗伯》云：以禋祀祀昊天上帝，以實柴祀日
> 月星辰，以槱燎祀司中、司命、風師、雨師。鄭云：禋之言煙，周人尚臭
> 煙氣之臭聞者也。鄭以禋祀之文在燎柴之上，故以禋爲此解耳，而洛誥云：
> 秬鬯二卣曰明禋，又曰：禋于文王武王，又曰：王賓殺禋咸格，經傳之文，
> 此類多矣，非燔柴祭之也，知禋是精誠絜敬之名耳。

〈舜典〉的記載，只言其祭用「禋」，並未詳述。《禮記·祭法》：「王宮，祭日也。
夜明，祭月也。幽宗，祭星也。」《禮記·祭義》：「祭日於壇，祭月於坎，以別幽明，
以製上下。」陳皓注引方氏曰：「月出於夜則爲月之時而明乃其用也。故祭月之坎曰
夜明」〔註115〕，坎即是彎月形之壇。周代祭月儀式隆重，周天子要親登夜明之壇以
祭月，「祭月時要用牲幣，牲用羊，將牲幣布於柴上焚燒，使煙氣上升，以示對月神
的崇敬並報答對人間的恩惠」。〔註116〕其後祭月的禮俗一直延續下來，楊樹森〈焚
巫·祭月·祈雨〉一文已引用眾多古籍資料佐證。〔註117〕自周至清，帝王皆行祭月
之禮，祭月的儀式在民間也同樣盛行，而且不僅僅是漢族，在其他的少數民族中，
也習見拜月的風俗。《周禮·春官宗伯》：「中春，晝擊土鼓、吹〈豳〉詩，以逆暑。
中秋，夜迎寒，亦如之。」這種秋分之夜的祭月、迎寒儀式，可視爲中秋節的濫殤。
〔註118〕

根據宋公文、張君的研究，戰國時期的楚文化對中秋節的蘊釀有甚爲關鍵的
作用，〔註119〕並提到荊楚故地之祭月除了單純的對月神表示崇敬，亦對月神有所
祈求：

> 《荊州府志》引《荊楚歲時記》佚文云：荊楚故地俗以「七月采瓜犀以爲
> 面脂。」此種美容習俗後來分別被七夕和中秋節所吸收，並由此產生了婦
> 女（或少女）向織女星神和月亮女神祈求容貌美好、長駐的儀式。〔註120〕

〔註115〕轉引自楊樹森：〈焚巫·祭月·祈雨〉，《吉林大學社會科學學報》，1994 年第 1 期，
頁 91。

〔註116〕王景琳、徐陶主編：《中國民間信仰風俗辭典》，（北京：中國文聯出版社，1992 年），
頁 709。

〔註117〕楊樹森：〈焚巫·祭月·祈雨〉，《吉林大學社會科學學報》，1994 年第 1 期，頁 91。
楊樹森：〈焚巫·祭月·祈雨〉，《吉林大學社會科學學報》，1994 年第 1 期，頁 91。

〔註118〕喬繼堂、朱瑞平主編：《中國歲時節令辭典》，（北京：中國社會科學出版社，1998
年），頁 422。

〔註119〕宋公文、張君：《楚國風俗志》，（武漢：湖北教育出版社，1995 年），頁 293～300。

〔註120〕宋公文、張君：《楚國風俗志》，（武漢：湖北教育出版社，1995 年），頁 298。

　　楚地民間祭祀之風盛熾，像月亮這麼重要的天體，豈有不予祭祀的道理？〈疋
芷月〉若爲祭月之詩，在對月神表達崇敬之意以外，也可能對月神有類似的祈願。
　　《拾遺記》有一段記載：

> 洞庭山，浮於水上，其下有金堂數百間，玉女居之。四時聞金石絲竹之聲，
> 徹於山頂。楚懷王之時，舉群才賦詩於水湄，故云瀟湘洞庭之樂。聽者令
> 人忘老，雖咸池、九韶，不得比焉。每四仲之節，王常繞山以游宴，舉四
> 仲之氣以爲樂章。仲春律中夾鐘，乃作《輕風流水》之詩，醮於山南。時
> 中蕤賓，乃作《皓露秋霜》之歌。〔註121〕

　　楚人在懷王之時，即有於「驚蟄、芒種、白露、大雪」四種節氣歌舞賦詩的活
動，配合著不同的節慶，演唱不同的歌曲，在仲春之時演唱《輕風流水》，在仲秋演
唱《皓露秋霜》。先秦時期，重大的祭典與節慶活動往往是相結合的，「在先秦時期，
盛大的節慶日子，同時也就是盛大的巫術祭祀節日和歌會。因此節慶歌、祭祀歌和
巫歌實際上是同一種類型和性質的歌曲」，〔註122〕若由這樣的風俗民情推之，楚地
流傳著祭月時所演唱的詩歌，並被樂官採集，也是自然不過的事。

　　接下來的問題是，「疋」字應作何解釋呢？由目前已所見楚系簡帛資料來看，「疋」
字多不用其「足」之本義，多是假借爲音同或音近之字。例如「疋」字有讀「胥」
者，例如郭店楚簡〈窮達以時〉第9簡：「子疋前多杠（功），逡（後）蓼（戮）死」，
「子疋」即指「伍子胥」。

　　「疋」字亦有讀「疏」者，例如郭店《老子・甲》28簡：「古不可尋天〔註123〕
斬，亦不可尋而疋。」今本作「故不可得而親，不可得而疏。」仰天湖簡1「疋
縷」，讀「疏屢」，《儀禮・喪服》即有「布帶疏屢」之句。包山簡84反「疋獄」，
即「疏獄」，爲分條記錄獄訟之辭，《說文》亦云：「一曰疋，記也」，《廣雅・釋詁》：
「疏，識也。」

　　本簡之「疋」字，其義應非「由臀部到腳底」的「足」，應該也是假借爲他字。

　　楊澤生認爲「疋」字疑當讀爲「糈」，並引《楚辭》、《山海經》、《淮南子》等書，
說明「糈」常作爲供品之用。

　　「糈」一方面爲米糧之通稱，《說文》：「糈，糧也」，《史記・貨殖列傳》：「醫方
諸食技術之人，焦神集能，爲重糈也。」〔註124〕另一方面也指祭神之精米，《史記・

〔註121〕（晉）王嘉撰；（梁）蕭綺錄；齊治平校注：《拾遺錄》，（台北：木鐸，1982年）
〔註122〕宋公文、張君：《楚國風俗志》，（武漢：湖北教育出版社，1995年），頁325。
〔註123〕簡文訛誤，應作「而」。
〔註124〕（漢）司馬遷等撰，楊家駱主編：《新校本史記三家注并附編二種》，（台北，鼎文

日者列傳》：「宋忠見賈誼於殿門外，乃相引屏語相謂自歎曰：『道高益安，勢高益危。居赫赫之勢，失身且有日矣。夫卜而有不審，不見奪糈；爲人主計而不審，身無所處。』」索隱：「糈音所。糈者，卜求神之米也。」〔註125〕

　　根據考古發掘與文獻研究，楚人的主食是「粒食脫殼的穀物」，在穀物加工的過程中製作極爲精細，經過仔細加工的精米即稱爲「糈」。〔註126〕由於「糈」是楚人日常食用之物，因此以「糈」作爲祭月之供品，十分符合楚人的飲食習慣。台北故宮於1992年收藏一件西周中期的〈晉侯⿰楚食鋪〉，其銘文內容言及：「用旨食大⿰楚食」，陳芳妹謂：

　　「⿰楚食」字從楚從食。字書所無，但毛公鼎有「楚賦」，郭沫若引孫詒讓云「楚疑與胥通，楚胥並從疋得聲」，胥，賦也。查《説文通訓定聲》胥，楚，同屬豫部，但胥爲魚韻，楚爲語韻，另同屬豫部的則爲魚語韻；疏則爲魚御韻。故「⿰楚食」與「糈」及「疏」通。

　　就「⿰楚食」、「糈」、「饊」相通方面而言，魏張揖〈廣雅·釋器〉云：「糈，饊也」可見，⿰楚食、糈、饊三者意義或可相通。「饊」，《説文》云熬稻粻饈也，按段玉段注：「饈依韻會从食。各本作程。蓋因許書無饈改之耳。楚辭，方言皆作粻饈。古字蓋當作張皇……，熬，乾煎也。稻、穄也。穄者、今之稷米，米之黏者。爾穄米爲張皇。張皇者，肥美之意。既又乾煎之，若今煎粢飯然，是曰饊。」所以⿰楚食、饊、糈大概都指乾煎的肥美黏米。……〔註127〕

　　〈晉侯⿰楚食鋪〉銘文中「用旨食大⿰楚食」一句，說明其器之用，爲盛放「⿰楚食（糈）」的粢盛器，〈晉侯⿰楚食鋪〉的出土，不但說明了西周中期以後粢盛器的變革，〔註128〕也印證了《山海經》、〈離騷〉等以「糈」作爲祭品的記載。因此，雖然在古籍中並未見到以「糈」作爲祭「月」之供品的記錄，但楊澤生所提的看法仍值得參考。

書局，1987年），頁3271。

〔註125〕（漢）司馬遷等撰，楊家駱主編：《新校本史記三家注并附編二種》，（台北，鼎文書局，1987年），頁3220。

〔註126〕參宋公文、張君：《楚國風俗志》，（武漢：湖北教育出版社，1995年），頁19；王建輝、劉森淼：《荊楚文化》，（瀋陽：遼寧出版社，1995年），頁206。

〔註127〕陳芳妹：〈晉侯⿰楚食鋪——兼論銅鋪的出現及其禮制意義〉，《故宮學術季刊》，第十七卷第四期，頁61。

〔註128〕此器「說明了西周中期以後青銅粢盛禮制的繁複化與高階層貴族的關係，……也說明了祭禮中對高舉或手執青銅粢盛器的需求」。詳見陳芳妹：〈晉侯⿰楚食鋪——兼論銅鋪的出現及其禮制意義〉一文。

　　本文認爲「疋」字若爲供品，或可通假作「湑」，這是因爲古代各種祭祀中，「酒」扮演重要的角色，祭祀中用「酒」，比用「糈」來得更加廣泛而普遍。

　　《說文》：「湑，茜酒也。」《說文》釋「茜」云：《說文·酉部》：「茜，禮祭。茅束加于裸圭而灌鬯酒，是爲茜。象神歆之也。从酉艸。春秋傳曰：『爾貢包茅不入，王祭不供，無以茜酒。』《周禮·天官·甸師》：「祭祀，共蕭茅。」注云：「蕭字或爲茜。茜讀爲縮。束茅立之祭前，沃酒其上，酒滲下去，若神飲之，故謂之縮。」可見「湑」是祭神時以酒灌注茅束的儀式。

　　以酒灌注茅束，又有過濾酒糟的功用，《周禮·天官·酒正》云：「辨五齊之名」，賈公彥疏：「泛齊滓浮則濁於醴齊汁滓相將者，此二者皆以茅沛之」，一般人所飲用的清酒也要經過過濾的手續，故〈大雅·鳧鷖〉云：「爾酒既湑」，《箋》：「湑，酒之沛也。」《詩經·小雅·伐木》云：「有酒湑我」。《傳》曰：「湑，茜之也。」《釋文》：「湑，本又作醑，……與《左傳》『縮酒』同義。謂以茅沛之而去其糟也。」由「湑」這個濾酒的動作，又引伸出另一個意義，即「已濾去渣滓的清酒」，〈小雅·伐木〉云：「迨我暇矣，飲此湑矣。」此處「湑」即作名詞用。

　　若將「疋」釋爲「湑」，則「湑供月」即是以酒灌注茅束以祭月；或是將「湑」視爲名詞，乃以清酒祭月之意。祭祀時用酒，是最爲普遍的儀式，《周禮·天官冢宰》：「凡祭祀，共酒以往。」《儀禮·士冠禮》再醮之辭亦云：「旨酒既湑，嘉薦伊脯。」古代祭祀中，祭祖先要用酒，如〈小雅·信南山〉云：「祭以清酒」；連祭祀「箭靶」也要用酒，《周禮·冬官考工記》云：「祭侯之禮，以酒、脯、醢」，在各種祭祀儀式中，「酒」乃不可或缺之物，因此祭祀時用「酒」（湑）應該比用「精米」（糈）來得普遍。

　　最後再提出「疋」通「胥」的可能。「胥」，即閭中之長，亦掌祭祀之事。《周禮·地官司徒》云：「黨正，每黨下大夫一人。族師，每族上士一人。閭胥，每閭中士一人。」鄭注：「正、師、胥，皆長也。」《周禮·地官司徒》亦云：「閭胥：各掌其閭之徵令。以歲時各數其閭之眾寡，辨其施舍。凡春秋之祭祀、役政、喪紀之數，聚眾庶。」故「胥供月」即「閭中之長祭祀月亮」之意。

　　此外，「胥」或可當作副詞使用，即「共同」之意。楊伯峻、何樂士云：

　　　「胥」這個副詞只在上古用它，後世仿古偶有用之。它除表「共同」義外，
　　　還表「相互」義，應結合上下文加以辨別。

　　　A. 「爾忱不屬，惟胥以沉。」《尚書·盤庚中》，意謂你們的誠意不夠，
　　　那只有共同沉沒。

　　　B. 「爾之教矣，民胥效矣。」《詩·小雅·角弓》你作了教導，百姓共同

仿效。〔註129〕

「胥供月」可能意指「眾人一起來祭祀月神」。

〔6〕埜又葛　　曲目

【字形】

　　A. 葛

【各家說法】

　　　　（，下文以△稱之），原考釋釋「菜」，謂：

　　　　「埜」，古文「野」。《說文・里部》：「壄，古文野，從里省、從林。」段

　　　　玉裁注：「壄，亦作埜。」「」疑「菜」。〔註130〕

　　董珊則釋△爲「萦」，讀爲「蔬」：

　　　　「萦」字原從「艸」、「素（或索）」，以音近可讀爲「蔬」。〔註131〕

　　陳劍認爲董珊之說「分析字形是有根據的，但『蔬』一般當爲人工種植於園圃，說『野有蔬』仍嫌不合」，並改△爲「葛」。文中引施謝捷之說，指出三體石經《春秋》僖公人名「介葛盧」之「葛」字作「」。並引張富海的看法，說明（《古璽》2263）、（《古璽》2263）皆用爲姓氏之「葛」字。又，《上海博物館藏戰國楚竹書（三）・周易》簡43與今本「葛藟」之「葛」相當之字作。根據這些字形演變，陳劍認爲：

　　　　《采風曲目》形下半的頭部省略、中間部分筆畫斷裂分離而略有變化

　　　　（對比石經字形中的形），即成古璽、形；古璽兩形下半類似「冂」

　　　　的外框再省略，即成《上博（三）・周易》簡43的形。……很多研究

　　　　者都曾指出，古文字中「╟╢」形和「═」形、「╠╣」形的交替多見，

　　　　如「平」、「方」、「泉」、「央」和「束」字等。就加在「糸」旁或「幺」旁

　　　　中間的「╟╢」形而言，「喬」字中部本多作「╟╢」形，《上博（四）・

　　　　柬大王泊旱》簡6「不敢以君王之身變喬（亂）鬼神之常故」之「喬」字

[註129] 楊伯峻、何樂士：《古漢語語法及其發展》，（北京：語文出版社，1992年3月），頁
　　　314。

[註130] 馬承源主編：《上海博物館藏戰國楚竹書（四）》，（上海：上海古籍出版社，2004
　　　年12月），頁165。

[註131] 董珊：〈讀上博藏戰國楚竹書（四）雜記〉，簡帛研究網，2005年2月20日。

作【字】，「⊢」形也變作「⊟」類形。金文「索」字或作偏旁的「素」字上端多從「⊢」形，前引師克盨「【字】」字即其例。石經「萵」字字形中的「ʃʔ」，顯然屬於「⊟」類形之變；《采風曲目》【字】形下半的中間部分，細看圖版正是作「⊟」類形的。所以，將石經和竹書諸「萵」字的下半字形看作「索」或「素」，在字形上確實是極為有據的。〔註132〕

曹建國從原考釋釋「荣」：

> 「荣」即「蕀」，蕀是細葉有刺的蔓生草本植物，天門冬的別名。從篇名結構分析，《野有荣》類於《詩經》之《野有蔓草》。〔註133〕

季師旭昇認為本曲目釋為「野有蔬」或「野有葛」皆有可能。〔註134〕

【思婷案】

【字】字（下文以△稱之）上方從「艸」，並無疑問，而下方所從，原考釋釋「束」、董珊釋「素」或「索」、陳劍釋為「葛」。

從字形來看，其下應不從「束」。束，《說文・束部》云：「木芒也。象形。凡束之屬皆从束。讀若刺。」束，甲骨文作【字】（《乙》8697）、【字】（《誠》373）、【字】（《鐵》197.2）、【字】（《庫》408）等形，于省吾謂：「甲骨文束字有一鋒、三鋒、四鋒等形，乃刺殺人的一種利器。」〔註135〕

何琳儀謂「束」字「象矛類兵器置於架上之形。」〔註136〕「⊢」這個部件可見於「帚」、「索（素）」等字，象「架」之形。「帚」卜辭作【字】（《甲》668），象帚置於架上之形，卜辭「索」字見於「【字】」（絲，《京都》2161）之偏旁，象繩索在架之形。

關於「帚」字，唐蘭以為「象『王帚』一類之植物，以其可以為埽彗，引申之，遂以帚為埽彗之，習之忘本，遂不知帚之本象樹形矣。……⊢為繁畫，本無意義。」季師旭昇認為唐蘭「其說有理，然失之泥，埽帚取之於王帚類植物，然既紮之為帚，又置於⊢上，與『王帚』已不同矣」。〔註137〕何琳儀認為甲骨文「束」字「象矛

〔註132〕陳劍：〈上博竹書「萵」字小考〉，武漢大學簡帛網，2006年3月10日。

〔註133〕曹建國：〈上博簡《采風曲目》試探〉，《中國簡帛學國際論壇2006論文集》，（2006年11月8～10日，武漢），頁256~257。

〔註134〕季師旭昇：〈《采風曲目》釋讀（摘要）〉，簡帛研究網，2006年11月27日。季師旭昇主編：《《上海博物館藏戰國楚竹書》(四)讀本》，（台北：萬卷樓，2007年3月），頁11～12。

〔註135〕于省吾：《甲骨文字釋林》，（北京：中華書局，1979年），頁175～176。

〔註136〕何琳儀：《戰國古文字典》，（北京：中華書局，1998年），767頁。

〔註137〕季師旭昇：《說文新證》(上)，（台北：藝文，2002年），頁623。

類兵器置於架上之形」，然而從 ![束字] （《誠》373）、![束字] （《鐵》197.2）、![束字] （《庫》408）等「束」字來看，字形中間的部件顯然不是「架」形，而是矛刺之形。因此「束」字之構形，應非何琳儀所謂「象矛類兵器置於架上之形。」

金文「束」字作 ![束鼎] （束鼎）、![束麦簋] （束麦簋）等形，楚文字承甲金文作 ![包167] （包167）、![郭老甲9] （郭・老甲9）、![郭老甲14] （郭・老甲14），中間繁化作二橫筆，或雙鈎矛鋒、或加短橫、圓點爲飾筆。

本簡△下方所從之字，中間作「![日]」形，上方作「![從]」，似「來」形，從糸，與楚系「束」字判然有別，不應釋「萊」，因此我們先排除了原考釋之說。

董珊將△改釋爲從艸、從索（素）。索與素乃一字之分化。甲骨文同字，見於偏旁作 ![黐] （黐，《京都》2161），金文作 ![九年裘衛鼎] （九年裘衛鼎）、![師克盨] （師克盨），加「廾」形以示加工製作之意、或加「革」爲義符。〔註138〕

楚系文字「![包12]」（包12）、「![包151]」（包151）、「![郭緇29]」（郭・緇29）等形，學者釋爲「索」，上方與九年裘衛鼎之字相近，但已訛變，且雙手形簡化爲二個「十」形，無架形；「![天策]」（天策）、「![帛乙]」〔註139〕（帛乙6.22），學者釋爲「素」，〔註140〕此類字形並無雙手形，上方與師克鼎之素（索）字相近，但已訛爲「來」形，西漢素字有作「![老子乙前]」（老子乙前169下）者，上方即與「來」形相近。然而在楚簡中，釋爲「索」的字形均讀爲「素」。故楚系文字中，素與索應未完全分化。〔註141〕

本簡△下方所從之字，並沒有象雙手的「廾」形，且上方之「![從]」似「來」形，由這兩點來看，較近似楚系「素」字，唯△中間多了「![日]」形。目前楚系雖沒有這種寫法，但從甲骨文來看，若「素」字保留了「架」形，仍然是字形上合理的演變，正如楚系「索」字沒有「![日]」形，但在秦系文字中卻保留了下來（如「![索]」（睡11.22））；而且《采風曲目》的書手顯然有自己獨特的書寫習慣，例如第三簡的「蓦」多出一橫筆、「葦」字豎筆末端分歧，第四簡的「憙」字「心」形上有二橫筆，都是增加了筆畫，因此董珊認爲△字從艸從素（索），於字形可從。

〔註138〕季師旭昇：《說文新證》（上），頁502。《說文新證》（下），頁220。

〔註139〕此字替換形符，改「糸」形爲「市」形。參何琳儀《戰國古文字典》，頁585、陳嘉凌：《楚系簡帛字根研究》（國立台灣師範大學國文研究所碩士學位論文，2002年6月），頁515。

〔註140〕滕壬生《楚系簡帛文字編》、何琳儀《戰國古文字典》、湯餘惠《戰國文字編》、李守奎《楚文字編》等書。

〔註141〕陳嘉凌《楚系簡帛字根研究》將上列諸形皆收於「素」字之下。（國立台灣師範大學國文研究所碩士學位論文，2002年6月，頁515。）

陳劍則據 🔡（魏三體石經）、🔡（《古璽》2263）、🔡（《古璽》2264）、🔡（上三・周 43）等「葛」字諸形，謂本簡「🔡」即「葛」字，並認爲石經和竹書諸「葛」字的下半字形从「索」或「素」。但「葛」字爲何以「艸」、「素（索）」構形，陳劍於文中也坦言，無論由形聲或會意的造字法則，皆無法有合理的解釋，雖然陳說並非明白無滯，但舉證詳明，將△釋爲「葛」，亦有可能，故董、陳二說可並存。

【內容】

董珊將本曲目釋爲〈埜又藗〉，讀爲「野有蔬」。陳劍雖認同董珊所釋之字形，但又以「『蔬』一般當爲人工種植於園圃，說『野有蔬』仍嫌不合」來否定釋爲「蔬」的可能，故改釋爲「野有葛」，謂：

> 葛草蔓生，《說文》卷一下艸部訓「藟」爲「葛屬」，字書或訓「葛」爲「蔓草」(《玉篇・艸部》)，舊注或訓「葛藟」爲「蔓草」、「引蔓纏繞之草」。《詩經・鄭風》有《野有蔓草》篇，《采風曲目》之曲目名「野有葛」正與之相近。〔註142〕

案：正如陳劍所云，〈埜又葛〉的曲目，的確很容易令人聯想到《詩經》中的〈鄭風・野有蔓草〉：

> 野有蔓草，零露漙兮。有美一人，清揚婉兮。邂逅相遇，適我願兮。
>
> 野有蔓草，零露瀼瀼。有美一人，婉如清揚。邂逅相遇，與子偕臧

或者是〈召南・野有死麕〉：

> 野有死麕，白茅包之。有女懷春，吉士誘之。
>
> 林有樸樕，野有死鹿，白茅純束。有女如玉。
>
> 舒而脫脫兮，無感我帨兮，無使尨也吠

關於〈野有蔓草〉一詩，《集傳》云：「男女相遇於野田草露之間，故賦其所在以起興。」至於〈野有死麕〉，乃男子欲以獵物相贈女子，這兩首都是愛情詩。除了篇題或句式相近的〈野有蔓草〉、〈野有死麕〉等詩，《詩經》中也不乏言及「葛」的篇章，例如〈魏風・葛屨〉：「糾糾葛屨，可以履霜」、〈周南・葛覃〉：「葛之覃兮，施于中谷，維葉萋萋」、〈周南・樛木〉：「南有樛木，葛藟纍之」、〈王風・采葛〉：「彼采葛兮。一日不見，如三月兮」等等，其中「葛」在每首詩所比興、象徵的意義各有不同，這些都可能是〈野有葛〉一詩涵蓋的內容。

至於董珊之說，也有成立的可能。《國語・魯語上》云：「昔烈山氏之有天下也，其子曰柱，能殖百穀百蔬。」韋昭注：「草實曰蔬。」《禮記・月令》云：「山林藪澤，

〔註142〕陳劍：〈上博竹書「葛」字小考〉，武漢大學簡帛網，2006 年 3 月 10 日。

有能取蔬食、田獵禽獸者，野虞教道之；其有相侵奪者，罪之不赦。」鄭注曰：「草木之實為蔬食。」疏曰：「《爾雅》云：『蔬不熟為饉。』蔬謂菜蔬，以其草蔬經言蔬食，故為草木實也。山林蔬食榛栗之屬，藪澤蔬食菱芡之屬。」《爾雅·釋天》：「蔬不熟為饉。」郭璞注：「凡草菜可食者通名為蔬。」

　　由以上文獻可知，「蔬」為草菜可食者的通名，並不專指人工種植的菜，因此陳劍所持的理由並不完全成立。素、疏古音相近，古籍中亦有通假之例，如《戰國策·趙策一》：「秦發令素服而聽。」漢帛書本「素」即作「疏」。〔註143〕《說文·艸部》：「蔬，菜也。」若依董珊之說讀此曲目為「野有蔬」，其內容可能是楚人摘採野蔬時所唱的詩歌。

　　從目前發掘的楚地墓葬來看，楚人所食用的蔬果種類十分多樣，例如河南長台關二號楚墓出土了葫蘆子，〔註144〕江陵望山一號、二號楚墓出土了南瓜子、生薑、小茴香、板栗、柑橘、櫻桃和梅，〔註145〕荊門包山二號墓出土了藕、生薑、蔥，〔註146〕江陵鳳凰山八號漢墓有甜瓜子，〔註147〕馬王堆一號漢墓簡帛提到了柿、石榴、葵、薺、菘等記載。〔註148〕另一方面，由古籍的記載也可窺見楚人食用之蔬果，《呂氏春秋·本味》：「江浦之橘，雲夢之柚。」《戰國策·趙策》云：「雲夢橘柚之地。」《左傳·昭公十二年》言楚王熊繹「唯是桃弧、棘矢以共禦王事。」桃即桃樹，弧即弓棄。

　　這些考古發現或古籍所記載的蔬果，必然只是當時食用種類的一小部份，而農耕和采集，自然是楚人取得蔬果的主要方式。由《楚史檮杌·虞丘子》言及莊王「賜虞丘子菜地三百。」《韓詩外傳》：「楚有士曰申鳴，治園以養父母。」《莊子·天地》：「子貢南遊於楚，反於晉，過漢陽，見一丈人方將為圃畦。」〈九章·悲回風〉有「茶薺不同畝」之語，可知楚人已經利用園圃，種植所需之蔬果。

　　雖然楚人已用農耕方式種植，野外採集以供食用，仍是楚人蔬果的重要來源，楚國地處南方，其得天獨厚的自然環境比起北方的黃河流域，更適合各種動植物的生長，《史記·貨殖列傳》即云：「江陵故郢都，西通巫巴，東有雲夢之饒」。故潘富俊在比較了《詩經》和《楚辭》中描寫的植物後，得出了這樣的結論：

　　　　由於食物不虞匱乏，《楚辭》中也鮮少出現詠經濟植物或糧食植物的篇章。

〔註143〕高亨：《古字通假會典》，（濟南：齊魯書社，1989年），頁911。
〔註144〕河南省文物研究所：《信陽楚墓》，（北京：文物出版社，1986年）。
〔註145〕陳振裕：〈湖北農業考古概述〉，《農業考古》，1983年第1期。
〔註146〕〈荊門市包山楚墓發掘簡報〉，《文物》，1988年第5期。
〔註147〕金立：〈江陵鳳凰山八號漢墓竹簡試釋〉，《文物》，1976年第6期。
〔註148〕周世榮：〈從馬王堆出土古文字看漢代農業科學〉，《農業考古》，1983年第1期。

各篇章中出現次數最多者大多爲香草、草木這類隱喻性的植物,經濟植物反而零星散布在某些篇章的文句中。……不同於《楚辭》,《詩經》所處的黃河流域和黃土高原,則因「土厚水深」,糧食生產不易,民風多尚實際,對影響民生其鉅、庶民賴以生存的糧食及經濟植物多所著墨。所以《詩經》各篇章中大量出現黍、麥、小米、稻等糧食作物,以及桑、棗、葛藤、瓜類、大豆、大麻等經濟作物。〔註149〕

由生活環境的優劣而言,北方流域由於缺乏糧食,所以相對地對糧食特別注重;而南方地區由於動植物種類繁多,容易獲取,「食」的方面較不成問題,這是可以理解的,但追究其主要原因,在於《詩經》和《楚辭》的創作過程中,畢竟有著根本上的差異。《詩經》大部份是民間所傳唱的歌謠,其作者以平民爲主,其題材自然反映了生活狀況;至於《楚辭》,其作者爲屈原、宋玉一類的文人,不是身爲貴族,就是曾爲官吏,有崇高的思想與情操,其焦點皆在關注國家社會,自然少以糧食作物爲題材。

相較於《楚辭》這樣的文人作品,《采風曲目》的性質更接近《詩經》,反映了更多楚地的民風民俗,因此〈野有蔬〉這樣的詞句,出現在民歌當中,最是自然不過的事。從《楚辭》即可得知各式的香草、花樹,在幅員遼闊的楚國無處不有,由下列辭句即證明野生植物裡,有些成爲楚人的桌上佳餚:

〈九歌‧山鬼〉:「採三秀兮於山間」,《論衡》曰:「芝草一年生三花」,故「三秀」即靈芝之別稱。〔註150〕

〈九章‧思美人〉:「解萹薄與雜菜兮,備以爲交佩。」「解」即摘取之意,「萹」今名萹蓄,其嫩莖幼苗可供食用。

〈招魂〉:「涉江采菱,發揚荷些。」根據王逸所注,「涉江、采菱、揚荷」皆爲楚人歌曲,《國語‧楚語上》:「屈到嗜芰」,韋昭注云:「芰,菱也。」〈采菱〉應源自楚人採摘菱角所唱的歌謠。

〈九嘆‧惜賢〉:「采撚支於中洲。」「撚支」即胭脂,可作化妝之用,〈楚辭〉中視爲香草,然而其幼苗亦可作蔬菜食用。《救荒本草》稱爲「紅花菜」。〔註151〕

〈天問〉:「驚女采薇,鹿何祐?」對於此句,注家多以爲指伯夷、叔齊之事。根據《史記》所載,伯夷、叔齊不食周粟,採薇於首陽山,一婦女見而譏之:「子義不食周粟,此亦周之草木也。」二人聞言「絕食七日,天遣白鹿乳之」。「薇」

〔註149〕潘富俊:《楚辭植物圖鑑》,(台北:貓頭鷹,2002年),頁10~11。
〔註150〕潘富俊:《楚辭植物圖鑑》,(台北,貓頭鷹,2002年),頁88~89。
〔註151〕潘富俊:《楚辭植物圖鑑》,(台北,貓頭鷹,2002年),頁190~191。

亦出現於《詩經》中，如〈小雅‧采薇〉云：「采薇采薇，薇亦作止」、〈召南‧草蟲〉云：「陟彼南山，言采其薇」，《說文》：「薇似藿，乃菜之微者。」薇即野豌豆，〔註152〕爲微賤之人所食之物。

　　以上諸例，即可知野外採集乃楚人食物的重要來源之一。另一方面，一邊勞動，一邊吟唱歌謠，「口唱山歌手不閒」，是古今許多民族共有的風俗，《禮記‧曲禮上》：「鄰有喪，舂不相。」注曰：「相謂送杵聲。」近代客家採茶歌亦爲人所熟知，楚人自不例外，《楚國風俗志‧歌舞篇》將楚國詩歌分爲八種類型，其一即爲「勞動歌」，而勞動歌又可分爲農事歌、採摘歌、漁獵歌等等，關於採摘歌一項的說明如下：

> 採摘歌，又稱「採秀歌」，是先秦婦女在山、原採摘野菜、蔬果時唱的歌。這種歌唱起來輕鬆、愉快、富於情性，因而統治階級往往將此種歌曲納入廟堂之中，如《詩‧召南》中便有〈采蘩〉、〈采蘋〉。采秀歌也是受楚人喜愛的一種歌曲樣式，《楚辭‧招魂》即記云：「《涉江》、《采菱》，發《揚荷》些。」其中《采菱》當是蕩舟湖上摘採菱角時唱的歌，《揚荷》則是採摘蓮實時唱的歌。漢代流行的《江南可採蓮》這民歌，可能就是從《揚荷》演變而來的。《采菱》、《揚荷》均屬相和歌，《淮南子‧說山》云：「欲美和者，必先始於《陽阿》、《采菱》。」《陽阿》即《揚荷》。……〔註153〕

採摘歌流行於楚國民間，因此〈埜有蓻〉若釋爲「野有蔬」，即可能是楚地人民在採集野蔬時所唱的歌謠。《詩經》中有不少篇章，也描寫採集野生植物的情景，但隨著採集之物的用途不同、詩人的遭遇不同，每首詩所著重的主題也不一樣。《詩經》言及採集、或是描寫植物以起興的作品甚多，毋須贅舉，黃侃《文心雕龍札記‧比興》云：「原夫興之爲用，觸以起情，節取以託意；故有物同而感異者，亦有事異而情同者。」〔註154〕〈埜有蓻〉一詩，以郊野之「蓻」起興，但不知詩人所欲表達的情感爲何，是情詩、勞作詩，還是充滿怨憤之情的控訴詩……，實在囿於資料短缺，難以得知了。本曲目讀爲「野有蔬」或「野有葛」皆有可能，茲將二說並存。

〔7〕出門弖東　　曲目

【字形】

　　本曲目「出門弖東」，於字形隸定上並無疑問。

〔註152〕潘富俊：《楚辭植物圖鑑》，（台北，貓頭鷹，2002 年），頁 112〜113。
〔註153〕宋公文、張君：《楚國風俗志》，（武漢：湖北教育出版社，1995 年），頁 323。
〔註154〕轉引自余師培林：《詩經正詁（上）》，（台北：三民，1993 年），頁 15。

卜辭「東」字作 ◈（前 6.32.4）、◈（京津 1345），金文作 ◈（保卣），楚系文字承甲金文作 ◈（包 2.153），或是中央豎筆未貫穿作 ◈（包 2.125），亦有於豎畫下方加橫筆為飾作 ◈（包 2.121）。本簡「東」字與包 2.121「東」字字形相同，亦加飾筆。

【內容】

關於本曲「出門以東」的內容，我們可以檢閱《詩經》，找出相近的句子，嘗試加以推測。

「出門以東」一句，很容易使人聯想到〈出其東門〉。《詩經》中以「東門」為主題的詩篇有〈鄭風‧東門之墠〉：

> 東門之墠，茹藘在阪。其室則邇，其人甚遠。
> 東門之栗，有踐家室。豈不爾思？子不我即。

〈鄭風‧出其東門〉：

> 出其東門，有女如雲。雖則如雲，匪我思存。縞衣綦巾，聊樂我員。
> 出其闉闍，有女如荼。雖則如荼，匪我思且。縞衣茹藘，聊可與娛。

〈陳風‧東門之枌〉

> 東門之枌，宛丘之栩。子仲之子，婆娑其下。
> 穀旦于差，南方之原。不績其麻，市也婆娑。
> 穀旦于逝，越以鬷邁。視爾如荍，貽我握椒。

〈陳風‧東門之池〉

> 東門之池，可以漚麻。彼美淑姬，可與晤歌。
> 東門之池，可以漚紵。彼美淑姬，可與晤語。
> 東門之池，可以漚菅。彼美淑姬，可與晤言。

〈陳風‧東門之楊〉

> 東門之楊，其葉牂牂。昏以為期，明星煌煌。
> 東門之楊，其葉肺肺，昏以為期，明星晢晢。

東門是人們往來的要道，也是人群聚集之處，於是在東門外的廣場上、大樹下、護城池邊，不斷地發生各式各樣的愛情故事，上述五首詩篇，即是擷取眾多愛情故事的片段而成。因為這些詩篇，東門似乎也成了青年男女相與詠歌、各言其情的場所。〈出門以東〉或許和〈出其東門〉一樣，都屬於情詩。

《詩經‧邶風》另有一首〈北門〉，首句「出自北門」和本曲「出門以東」亦十分相似：

> 出自北門，憂心殷殷。終窶且貧，莫知我艱。

已焉哉！天實爲之，謂之何哉！

王事適我，政事一埤益我。我入自外，室人交遍讁我。

已焉哉！天實爲之，謂之何哉！

王事敦我，政事一埤遺我。我入自外，室人交遍摧我。

已焉哉！天實爲之，謂之何哉！

由詩句中看來，主角過著政事、家事內外相煎的日子，從「終窶且貧」可知家境不佳、身份地位不高，應該是一個小臣。這位小臣每天公事做個沒完沒了、勞苦付出卻沒有相對的回報，回到家裡又要被家人數落責備，只好認爲自己命苦，都是老天爺的安排，無奈地接受了。首句寫他走出北門，可能就是做完了公事，從北門出城，準備回家的路上，公家的事已經夠多夠累的了，可是一想到回家又得不到溫暖，走在路上，也不由得長吁短嘆了起來，於是產生了〈北門〉一詩。

《漢書・藝文志》謂：「自孝武立樂府，而採歌謠，於是有趙代之謳，秦楚之風，皆感於哀樂，緣事而發，亦可以觀風俗，知厚薄云。」由此可知漢代樂府詩也保存了部份楚地之聲。樂府詩中有〈東門行〉一首，其詩云：

出東門，不顧歸；來入門，悵欲悲。

盎中無斗米儲。還視架上無懸衣，

拔劍東門去，舍中兒母牽衣啼：

「他家但願富貴，賤妾與君共餔糜。

上用倉浪天故，下當用此黃口兒。今非！」

「咄！行！吾去爲遲！白髮時下難久居。」

詩中描述因爲家計困難而想挺而走險的男主人，本來已經要拔劍出門，做不法之事，但妻子苦苦哀求，希望他看在老天和幼兒的份上打消念頭，在一番爭執拉扯之下，男主人仍舊斷然決絕地抱定行險的主意。這首〈東門行〉，就在出東門與入東門之間的心理掙扎間，刻畫出人民走投無路的時代悲劇。

本曲目〈出門以東〉，也許就像〈北門〉與〈東門行〉，在出門向東的路上，想到即將接觸到的人事物，有感而發地作了一首詩，至於詩中的主角面對的是歡欣愉悅的美好事物，或是令人苦惱的困境，則無從得知。

〔8〕君壽　　曲目

【字形】

A. 壽

《說文》：「壽，久也。從老省，𠷎聲。」「𠷎」字可能由「𠃊」字加「口」形分

化而來。由於西周晚期金文與楚系文字中，「申」與「昌」二字同形，因此何琳儀認為「申」、「昌」本為一字，〔註155〕湯餘惠則認為：「西周、春秋以至戰國時代寫成 ﹝圖﹞、﹝圖﹞等形的申字，應該就是來自甲骨文的 ﹝圖﹞，由 ﹝圖﹞ 而 ﹝圖﹞ 和由 ﹝圖﹞ 而 ﹝圖﹞，顯然是平行的簡化現象」，〔註156〕「昌」之構形本義如何，目前仍待考。《說文》云：「昌，詞也。」然而在金文與楚文字中即用為「壽」字，「昌」之金文作 ﹝圖﹞（豆閉簋），楚系文字於下方「口」形中加飾筆作「﹝圖﹞」（包94），上方筆畫亦有省簡，如「﹝圖﹞」（包26）。

楚系「壽」字約有三種寫法，有下方仍作「口」形者，如「﹝圖﹞」（敬事天王鐘）、「﹝圖﹞」（子季嬴青匜），然而此類字形多出現於楚系金文中；有下方作「甘」形者，如「﹝圖﹞」（䣄鐘）、「﹝圖﹞」（包117）；亦有不從「口」或「甘」形者，如「﹝圖﹞」（書也缶），「老」字上部變化雖多，但大部份仍作「﹝圖﹞」形，在楚系璽印文字中較常見簡省作「﹝圖﹞」（璽彙4684）「﹝圖﹞」（璽彙4685）者。本簡「壽」所從之「老」字上部省簡作「﹝圖﹞」形，與楚系壽春鼎「﹝圖﹞」字字形最為相近。

【內容】

【各家說法】

本曲目〈君壽〉，原考釋謂：

> 可能是宴壽之樂。《詩・小雅・穀風之什・楚茨》：「樂具入奏，以綏後祿。爾殽既將，莫怨具慶。既醉既飽，小大稽首。神嗜飲食，使君壽考。」
>
> 〔註157〕

季師旭昇則補充說明：

> 「君壽」下沒有代表曲目名結束的標點，第二簡上端又殘，所以不排除本曲目名也有可能是「君壽☑」。〔註158〕

【思婷案】

此曲應為慶賀人長壽之歌謠。「做壽」是普遍流行的習俗，用以祝人長壽，在老人壽日當天，子孫布置壽堂拜祝，親友們送禮一同慶賀，財力不足者做壽從簡，富

〔註155〕何琳儀：《戰國古文字典》，（北京：中華書局，1998年），頁202。

〔註156〕湯餘惠：〈略談戰國文字形體研究中的幾個問題〉。《古文字研究》十六輯，頁60～61。

〔註157〕馬承源主編：《上海博物館藏戰國楚竹書（四）》，（上海：上海古籍出版社，2004年），頁165。

〔註158〕季師旭昇主編：《上海博物館藏戰國楚竹書（四）讀本》，（台北：萬卷樓，2007年3月），頁13。

貴人家則禮儀繁複。但由《詩經》的詩句來看，當時並非只有在生日當天「做壽」時才祝福人長壽，在宴會上或頌揚之辭中，也會給予長壽的祝福，例如《詩經‧豳風‧七月》是一首描寫農人生活的詩歌，反映了西周農業社會的情況，其中言及「爲此春酒，以介眉壽」、「躋彼公堂，稱彼兕觥：『萬壽無疆』」，即是農民們舉杯祝願豳公長壽無窮盡之辭，由此詩內容可知，這些場合乃農餘節慶之時，並非豳公之壽日；又如〈魯頌‧閟宮〉，詩中有「俾爾壽而臧」、「俾爾壽而富。黃髮台背，壽胥與試」、「萬有千歲，眉壽無有害」、「天錫公純嘏，眉壽保魯」等句，此詩乃詩人藉僖公作新廟之事而頌僖公，詩中不但充滿了對僖公武功威德的頌稱，同時也充滿了希望僖公宜享福壽的祝願；〈小雅‧南山有臺〉亦有「樂只君子，萬壽無期」、「樂只君子，萬壽無疆」、「樂只君子，遐不眉壽」、「樂只君子，遐不黃耇」，由「邦家之基」、「邦家之光」來看，此詩乃人民頌美其君之辭，後世則用此詩於燕饗；〔註159〕〈小雅‧甫田〉之主旨與〈七月〉相近，末三句爲「農夫之慶。報以介福，萬壽無疆」，寫「上賜農夫，農夫則報上『萬壽無疆』。上下協和，宜乎豐收也」；〔註160〕〈秦風‧終南〉乃秦大夫美襄公之辭，末語亦以「佩玉將將，壽考不忘」深祝之。

　　《詩經》中類似的詩篇仍有不少，由以上所舉的例子可以看出，「萬壽無疆」這類的祝辭，其祝願的對象「非諸侯天子不足以當之」，〔註161〕不會是一般的大夫或農人。當君王深得民心之時，人民不但歌頌他的功業，而且會自然而然地希望他得以長壽，繼續領導這個國家，因此在稱美人君的詩篇中，往往會出現祝人壽考的詞語。

　　此曲目名曰〈君壽〉，其稱揚祝福的對象應該也是天子或諸侯身份之人，若依《詩經》相類的詩篇推測，應該也包含了贊揚此人所作出的貢獻、創立的功績等內容，而且這樣的祝壽之辭，由於充滿了喜慶的意味，往往也成爲燕饗時所奏唱的詩篇。

【第二簡】

□〉▆，〈牲兇（嬎）人毋迊（過）虡（吾）門〉〔9〕▆，〈不寅之嬹〉〔10〕▆。徒商：〈要丘〔11〕——又（有）骹〉▆，〈奚言不從〉〔12〕▆，〈豊又酉（酒）〉〔13〕▆。趬（趬／曾）商：〈高木〉〔14〕▆。訐商：〈隹〔15〕

　　本簡由兩段綴合。上段上下皆殘，長二三‧七釐米，現存十七字；下段上殘，下端平齊完整，長二一‧八釐米，現存十五字。共三十一字。

　　本簡書有「徒商」、「趬商」、「訐商」三個樂調分類聲名。另記錄了〈牲兇人毋

〔註159〕余師培林：《詩經正詁》（下），（台北：三民，1995年）頁52。

〔註160〕余師培林：《詩經正詁》（下），（台北：三民，1995年），頁241。

〔註161〕余師培林：《詩經正詁》（下），（台北：三民，1995年），頁432。

㳂虗門〉、〈不寅之婳〉、〈要丘〉、〈奚言不從〉、〈豊又酉〉、〈高木〉、〈雅▨〉七個曲目。第一個曲目前一字有殘筆，不能識別，不計算在曲目數內。最後一個曲目僅存「雅」字。

〔9〕牂兄人毋㳂虗門　　曲目

【字形】

A. 牂

「牂」，从爿从酉，隸定爲「牂」。左半之「爿」形，《說文》所無，甲骨文作「⊟」（《乙》2772）、「⊟」（《乙》2778），乃「牀」之初文，商周金文見於偏旁如「牀」（趙亥鼎）。「牂」右半之「酉」形，甲骨文作「⊟」（《乙》6277）、「⊟」（《後》1.26.15）、「⊟」（《鐵》28.4），金文作「酉」（師遽簋）。楚系之「酉」字承甲金文作「酉」（秦13.3），器身與「目」形相近。

楚系「牂」字作「牂」（郭‧老甲19），有時牀足之形重覆作「牂」（天卜）；有時「爿」形上部筆劃略彎作「牂」（包2.147）；亦有作「牂」（包149）者，上方的「八」形可視爲飾筆，例如「豫」字作「豫」（包7），或作「豫」（包24），也有學者將「牂」視爲訛形，即「酉」形訛爲「酋」形。〔註162〕

何琳儀謂：「牂，从酉、爿聲。醬之省文。」〔註163〕《說文‧酉部》：「牂，醢也。从肉酉。酒以龢醬也。爿聲。牂，古文牂如此。牂，籕文。」《說文‧寸部》：「將，帥也。从寸、醬省聲。」按：「牂」乃「牂」字省形，即今日所用的「醬」字；而「將」又以「醬」爲聲符。牂、將，古音同爲陽部、精紐，故「將」、「牂」二字音近可通。

B. 兑

「兑」，原考釋謂：

「兑」，疑讀爲「微」。〔註164〕

甲骨文「⊟」（乙1556）、「⊟」（合14294），金文作「⊟」（克盉），下从人，舊說多釋爲「兑」，以爲象頭髮稀微之形，林澐則釋爲「彭」，並謂：

「⊟」雖然可推定即後世散、微中的兑之原形，但後世字書並沒有獨體的兑字，還是應該把「⊟」和「⊟」都釋爲彭。也就是说，散字本爲從彭從攴的會意

〔註162〕李守奎：《楚文字編》，（上海：華東師範大學出版社，2003年12月），頁861。

〔註163〕何琳儀：《戰國古文字典》（下），（北京：中華書局，1998年），頁705。

〔註164〕馬承源主編：《上海博物館藏戰國楚竹書（四）》，（上海：上海古籍出版社，2004年），頁166。

字，並不含有聲符。〔註165〕

季師旭昇根據甲骨文「老」字作 🧍（後 2.35.2）、🧍（前 4.46.1）），其表示頭髮的線條皆向上，而「⺁」的頭髮皆向後飄，亦認爲此字即《說文》釋爲「長髮猋猋」之「髟」。〔註166〕

楚系「髟」字見於郭店楚簡〈成之聞之〉簡 22：「《君奭》曰：『唯 ⿰ 不䁑丮悳。』」今本《尙書・君奭》作「惟冒丕單稱德。」「髟」古音爲幫紐幽部，「冒」則屬明紐幽部，聲近韻同，故可通假。

《說文》未見獨體之「兂」字，此字見於「㪎」、「微」、「嬍」等字之偏旁，「嬍」、「微」二字皆从「㪎」得聲。甲骨文「㪎」字作 🧍（陳 23）、🧍（京都 2146），金文作 🧍（牆盤）、🧍（牧師父簋）。高鴻縉認爲从⺁从攴，「髮既細小矣，攴之則斷而更㪎」。〔註167〕陳初生謂其字乃「从長从攴」，象人梳理頭髮，髮經梳理則美，故有美妙之意，當爲「嬍」之初文。〔註168〕許進雄認爲像「棒殺病微體弱的老人」，故有微弱之意，後因公開棒殺老人不仁或不雅，改爲暗中進行，因而引伸出假裝、秘密之義。〔註169〕林澐釋爲从攴从髟（見上文）。

案：由於「㪎」左旁所从之⺁，乃象人髮長飄然貌，而且「攴」爲「擊打」之義，故林澐之說可從。因此「㪎」之本義不當爲「嬍」，其本義應爲「微」。金文从攴从兂之「🧍」（召尊），其文例作「甲午白懋父賜召白馬，每（拇）黃髮㪎（美）。」字訓作「美」之義。「㪎」，無非切，上古音屬明紐微部；「美」，無鄙切，明紐脂部。王力歸納《詩經》脂部與微部通押者有 26 例，合韻的比例相當高，可見音值十分相近，故「㪎」與「美」應是音近通假，並非「㪎」之本義即爲「嬍」。

《說文・羊部》：「美，甘也。从羊大。羊在六畜，主給膳也。美與善同意」〔註170〕。《說文・女部》：「嬍，色好也。从女，美聲。」段注：「按凡美惡字可作此。《周禮》作嬍，蓋其古文。」〔註171〕依《說文》則「美」、「嬍」可通用，而

〔註165〕林澐：〈說飄風〉，吉林大學古文字研究室《于省吾教授百年誕辰紀念文集》，（吉林大學出版社，1996 年），頁 9。

〔註166〕季師旭昇：《說文新證》（下），（台北：藝文印書館，2004 年），頁 69〜69。

〔註167〕高鴻縉：《散盤集釋》，（台北：國立台灣師範大學，1957 年），頁 24〜25。

〔註168〕陳初生編纂：《金文常用字典》，（陝西人民教育出版社，1957 年），頁 774。

〔註169〕許進雄：《古文諧聲字根》，（台北：台灣商務，1995 年），頁 661。許進雄：《中國古代社會》，（台北：台灣商務，1995 年），頁 399。

〔註170〕許愼著，段玉裁注《圈點段注說文解字》，（台北：書銘出版事業有限公司，1994年 10 月），頁 148。
《周禮・地官・師氏》：「掌以嬍詔王。」賈公彥疏：「嬍，美也。」

〔註171〕許愼著，段玉裁注《圈點段注說文解字》，（台北：書銘出版事業有限公司，1994

「嬍」爲二字之古文。

甲骨文之「美」字作 （後 2.14.9），象人首上加羽毛飾物之形，古人以此爲美。羽毛飾物又訛爲羊形作 （甲 686），故《說文》謂「羊大爲美」。其實甲骨文從「大」之偏旁都表示正面站立的人形，並非「大小」之「大」。〔註 172〕西周金文承甲骨文作 （美爵）。楚系文字未見「美」字，楚簡中釋爲「美」義者，有下列六種形體：〔註 173〕

1. 〈老子甲篇〉：「天下皆智（知）　之爲　也」（郭‧老甲 15），前者「散」與召尊從攴從屮之「　」相同；後者「嬍」字與召尊「散」字相較，當是省去了「攴」形而加上「女」形。

2. 〈老子丙篇〉：「　之，是樂殺人」（郭‧老丙 7），與（1）例相較，「敔」應是省去了「　」形部件的下半部份，又再加上了一「口」形部件而成。

3. 〈緇衣〉：「好　女（如）好茲（緇）衣」（郭‧緇 1），與（1）例之「嬍」字所從部件相同，只有排列位置左右互換。

4. 〈語叢一〉：「又（有）　又（有）膳（善）」（郭‧語一 15），，與（1）例相較，「頯」是用「頁」形部件替換了「女」形部件而成。

5. 〈老子乙篇〉：「　與亞（惡）」（郭‧老乙 4），與金文「　」（召尊）相較，當是減省「攴」形部件而寫成「屮」，應視作「散」字的省體。上博一《孔子詩論》第十六簡下亦有此字。

由以上例證可知楚系文字不用合體象形之「美」字，而是承金文假借「散」字，或採用從女散省聲之形聲字「散」與「嬍」，其後又產生「敔」、「頯」、「屮」等異體，而這六種字形，皆從「屮」得聲。「美」古音爲明紐脂部，「屮」古音爲明紐微部，二者音近可通。

本簡「　」字與「　」（郭‧老乙 4）形近，唯上方三筆的寫法略有差異，高佑仁引楚系「耑」、「敢」等字，說明原考釋「　」釋「美」無誤：

> 將「　」形部件寫成「　」的現象還可見「耑」、「敢」等字，「耑」字一般寫法作 （望二‧策）、（郭‧語一‧98）、（郭‧老甲‧16），但是《上博（三）‧恆先‧9》又可作「　」（恆先‧9），又「瑞」字作 （包‧

年 10 月），頁 624。

〔註 172〕李師旭昇：《說文新證》（上），（台北：藝文印書館，2002 年），頁 288。

〔註 173〕張光裕主編：《郭店楚簡研究‧第一卷文字編》，（台北：藝文印書館，1999 年），頁148～149。

22），《上博（三）・恆先》文例爲「先有▽，焉有長」，隸定作「耑」（讀「短」）字，正確；另外，「敢」字一般戰國文字作▢（楚系・包・38）、▢（楚系・包・85）、▢（秦系・詛楚文・亞駝）、▢（晉系・璽彙・3294）、▢（侯馬・194：5），但也可以將「彐」形部件寫成「屮」，如▢（晉系・中山王圓壺）、▢（晉系・中山王圓壺）、▢（晉系・侯馬・16：10）等例。由此可見，△字確實是「屰」字，而寫作从「屮」形部件的「屰」、「耑」、「敢」字較罕見，應爲特殊的寫法。〔註174〕

案：高說可從。除了「敢、耑」等字以外，楚系的「散」字亦有相似寫法，「散」或作▢（上（一）緇21）形，亦有作▢（信1.011）形者；《采風曲目》簡三「峇」字作▢，曾侯乙鐘「峇」字作▢，二者相較，亦可發現曾侯乙鐘「峇」的「㠯」形，在《采風曲目》中寫成了「屮」形。可見《采風曲目》的書手有其獨特的書寫習慣，「㠯」、「彐」之形，都慣於寫作「屮」。

C. 迊

過，西周金文作▢（過伯簋）、▢（過伯爵），前者从辵咼聲，後者从止咼聲。楚系「過」字承金文作▢（郭・語三・52）、▢（郭・語三・52）、▢（璽0335），另有「迊」爲「過」之異體字。

「迊」字常見於楚系簡帛，例如包山簡2「▢期」即「過期」、《郭店・老子（丙本）》簡13「復眾之所▢」，今本作「復眾人之所過」、郭店楚簡《緇衣》簡20「而賵貴已▢也」，今本作「而富貴已過也」、「不▢十罨（舉），丌（其）心必才（在）安（焉）」（郭・性38），「迊」亦讀「過」。迊，从辵、化聲。化，呼跨切，上古音爲曉紐歌部；過，古禾切，上古音屬見紐歌部，「迊」與「過」兩者聲近疊韻，故可通假。

戰國的形聲字常有替換聲符而形符不變的情形，何琳儀謂：「形聲字的音符往往可以用音同或音近的另一音符替換，而形符不變，這就是所謂的『音符互換』現象。」〔註175〕林清源亦提到：「聲韻相近的諧聲偏旁，有時會發生互相替換的現象。所謂的『聲韻相近』，可以包括雙聲、疊韻與同音三種關係。」〔註176〕例

〔註174〕高佑仁：〈讀上博（四）札記三則〉，武漢大學簡帛研究中心網站，2006年2月24日。

〔註175〕何琳儀：《戰國文字通論》（訂補），（南京：江蘇教育出版社，2003年），頁237。

〔註176〕林清源：《楚國文字構形演變研究》，（私立東海大學中國文學系博士論文，1997年12月），頁216。

如楚系文字「兄」字作 （俇，邶陵君鑑）、（倪，邶陵君豆）；「廟」作 （漳，郭‧唐5）、（窨，郭‧性20）；「強」作 （弜，郭‧太9）、（劈，郭‧五34）。「迚」與「過」亦爲此類例證。

楚系文字雖有「過」字，然而出現頻率較少，多用異體字「迚」或者是「迊」、「怣」。例如：「返（復）眾之所 」（郭‧老甲12）、「從允懌（釋）」（郭‧成36）、「狀（然）而丌（其） 不亞（惡）」（郭‧性49）、「必 亓所」（上博四〈曹沫之陳〉簡52）、「自 」（〈曹沫之陳〉簡69〔註177〕）。

然而從文例來看，「迚」、「迊」、「怣」三者在用法上有所區別，若用爲偏向動詞性質的「經過」、「度過」或「超出」、「過度」等意義時，多用「迚」與「迊」。楚系「迚」與「迊」，和金文「過」相似，或從「辵」、或從「止」，可視爲形符義近而互換，「辵」與「止」都與動作有關；若用爲「罪過」、「過錯」等義，則多用「怣」，由於犯錯與心中有所偏失有關，故以「心」爲形符。此簡「毋迚吾門」，當屬前者之用法。

楚系文字「化」與「咼」作爲聲符時互換的例子還有「紲」與「禍」，例如上博（二）《容成氏》簡16「紲才」即「禍災」、郭店楚簡《尊德義》簡2「賞與荮（刑），紲（禍）福之羿（基）也」。可見由於「化」、「咼」音近之故，楚系文字乃以聲符「化」更替聲符「咼」。

【內容】

【各家說法】

原考釋將〈牺美人〉與〈毋迚虘門〉視爲二個曲目。〔註178〕陳劍則連讀爲一：

> 「將美人毋過吾門」與《詩經‧鄭風‧將仲子》每章首之「將仲子兮，無踰我裏／牆／園」極爲接近，唯後者多一襯字「兮」。〔註179〕

曹建國：

> 《將美人》之「將」有「贈送」之義，《周禮‧春官‧太史》：「及將幣之日，執書以詔王。」鄭玄注：「將，送也。」《將美人》即《贈美人》。《毋過吾門》從句法結構分析，類於《詩經》之「毋逝我梁，毋發我笱」，又類於《呂氏春秋》等引詩「毋過亂門」，而它的情感色彩則很容易讓我們

〔註177〕原考釋：「『自怣』讀『自過』，指引咎自責。」《上海博物館藏戰國楚竹書（四）》，（上海：上海古籍出版社，2004年12月），頁284。

〔註178〕馬承源主編：《上海博物館藏戰國楚竹書（四）》，（上海：上海古籍出版社，2004年12月），頁166。

〔註179〕陳劍：〈上博竹書「葛」字小考〉，武漢大學簡帛網，2006年3月10日。

想起《小雅・何人斯》。〔註180〕

【思婷案】

「牪美人」下無曲目標點符號，故應依陳劍之說，與「毋兆虔門」合讀，本曲目應為〈牪美人毋兆虔門〉。

「美人」通常指容貌姣好的女子，《詩經》中充滿了歌詠女子容貌的篇章，例如〈衛風・碩人〉即是描寫美人的名篇：

> 碩人其頎，衣錦褧衣。齊侯之子，衛侯之妻，東宮之妹，邢侯之姨，譚公
> 維私。手如柔荑，膚如凝脂，領如蝤蠐，齒如瓠犀，螓首蛾眉。巧笑倩兮，
> 美目盼兮。碩人敖敖，說于農郊。四牡有驕，朱幩鑣鑣，翟茀以朝。大夫
> 夙退，無使君勞。河水洋洋，北流活活。施罛濊濊，鱣鮪發發，葭菼揭揭。
> 庶姜孽孽，庶士有朅。

此詩第二章最為人所熟知，連用六個譬喻來形容莊姜美麗的姿容，接著又以「巧笑倩兮，美目盼兮」傳美人之神，清人孫聯奎云：

> 〈衛風〉之詠碩人也，曰「手如柔荑」云云，猶是以物比物，未見其神。
> 至曰「巧笑倩兮，美目盼兮」，則傳神寫照，正在阿堵，直把個絕世美人
> 活活請出來在書本上晃漾，千載而下，猶如親見其笑貌。〔註181〕

除了正面地歌詠女子之美的詩篇，《詩經》中亦有以反襯手法來寫美人的，如〈鄘風・君子偕老〉：

> 君子偕老，副笄六珈。委委佗佗，如山如河。
> 象服是宜。子之不淑，云如之何？
> 玼兮玼兮，其之翟也。鬒髮如雲，不屑髢也。
> 玉之瑱也，象之揥也，揚且之皙也。
> 胡然而天也？胡然而帝也？
> 瑳兮瑳兮，其之展也。蒙彼縐絺，是紲袢也。
> 子之清揚，揚且之顏也。展如之人兮，邦之媛也。

以鋪陳渲染的手法，細膩地描寫了衛夫人宣姜的絕倫美貌，然而卻是要「以美為刺」地寫「子之不淑，云如之何」，用反差的強烈對比，令人強烈地感受到表裡不一的宣姜，在美豔的外表下，卻沒有與其相襯的美德。

〔註180〕曹建國：〈上博簡《采風曲目》試探〉，《中國簡帛學國際論壇 2006 論文集》，（2006
　　　年 11 月 8〜10 日，武漢），頁 259。

〔註181〕（清）孫聯奎：《詩品臆說》。轉引自《中國文學總新賞／詩經（上）》，（台北：地
　　　球出版社），頁 143。

　　「美人」除了實指容貌美麗的女子，在《楚辭》中，「美人」又常用以象徵君主或賢者、所思念之人，例如〈離騷〉：「惟草木之零落兮，恐美人之遲暮。」注：「美人，謂懷王。」《九歌・少司命》：「望美人兮未來。」王逸注：「美人，謂司命。」因此也不排除〈牆美人毋迅虙門〉一詩亦是採取表面上詠美人，然而實際上乃作比興之辭的象徵手法。

　　〈牆美人毋迅虙門〉這首曲目的重點在於「牆」字的意義為何。戰國時期楚簡中「牆」字常見的文例用法如下：

1. 「[字]白」（信陽簡 2.011），讀「漿白」。
2. 「食[字]」、「某[字]」（信陽簡 2.021），讀「食醬」、「梅醬」。
3. 「[字]以成收」（包山 147），讀將。《廣雅・釋詁》：「將，欲也。」
4. 「萬勿（物）[字]自定」（老甲・14），今本作「天下將自定」。
5. 「上[字]軍居右」（郭・老甲 10），「牆軍」即「將軍」。

　　在齊、晉、趙系文字中，「牆」字皆讀為「將」，多為「將軍」、「大將」、「將騎」之意。然而〈牆美人毋迅虙門〉之「牆」字，其字義似乎不宜作上列解釋。

　　「牆」字有可能解為「願、請」之意，例如〈鄭風・將仲子〉：「將仲子兮，無踰我里，無折我樹杞。豈敢愛之？畏我父母。仲可懷也，父母之言，亦可畏也。」《傳》：「將，請也。」〈衛風・氓〉亦有「將子無怒，秋以為期」之詩句，箋：「將，請也。」則〈牆美人毋迅虙門〉可能是對美人有所期望或請求的詩篇。

　　或者可釋為「送」，《詩・召南・鵲巢》：「之子于歸，百兩將之。」《詩・邶風・燕燕》：「之子于歸，遠于將之。」前者為嫁女之詩，後者為國君送女弟適他國之詩，〔註182〕二首皆寫送別之情。〈河伯〉：「與女遊兮河之渚，流澌紛兮將來下，子交手兮東行，送美人兮南浦。」寫河伯與洛水女神宓妃同遊九河與崑崙，之後在河渚上突遇流冰，河伯於是送宓妃東行，兩人於南浦告別。

　　有學者認為〈河伯〉以及〈少司命〉：「望美人兮未來，臨風怳兮浩歌」、〈湘君〉：「望夫君兮未來，吹參差兮誰思」等辭句，乃反映楚國的戀愛習俗，由於未婚男女可以自由交往，甚至可能發展出類似雲南納西族般的「阿注婚」，所以詩歌經常表現「男女揮手惜別的情景和思念飄然而逝、負心變意的情侶的滿腔愁緒」。〔註183〕若「牆美人」之意為與美人相別，即為一首送別詩，其內容可能在抒發離別之情。

　　郭店楚簡《尊德義》：「[字]（教）以樂，則民閑德清牆。」（10.13）影本「凰」

〔註182〕余師培林：《詩經正詁》（上），（台北：三民，1993 年），頁 84。

〔註183〕宋公文、張君：《楚國風俗志》，（武漢：湖北教育出版社，1995 年），頁 150。

字未釋，「牀，《說文》古文醬字。在此讀爲何字待考。」張光裕認爲：「甲、金文中弔叔同字。『凩』字從『弔』，故可讀爲『淑』，叚爲『淑』字。」〔註184〕王輝認同此說，並進一步認爲簡文「牀」可讀爲「莊」：

> 古文字將、莊通用。虢季子白盤：「丕顯子白　武于戎工。」　字從丬得聲，或疑是醬字異構，讀爲壯。趞亥鼎「宋　公」即宋莊公。馬王堆帛書《老子》甲本卷後古佚書《五行》「袁（遠）而裝之，敬也。」拙著《古文通假釋例》以爲裝從衣，醬省聲，即裝字異體，讀爲莊。清莊即清正莊重，是一種美德。秦成語印有「中精外誠」，「中精」即「中清」，指本身廉潔無私。唐呂溫《故博陵崔公行狀》：「公清莊而和，博厚而敏。」大意亦同。〔註185〕

由字形與字義來看，「牀」讀「莊」應可成立。故「牀美人」若可讀爲「莊美人」，則意爲「端莊的美人」。

關於「毋」字，此處可能有二種解釋，《說文・卷十二・毋部》：「毋，止之也。」《詩・小雅・角弓》：「毋教猱升木。」箋：「毋，禁辭。」《論語・子罕》：「子絕四，毋意，毋必，毋固，毋我」、《史記・張耳陳餘列傳》：「將軍毋失時，時間不容息」、《左傳・文公十年》：「城濮之役，王思之，故使止子玉曰：『毋死。』」不及。由以上的例子可知，「毋」可表示「禁止」或「勸阻」之意，相當於「莫、勿、不要」，準此，則「毋過吾門」即「不要經過我的家門」，有拒絕、排斥對方之意，但這種拒絕、排斥對方的心情，可以從兩個方向來思考。

《詩經・邶風・谷風》第三章中有相似的句子：「涇以渭濁，湜湜其沚。宴爾新昏，不我屑以。毋逝我梁，毋發我笱。我躬不閱，遑恤我後！」《集傳》曰：「婦人爲夫所棄，故作是詩。」此章在描寫棄婦既期盼又憤怒的複雜情緒。「毋逝我梁，毋發我笱」即明白告訴對方「不要去我的魚梁，不要動我的魚笱」，在溫柔哀怨中透露了堅定與自信。因此「毋過吾門」也有可能是嚴正地拒絕對方，請對方勿打擾自己的生活。

然而，〈牀美人毋過吾門〉也有可能如《詩經・鄭風・將仲子》一般，使用「頓挫」的方式，一縱一擒，表面上是拒絕對方，實際上卻並非如此：

> 將仲子兮，無踰我里，無折我樹杞。豈敢愛之？畏我父母。
>
> 仲可懷也，父母之言，亦可畏也。
>
> 將仲子兮，無踰我牆，無折我樹桑。豈敢愛之？畏我諸兄。

〔註184〕張光裕主編：《郭店楚簡研究》，（台北：藝文，1999 年），頁 6。
〔註185〕王輝：〈郭店楚簡零釋三則〉，《中國文字》新廿六期，頁 160。

仲可懷也，諸兄之言，亦可畏也。

將仲子兮，無踰我園，無折我樹檀。豈敢愛之？畏人之多言。

仲可懷也，人之多言，亦可畏也。

余師培林謂：「此當是女子拒男子以暴力踰牆折樹而求愛之詩，字裡行間似暗示其循禮而來者。」〔註186〕以第一章爲例，一位女子先是要求對方「不要翻我家的牆，不要攀折杞樹」，可是又怕對方誤會自己不愛他，緊接著又說「我哪是吝惜杞樹，怕的是我的父母呀！」接著表達出自己思念對方的心意，但後來想想，父母的責備也還是令人顧慮啊！從「無踰我里，無折我樹杞」、「無踰我牆，無折我樹桑」、「無踰我園，無折我樹檀」來看，女子似乎都在拒絕仲子的愛情，但從「仲可懷也」一句，卻讓人感受到她心裡其實也是愛著仲子的，但受限於禮教，不得不顧及各方的輿論壓力。〈將仲子〉一詩，看似拒之，實則招之，或許〈牰美人毋過吾門〉也採用了這種寫作手法。

另一方面，「毋」字或可當作「不」解，表示敘述的否定。例如《禮記·郊特牲》：「土反其宅，水歸其壑；昆蟲毋作，草木歸其澤。」《韓非子·說林下》：「以我爲君子也，君子安可毋敬也。」《史記·張耳陳餘列傳》：「燕、趙城可毋戰而降也。」故〈牰美人毋過吾門〉即〈牰美人不過吾門〉。《詩經·小雅·何人斯》詩中有相似的句子：

彼何人斯？其心孔艱。胡逝我梁，不入我門！伊誰云從？維暴之云。

二人從行，誰爲此禍？胡逝我梁，不入唁我！始者不如今，云不我可。

彼何人斯？胡逝我陳？我聞其聲，不見其身。不愧于人，不畏于天。

彼何人斯？其爲飄風。胡不自北？胡不自南？胡逝我梁，祗攪我心！

爾之安行，亦不遑舍；爾之亟行，遑脂爾車。壹者之來，云何其盱！

爾還而入，我心易也；還而不入，否難知也。壹者之來，俾我祗也。

伯氏吹壎，仲氏吹篪。及爾如貫，諒不我知。出此三物，以詛爾斯。

爲鬼爲蜮，則不可得。有靦面目，視人罔極。作此好歌，以極反側。

《詩序》：「〈何人斯〉，蘇公刺暴公也。暴公爲卿士而譖蘇公焉，故蘇公作是詩以絕之。」然而由此詩內容來看，似乎並非描寫蘇、暴二公之間的政治糾紛，故有學者以爲此詩如同《邶風·谷風》、《衛風·氓》一樣，亦爲棄婦詩，余師培林則言此詩章旨曰：「詩中三言『彼何人斯』。此『何人』本與詩人親若兄弟，後反側而維暴是從，共同爲禍於詩人，故詩人作此好歌以責之。」〔註187〕然而無論詩人與所怨

〔註186〕余師培林：《詩經正詁》（上），（台北：三民，1995年），頁219。

〔註187〕余師培林：《詩經正詁》（下），（台北：三民，1995年10月），頁185。

責之人究竟是何種關係，兩者的關係都是破裂的。「胡逝我梁，不入我門」謂何以往我魚梁，而竟不入我門？對方這種不聞不問的態度，又如何不會激起詩人悲憤不平的情緒呢？此簡「毋過吾門」若釋爲「不過吾門」，則與「不入我門」一樣，皆重在事實之陳述，而非「禁止」對方到來之意。「入門」與「過門」皆有「造訪」之意，故「不過吾門」與「不入我門」二者意義十分相近，或許〈何人斯〉與〈牲美人毋過吾門〉採用相同的角度描述對方的無情。

〔10〕不瞋之婭

【字形】

　　A. 瞋

【各家說法】

　　本曲「<ruby>⿰</ruby>」字，原考釋釋「寅」。蘇建洲謂：

> 《上博（四）・采風曲目》2 有字作（△1），字亦見於〈昭王與龔之脽〉7 作（△2），還見於《包山》182 作（△3）。「△1」，馬承源先生隸作「寅」。「△2」，陳佩芬先生亦隸作「寅」。這些字上面均有一「目」形，而且跟一般楚文字的「寅」相比較，如（《包山》162），亦可知直接隸作「寅」恐怕是有問題的。陳劍先生隸「△2」爲「瞋？」，該是比較合理的。而「△3」《戰國文字編》、《楚文字編》均列爲不識字。袁國華師則隸作從「瞋」。並指出「戰國文字常常有省去相同的偏旁或筆劃。」《戰國文字編》、《楚文字編》同樣列爲不識字。現在我們將這些字合併觀之，很明顯均爲一字。有了「△4」這樣的字形，可以比對「△1」、「△2」、「△3」的確是從「寅」旁的，只是筆劃有所省簡。以此爲基礎，也可證明（中山圓壺），朱德熙先生隸作上「寅」下「心」，訓爲「敬」是可以的。有學者隸作從「疌」應該是不必要的。另外，《璽彙》410 有作「與」，施謝捷先生釋爲「寅」，現在看來也是很有道理的。〔註188〕

【思婷案】

　　卜辭「寅」字作（後 1.31.10）、（林 1.15.3）、（甲 709）、（林 1.2.17）、，于省吾謂寅字本假借「矢」字，後加「口」形以示區別，仍因矢爲聲。〔註189〕由甲

〔註188〕蘇建洲：〈楚文字考釋四則〉，簡帛研究網，2005 年 3 月 14 日。
〔註189〕于省吾：〈釋古文字中附劃因聲指事字的一例〉，《甲骨文字釋林》，（北京：中華書

骨文可見亦有加「一」形爲區別符號者，「口」形或分離作 （存 2735），金文作
（小子省卣 5394）、（彔伯簋 04302）、（豆閉簋 04276）等形，指事符號似
「臼」形。楚系「寅」字作 （包 162）、（包 180），「矢」形訛爲「大」形。
包山 182 簡「」字，其文例爲人名，學者或存疑列爲未識字，或釋爲遺，〔註 190〕
由字形演變來看，「寅」字上方矢簇之形雖有訛變，但未見作「目」形者，由《上博
四》兩個「」字來看，上方作「目」形者乃有意爲之，並非「寅」之誤寫，蘇
建洲隸「」爲「瞋」，可从。

「瞋」字見於《說文‧目部》：「瞋，開闔目數搖也。從目、寅聲。」《玉篇‧
目部》「瞋」下收「瞚」，以爲同「瞋」字；《廣韻‧去聲‧稕韻》「瞚」下收「瞋」
字，注云同「瞚」字，《莊子‧庚桑楚》：「終日視而目不瞚。」《呂氏春秋‧安死》：
「夫死，其視萬歲猶一瞚也。」「瞋」即「瞚」之異體。

B. 婳

本曲目「」（）字左从女旁，右旁所从與郭店楚簡「」（重，郭‧成 10）
字相同，「東」形皆訛爲目形，原考釋釋「婳」可从。

【內容】

【各家說法】

關於此曲目之意，原考釋謂：

> 曲目。《尚書‧皋陶謨》：「同寅協恭，和衷哉。」孔穎達傳：「衷，善也。
> 以五禮正諸侯，使同敬合恭而和善。」《爾雅‧釋詁》：「寅，敬也」。「婳」，
> 女子。《集韻‧上聲》：「婳，女字。」此說明其人爲女子。〔註 191〕

曹建國：

> 《不瞋之婳》則寫了一位終日發呆的女子，大概是一位懷春的少女或閨中
> 少婦吧。〔註 192〕

【思婷案】

目前出土的楚系簡帛中未見「婳」字，《說文》亦無，除《集韻》外，《字彙》、

　　　　局，1979 年），頁 452。
〔註 190〕滕壬生編著：《楚系簡帛文字編》，（武漢：湖北教育出版社，1995 年），頁 157。
〔註 191〕馬承源主編：《上海博物館藏戰國楚竹書（四）》，（上海：上海古籍出版社，2004
　　　　年 12 月），頁 166。
〔註 192〕曹建國：〈上博簡《采風曲目》試探〉，《中國簡帛學國際論壇 2006 論文集》，（2006
　　　　年 11 月 8～10 日，武漢），頁 259。

《類篇》、《四聲篇海》皆謂「嬏」爲「女字」，即女性人名用字。

　　《詩經》中有言及女子之名，然非實指其人，而是作爲美人代稱的例子，如〈鄘風・桑中〉云：

　　　　爰采唐矣，沫之鄉矣。云誰之思？美孟姜矣。

　　　　期我乎桑中，要我乎上宮，送我乎淇之上矣。

　　　　爰采麥矣，沫之北矣。云誰之思？美孟弋矣。

　　　　期我乎桑中，要我乎上宮，送我乎淇之上矣。

　　　　爰采葑矣，沫之東矣。云誰之思，美孟庸矣。

　　　　期我乎桑中，要我乎上宮，送我乎淇之上矣。

此男女相悅之詩也，寫思念貴族女子之事，孟姜、孟弋、孟庸皆托言也，〔註 193〕此處借代爲美人、情人。這種手法亦見於〈鄭風・山有扶蘇〉：「山有扶蘇，隰有荷華。不見子都，乃見狂且！山有橋松，隰有游龍。不見子充，乃見狡童！」子都、子充皆指男子之美者，〔註 194〕亦非特定的男子之名。因此本曲目可依原考釋之說，將「嬏」視爲女子名，於曲目中指稱一位女子。

　　本曲目爲「不瞵之嬏」，遍檢《詩經》，並無「不…之…」之句式，然而先秦古籍則不乏這樣的例子，如：

　　　　《易經・需卦》：「有不速之客三人來。」《疏》：「速，召也。不須召喚之客有三人自來。」

　　　　《禮記・檀弓上》：「我也則擇不食之地而我焉。」「不食之地」即無法耕種的荒地。

　　　　《孟子・公孫丑下》：「故將大有爲之君，必有所不召之臣，欲有謀焉則就之。」

　　　　《荀子・天論》：「無用之辯，不急之察，棄而不治。」

　　　　《荀子・禮論》：「三年之喪，何也？曰：稱情而立文，因以飾羣，別親疏貴賤之節，而不可益損也。故曰：無適不易之術也。」

　　　　《荀子・王制》：「故明其不并之行，信其友敵之道，天下無王霸主，則常

〔註 193〕余師培林《詩經正詁》：「所謂『孟姜』、『孟弋』、『孟庸』，既皆托言……，若考究其爲一人事，或爲三人事（《毛詩後箋》），鑿矣。」朱自清《中國歌謠》亦云：「我以爲這三個女子的名字，確實只爲了押韻的關係……，他心中有一個愛著的或思慕的女子，反覆歌詠，以寫其懷。那三個名字，或者只有一個是眞的，或者全不是眞的——他用了三個理想的大家小姐的名字，或許只是代表他心目中的一個女子。」

〔註 194〕《集傳》謂子都「男子之美者」、子充「猶子都也」。

勝矣。」

《荀子‧王制》:「以<u>不敵</u>之威,輔服人之道,故不戰而勝,不攻而得……」

《荀子‧正名》:「則志無<u>不喻</u>之患,事無困廢之禍」

《荀子‧性惡》:「是性、僞之所生,其<u>不同</u>之徵也。」

由上列例子來分析「不…之…」的句式,可以發現,「不」字之後皆是動詞或形容詞,「不…」用以說明或形容「之」後的名詞端語。本曲目「不瞋之嫿」,若將「嫿」視爲一女子,則「不瞋」即用以形容此女,然而「瞋」之本義爲「開闔目數搖也」,即轉動眼珠之意,與此處文意不能相合,「瞋」應通假爲他字,由於瞋字从目、寅聲,故可參考原考釋「寅,敬也」之說。

先秦古籍中常見「寅」用爲「恭敬」義者,如《書‧舜典》:「夙夜惟寅,直哉惟清。」注:「言早夜敬思其職也」;《書‧周官》:「寅亮天地,弼予一人。」傳:「敬信天地之教,以輔我一人之治」;《書‧無逸》:「嚴恭寅畏天命自度。」傳:「嚴恪恭敬,畏天命,用法度」等,「寅」皆訓爲恭敬、恭謹之意。準此,則不「寅」之嫿,即意指一行爲不端正之女子。《詩經》中有些詩篇是針對某些私德有損之人而創作的諷諭作品,例如〈邶風‧新臺〉諷刺衛宣公奪取兒媳的醜行;〈齊風‧敝笱〉、〈載驅〉則是諷刺魯桓公、文姜、齊襄公之間的醜聞,《采風曲目》中的「不瞋之嫿」或即類似的作品。

「瞋」或可通假爲「孕」,《易‧漸》:「婦三歲不孕。」漢帛書本「孕」即作「繩」,「不瞋之嫿」或指一位不孕之女子。〈詩經‧衛風‧碩人〉即國人爲莊姜賢而無子所作,其序云:

碩人,閔莊姜也。莊公惑於嬖妾,使驕上僭。莊姜賢而不答,終以無子,國人閔而憂之。

《詩經》中又有〈芣苢〉一詩:

采采芣苢,薄言采之;采采芣苢,薄言有之。

采采芣苢,薄言掇之;采采芣苢,薄言捋之。

采采芣苢,薄言袺之;采采芣苢,薄言襭之。

《詩序》謂:「和平則婦人樂有子矣。」毛傳曰:「宜懷任」,根據《爾雅‧釋草》:「芣苢,馬舃;馬舃,車前」、《說文》:「芣苢,一名馬舃,其實如李,令人宜子」,芣苢能治婦女不孕之症,食之可受胎生子,故歷來論詩者皆緣「芣苢宜子」立說。

古人憫莊姜之無子而作〈碩人〉、〈芣苢〉言婦女爲求子而採苢芣,突顯了中國人對傳宗接代的重視。本曲目「瞋」若通假爲「孕」,或許也是與繁衍種族相關

的詩篇。

〔11〕要丘

【字形】

　　A. 要

【各家說法】

　　（下文以△表之），原考釋謂：

　　「嬰」即「要」之古文。〔註195〕

【思婷案】

　　睡虎地秦簡簡 42 有「」字，依文例「～有疵」可釋爲「要」，讀爲「腰」；《說文》「要」之古文作 ，故原考釋釋△爲要。

　　楚系文字曾侯乙衣箱二十八宿「」與包山簡 161「」等字，學者釋作「婁」，亦與△字形相近。古文字中「婁」、「要」十分相似，使得它們之間的關係糾纏難解，季師旭昇〈說婁要〉文中指出甲骨文「婁」、「要（腰）」同字，戰國以後逐漸分化：

　　　「婁（要）」字的本義當爲「摟女腰」，其初文可能是甲骨文的「」，從兩手摟女；金文加「角」（見／屋，古音聲紐有「來」聲一讀）聲化作「」（周中「是婁簋」，或稱「是要簋」）；戰國楚文字承之作「」，同時另有兩個異體作「」（《包》179）；「」（《郭·語叢一·90》）、「」（《郭店·語叢二·44》），「女」字繁化爲「妾」、「妻」。〔註196〕

古文字「婁」、「要」實爲一字，須依文例而釋，然而本曲目過於簡短，判別不易，故無法確知其義，故隸爲「要」或「婁」皆可。

　　B. 丘

　　（下文以〇表之），原考釋釋爲「丘」，可從。卜辭「丘」作 （乙 4320）、（佚 733），西周金文未見「丘」字。楚系「丘」字有下列幾種字形：

（丘，包 188） （恓，包 93）	上方訛變似「北」形，下方或加橫筆爲飾，與《說文》小篆 相近

〔註195〕馬承源主編：《上海博物館藏戰國楚竹書（四）》，（上海：上海古籍出版社，2004年 12 月），頁 166。

〔註196〕季師旭昇主編：《上海博物館藏戰國楚竹書（三）讀本·彭祖》，（台北：萬卷樓，2005 年 10 月），頁 261。另季師旭昇：〈說婁要〉，《古文字研究》廿六輯。

坙 坙	（丘，包237） （丘，包241）	省略下方橫筆，並加「土」形爲義符，此形較近《說文》古文 坙
篍	（祇，天卜）	加「丌」爲聲符。「丘」、「丌」或共筆。
坙	（丘，鄂君啓車節）	疊加「土」形爲義符，加「丌」形爲聲符。

　　本簡○屬第四類加「土」、「丌」形者，然而○之「丌」形，下方兩撇貫穿上方橫筆。

【內容】

【各家說法】

　　原考釋謂：

　　　曲目。義待考。〔註197〕

　　劉洪濤則認爲：

　　　整理者馬承源先生把「要丘」與後兩字連讀，看成一個曲名。董珊先生指出，後兩字應是曲調後綴，甚確。黃鳴先生認爲「要丘」是地名，應該是正確的。我們懷疑「要丘」應該讀爲「高丘」。「要」上古音屬宵部影母，高屬宵部見母。二字韻部相同，聲母一個屬喉音，一個屬牙音，喉音和牙音關係也很密切，二字音近，可以通假。《古字通假會典》「要與徼」通，又「交與徼」、「交與邀」、「絞與徼」、「皎與皦」、「皎與曒」通，所以「要」可以與從「交」聲之字通假；又「高與郊」、「蒿與郊」、「鄗與郊」通，所以「要」可以與「高」通假。「高丘」戰國時屬楚，又見於鄂君啓節銘文、包山楚簡和屈原《離騷》等。李家浩老師考定在今安徽宿縣北的符離集附近，淮水北不遠。高丘既爲楚地，成爲楚人歌詠的對象，也就不奇怪了。〔註198〕

【思婷案】

　　「要丘」應可釋爲地名。「丘」字在古籍中雖有許多種意義，〔註199〕但在《詩

〔註197〕馬承源主編：《上海博物館藏戰國楚竹書（四）》，（上海：上海古籍出版社，2004年12月），頁166。

〔註198〕劉洪濤：〈讀《上海博物館藏戰國楚竹書（四）》箚記（二）〉，武漢大學簡帛網，200年月1月17日。

〔註199〕或釋爲「墳墓」，如《呂氏春秋・孟冬》：「飭喪紀，辨衣裳，審棺槨之厚薄，營丘

經》中，「丘」皆用爲「土之高也，非人所爲也」的本義，例如：

〈邶風・旄丘〉：「旄丘之葛兮，何誕之節兮！」《傳》：「前高後下曰旄丘。」

〈鄘風・載馳〉：「陟彼阿丘，言采其蝱。」《爾雅・釋丘》：「偏高，阿丘。」

〈衛風・氓〉：「送子涉淇，至于頓丘。」《水經注》謂頓丘在淇水之南。

〔註200〕

〈陳風・宛丘〉：「子之湯兮，宛丘之上兮。」《傳》：「四方高中央下曰宛丘。」

〈小雅・巷伯〉：「楊園之道，猗于畝丘。」畝丘，《傳》：「丘名。」

這些例子中，又可分爲兩類，一類爲地名，如「頓丘」、「畝丘」；另一類在「丘」之前加形容詞，用以形容「丘」的特徵，如「旄丘」、「阿丘」、「宛丘」。

本文依《詩經》之用例，將本曲目「丘」字釋爲土山，「要（妻）」可能爲形容詞，或亦可將「要（妻）丘」視爲地名，如新蔡簡零317即有「蔓丘」。

由於本簡即有「高」字，故此曲目似乎不需要以「要」字通假爲「高」，因此劉洪濤讀爲「高丘」的看法，可備一說，但未必是定論。

〔12〕奚言不從　　曲目

【字形】

A. 奚

天星觀遣策有「（圖）羽之（圖）」之句，《楚系簡帛文字編》謂以「系」爲雞，讀爲雞。〔註201〕包山簡179有人名爲「黃（圖）」（包179），原考釋依形隸定，〔註202〕學者或釋作「系」，〔註203〕或釋作「奚」。〔註204〕上博（五）《三德》簡9：「（圖）（以

墊之小大高卑薄厚之度。高誘注：「丘，墳。」；或釋爲「大」，如《孫子・作戰》：「丘牛大車，十去其六。」李筌注：「丘，大也。」；或釋爲「空」，如《馬王堆漢墓帛書・十六經・三禁》：「剛強而虎質者丘。」；或釋爲「聚」，如《左傳・昭公十二年》：「是能讀《三墳》、《五典》、《八索》、《九丘》。」孔穎達疏：「丘，聚也。言九州所有，土地所生，風氣所宜，皆聚此書也。」或釋爲「邑里」，如《左傳・僖公十五年》：「不利行師，敗于宗丘。」杜預注：「丘，猶邑也。」

〔註200〕余師培林：《詩經正詁》（上），（台北：三民，1993年），頁171。

〔註201〕滕壬生：《楚系簡帛文字編》，（武漢：湖北教育出版社，1995年），頁309。

〔註202〕湖北省荊沙鐵路考古隊：《包山楚簡・包山二號楚墓簡牘釋文與考釋》，（北京：文物，1991年），頁30。張光裕主編：《包山楚簡文字編》，（台北：藝文印書館，1992年），頁292从之。

〔註203〕如李守奎：《楚文字編》，頁716；季師旭昇：《說文新證》（下），頁214；湯餘惠主編：《戰國文字編》，頁834。

〔註204〕如劉信芳：《包山楚簡解詁》，頁187；何琳儀：《戰國古文字典》，頁777。

下稱△）子是胃（謂）忘神……」。原考釋釋「係」，王貴元謂：

> 「子」前一字，原釋有誤，此字當釋爲「僕」，其右旁「奚」的寫法與馬王堆帛書「奚」字寫法相同。帛書《明君》：「臣以明君者必有實矣，明君之實奚若才（哉）？」又「君奚得而尊？」帛書《戰國縱橫家書》：「危弗能安，亡弗能存，則奚貴于智矣。」「奚」字皆作 。馬王堆帛書雖是西漢墓葬出土，但由於是原楚地文獻，其字形與用字多與楚文字相同，其最爲突出者是《篆書陰陽五行》。李學勤先生在《古文字學初階》中說過：「最有趣的是帛書中最早的一件，暫名爲《篆書陰陽五行》。這卷帛書許多字保留著楚國『古文』的寫法。」〔註205〕

【思婷案】

對照楚簡中從「奚」的 （溪，曾212）、（溪，包2.140反）、（雞，包2.258）、（雞，包簽）、（貗，包91）等字，（天策）、（包179）《三德》簡九△字右旁所從，皆應釋「奚」。本簡「」字與天策、包 179「奚」字同形，原考釋釋奚可从。

【內容】

本曲目名爲「奚言不從」。古籍中的「奚」字，大部分作爲疑問詞，〔註206〕楊伯峻、何樂士謂：

> 「奚」字用作疑問詞，不但甲文、金文未見，即《易‧卦爻辭》、《今文尚書》、《詩經》都未見，可能起於春秋戰國之際，因爲見於《論語》和《左傳》。「奚」可以問事物、問地方、問原因，不見問人的例句。〔註207〕

《莊子‧駢拇》：「問臧奚事？則挾策讀書；問穀奚事？則博塞以游。」「奚事」即「事奚」，意爲「從事什麼？」《孟子‧滕文公上》記載了一段孟子與陳相的對話：「『許子冠乎』曰：『冠。』曰：『奚冠？』曰：『冠素。』」「奚」爲疑問代詞作賓語，位於動詞「冠」前。

據此我們可以推論，〈奚言不從〉的「言」字應作動詞。〔註208〕《左傳‧莊公

〔註205〕王貴元：〈上博五札記二則〉，武漢大學簡帛研究網站，2006 年 3 月 3 日。

〔註206〕「奚」字或指奴隸、或爲族名、姓氏，但皆與本曲文意不符。

〔註207〕楊伯峻、何樂士：《古漢語語法及其發展》，（北京：語文出版社），1992 年 3 月，頁163。

〔註208〕助語「言」用在句首或句中。用於句中者，大都在動詞形容詞之後，動詞之前。如：「日居月諸，胡迭而微。心之憂矣，如匪澣衣。靜言思之，不能奮飛。」《詩‧邶風‧柏舟》、「我思肥泉，茲之永嘆。思須與漕，我心悠悠。駕言出游，以寫我憂。」

十四年》：「楚子如息，以食入享，遂滅息。以息媯歸，生堵敖及成王焉。未言。楚子問之。對曰：『吾一婦人，而事二夫，縱弗能死，其又奚言？』」「奚言」即「言奚」，「說什麼」的意思。

〈小雅・小旻〉：「謀臧不從，不臧覆用。」言「謀之善者不從，謀之不善者反用之，」〔註209〕「不從」有「不聽從、不依順」之意。故「奚言不從」即「何言不從」，意爲「爲什麼不聽從我的話」或「爲何說『不聽從』」，此詩或許因爲對方不採納自己的意見，故有「奚言不從」之問。

〔13〕豐又酉　　曲目

【字形】

A. 豐

甲骨文「豐」作▓（甲1933）、▓（甲2744），《說文》釋爲「从豆、象形」，然而此字實从壴从玨，〔註210〕《說文》釋形有誤。壴即鼓之初文，鼓與玉乃古代行禮不可或缺之物，例如《周禮・地官司徒第二》：

> 鼓人：掌教六鼓、四金之音聲，以節聲樂，以和軍旅，以正田役。教爲鼓而辨其聲用：以雷鼓鼓神祀，以靈鼓鼓社祭，以路鼓鼓鬼享，以鼖鼓鼓軍事，以鼛鼓鼓役事，以晉鼓鼓金奏，以金錞和鼓，以金鐲節鼓，以金鐃止鼓，以金鐸通鼓。凡祭祀百物之神，鼓兵舞帗舞者。凡軍旅，夜鼓鼜，軍動則鼓其眾，田役亦如之。救日月，則詔王鼓。大喪，則詔大僕鼓。

《周禮・春官宗伯第三》：

> 以玉作六器，以禮天地四方：以蒼璧禮天，以黃琮禮地，以青圭禮東方，以赤璋禮南方，以白琥禮西方，以玄璜禮北方。皆有牲幣，各放其器之色。以天產作陰德，以中禮防之。以地產作陽德，以和樂防之。以禮樂合天地之化、百物之產，以事鬼神，以諧萬民，以致百物。

孔子亦云：「禮云禮云，玉帛云乎哉？樂云樂云，鐘鼓云乎哉？」（《論語・陽貨》）故甲骨文以从壴从玨之「豐」，會行禮之義。

B. 酉

（詩・邶風・泉水）。以上例中「言」的前項似表後項的狀態或方式，「言」以順接語氣把它們聯繫起來。（詳參楊伯峻、何樂士《古漢語語法及其發展》，北京：語文出版社，1992年3月，頁481。）本曲目〈奚言不從〉之「奚」字並不符合「動詞形容詞」的條件，據此我們可排除「言」字作爲句中助詞的可能性。

〔註209〕余師培林：《詩經正詁》（下），（台北：三民，1995年），頁154。

〔註210〕林澐：〈豐豐辨〉，《古文字研究》第十二輯，（北京：中華書局），頁181～186。

楚簡「酉」字不作地支「酉」解，凡「酉」字皆讀爲「酒」，如「**酓**飮」（包204），故整理者讀「酉」爲「酒」。

楚系地支之「酉」皆从木、酉聲，如「八月乙**酉**之日」（包7）、「九月辛**酉**日」（包61），其木旁或在「酉」形之內，或置於「酉」形之上。

【內容】

【各家說法】

原考釋：

> 曲目。疑讀爲「鱧侑酒」。《詩‧小雅‧鹿鳴之什‧魚麗》：「魚麗于罶，魴鱧。君子有酒，多且旨。」因爲只有曲目而沒有辭，所以字義難於確認，若讀爲「禮有酒」或「禮侑酒」，亦可。〔註211〕

【思婷案】

原考釋提出了〈豊又酉〉讀爲「鱧侑酒」、「禮有酒」、「禮侑酒」的三種可能，下文分別討論之。

訓詁學家對〈魚麗〉一詩中的「鱧」諸多考證，許愼認爲鱧與鰥、鮇、鰈是同魚而異名；《爾雅》舍人注、《毛傳》正義及疏證謂鱧魚即鮌魚；《神農本草經》、《毛傳》認爲鱧即鮦；《爾雅》釋鱧爲鮦，又云大鱯曰鮦，小曰鮌；陸機《毛詩草木鳥獸蟲魚疏》以爲似鯉狹而厚。〔註212〕以上諸說，莫終一是，根據現代魚類學的知識，鮌是草魚，而鮦魚即鱧魚的別稱，屬硬骨魚綱鱧目，「亦稱黑魚、烏魚，身體呈圓筒形，青褐色，有三縱行黑色斑塊，眼後至鰓孔有兩條黑色橫帶，頭扁、口大、齒尖，背鰭和臀鰭延長，並與尾相連」，〔註213〕是一種生命力極強的魚。

宋朝陸佃所著《埤雅‧釋魚‧鱧》謂鱧魚「首戴星，夜則北向」，宋代羅願《爾雅翼‧釋魚‧鱧》更進一步說：「鱧魚圓長而斑點，有七點作北斗之象，夜則仰首北

〔註211〕馬承源主編：《上海博物館藏戰國楚竹書（四）》，（上海：上海古籍出版社，2004年12月），頁166。

〔註212〕孔穎達《疏》云：「《傳》：『鱧，鮦。』《正義》曰：〈釋魚〉云：『鱧，鮌。』舍人曰：『鱧名鮌。』郭璞曰：『鱧，鮦。』徧檢諸本，或作鱧鮂，或作鱧鮌，若作鮦，似與郭璞正同，若作鮌，又與舍人不異，或有本作鱧鰈者，定本鱧鮦，鮦與鮌音同。」另參考（清）焦循《陸氏草木鳥獸蟲魚疏疏》，《叢書集成續編》第八十三冊，（台北：新文豐，1989年），頁127。（清）徐士俊《三百篇鳥獸木記》，《叢書集成續編》第八十三冊，（台北：新文豐，1989年），頁161。（清）趙佑《毛詩草木鳥獸蟲魚疏校正》，《叢書集成續編》第八十三冊，（台北：新文豐，1989年），頁346。

〔註213〕童勉之：《中華草木蟲魚文化》，（台北：文津，1997年），頁436～438。

向而拱焉，有自然之禮，故從禮。」由於鱧魚身上的斑點聯想到北斗七星，甚至附會鱧魚會在夜晚「仰首北向而拱」，自然是無稽之論，而謂鱧之得名是因爲「有自然之禮，故從禮」，乃受到王安石《字說》的影響，黃侃曾評論《爾雅翼》：

> 以鶉爲淳，以鳩爲九，皆不脫王氏《字說》之惡習。雖援據載籍極多，治《爾雅》者，亦只能等之於《埤雅》之流；以視陸機《毛詩義疏》、陶宏景《本草注》，固不逮遠甚矣。〔註214〕

很明顯的，《爾雅翼》此處釋鱧亦犯了同樣的錯誤。王念孫曰：「鱧一作鱧，……鱗細而黑，故名鱺魚，鱺之言驪也，《說文》云：『驪，馬深色。』」鱺之所以稱鱧，乃因其色黑之故。

《爾雅翼》云：「今道家忌之，以其首戴斗也」，《埤雅》謂：「鱧魚，公蠣蛇所化」，〔註215〕這些都是中國人避食鱧魚的原因，但這是後起的風氣，從〈魚麗〉一詩來看，古人其實是喜歡吃鱧魚的，在《韓詩外傳·七》中亦有一段記載：

> 南假子過程本，本爲之烹鱧魚，南假子曰：「聞君子不食鱧魚。」本子曰：
> 「此乃君子食也。」〔註216〕

但是「鱧」在先秦文學中的象徵並不鮮明，並不如鯉或魴等其他魚類在文學中出現的頻率那麼高，在十三經與先秦諸子中，以文學角度提到鱧魚之處，也只有《詩·小雅·鹿鳴之什·魚麗》：

> 魚麗于罶，鱨鯊。君子有酒，旨且多。
> 魚麗于罶，魴鱧。君子有酒，多且旨。
> 魚麗于罶，鰋鯉。君子有酒，旨且有。
> 物其多矣，維其嘉矣。
> 物其旨矣，維其偕矣。
> 物其有矣，維其時矣。

《詩序》云：「〈魚麗〉，美萬物盛多，能備禮也。文武以〈天保〉以上治內，〈采薇〉以下治外。始於憂勤，終於逸樂，故美萬物盛多，可以告於神明矣。」《埤雅》謂〈魚麗〉一詩：「蓋鱨魚黃，魴魚青，鱧魚玄，鰋魚白，鯉魚赤，五色之魚俱備，故序以爲萬物盛多也。」余師培林謂：

> 除首句「美萬物盛多」尚合詩義，其他皆附會之辭。《集傳》謂：「此燕饗

〔註214〕轉引自汪中文：《爾雅著述考》，（台北：國立編譯館，2003年），頁168。
〔註215〕轉引自（清）趙佑：《毛詩草木鳥獸蟲魚疏校正》，《叢書集成續編》第八十三冊，（台北：新文豐，1989年），頁346。
〔註216〕賴炎元：《韓詩外傳今註今譯》，（台北：台灣商務印書館，1972年），頁310。

通用之樂歌。」乃此詩之用，非初作之本旨也。姚際恆曰：「此王者燕享臣工之樂歌。」其說是也；然亦可能爲王者燕享臣工、臣工歌此詩以美之也。至於燕禮、鄉飲酒禮皆歌之，則後世之事也。〔註217〕

原考釋認爲「又」可讀「侑」或「有」。其實二義皆可，因爲僅存曲目而缺少內容，故只能儘量推求眾多的可能性。

「侑」有佐助之義，如《禮記‧禮運》：「卜筮瞽侑。」注：「侑，四輔也。」也有報答義，《爾雅‧釋詁》：「酬、酢、侑，報也。」此外也有「勸」的意思，《儀禮‧有司徹》：「升長賓，侑酬之。」即飲酒時勸侑酬答，《周禮‧天官‧膳夫》：「以樂侑食。」注：「侑，猶勸也。」「侑食」謂勸人進食之意。其他還有「侑飲」、「侑歡」等勸人飲酒、助興的詞彙。

故本簡「豊又酉」若讀「鱧侑酒」，則可能是以鱧魚助酒興。若讀「禮侑酒」，則可能是以禮勸侑對方飲酒之意。

除了原考釋中可能的讀法，本文欲提出其他的解釋，即「豊又酉」讀爲「醴又酒」。周聰俊認爲：

奉神祇之酒醴謂之醴，奉神祇之事謂之禮，初皆用豊，其後分化爲「醴」、「禮」二字。〔註218〕

【思婷案】

在金文中，「豊」有通「醴」之例，如師遽方彝、三年𤼈壺之「鄉（饗）醴」，長囟盉作「鄉𧯋」。「禮」與「醴」於古籍中亦常通假，例如《儀禮‧士冠禮》：「請醴賓。」鄭注：「此醴當作禮。」、《儀禮‧士冠禮》：「若不醴則醮用酒。」鄭注：「醴亦當爲禮。」、《禮記‧聘義》：「君親禮賓。」《大戴禮‧朝事》禮作醴。〔註219〕由於聲義同源，〔註220〕從「豊」聲者多有「豊」義，故「禮」、「醴」二字由「豊」分別加「示」旁、「酉」旁而分化。

楚系無從「示」之「禮」字，凡「禮」皆作「豊」；楚系亦未見「醴」字，然而我們卻可以在《楚辭》中看到有關「醴」的辭句，〔註221〕有可能「豊、禮、醴」三字在楚系文字中尚未分化，正如楚系「問、聞」皆作「䎽」、「小、少」皆作「少」，

〔註217〕余師培林：《詩經正詁（下）》，（台北：三民，1995年），頁45。

〔註218〕周聰俊：〈說醴〉，《第三屆中國文字學國際學術研討會論文集》，（台北：輔仁大學出版社，1992年6月），頁4（總224）。

〔註219〕高亨：《古字通假會典》，（濟南：齊魯書社，1997年7月），頁543。

〔註220〕林尹：《訓詁學》第六章第一節之聲訓條例，（台北：正中書局，1972年），頁122～164。

〔註221〕例如〈大招〉：「吳醴白蘗，和楚瀝止」。

故本簡〈豐又酉〉之「豐」，也可能讀爲「醴」。

《說文》:「醴，酒一宿孰也。」《釋名・釋飲食》:「醴齊，醴，禮也。釀之一宿而成禮，有酒味而已也。」〈大招〉:「吳醴白蘗，和楚瀝止。」王逸注:「言使吳人釀醴，和以白米之麴，以作楚瀝，其清酒尤釀美也。」《離騷》:「眾人皆醉，何不餔其糟，而飲其醨。」醴即是釀一宿而熟的甜酒，以蘗（麥芽）與黍米製成，醴成而汁滓相將，作爲原料的米粒融化在酒液中而成黏稠狀，酒味較淡。

正由於醴之「汁滓相將」，未經過濾，故醴有清糟之別，《禮記・內則》:「飲:重醴，稻醴清糟，黍醴清糟，粱醴清糟。」鄭注:「重，陪也。糟，醇也;清，沛也。致飲有醇者，有沛者，陪設之也。」周聰俊對此論之甚詳，謂:

> 蓋古者飲料種類非一，醴有清者，亦有糟者，隨人愛好而取用，故清糟兼而有之，是之謂重醴也。說文米部云:「糟，酒滓也。」糟者爲滓，清者爲汁，蓋醴齊釀成之時，並汁滓相將，謂之糟，亦即有滓未沛三酒也，此者入酒正五齊之中。若沛而去其滓，則別爲醴清，入四飲、六飲內，不爲齊也。……是清糟之辨，蓋係醴之過濾與否而已。周禮司尊彝:醴齊縮酌。……縮之義，蓋謂以茅濾去酒之糟滓，而此種濾酒方法，是以澄清之事酒和入醴齊中，然後用茅草沛之。……〔註222〕

三年瘨壺銘文曰:

> 隹（唯）三年九月丁子（巳），王才（在）奠（鄭），鄉（饗）醴，乎（呼）虢弔（叔）召瘨，易（賜）羔俎。已丑，王才（在）句陵，鄉（饗）逆酉（酒），乎（呼）師壽召瘨，易（賜）麀俎，拜頴（稽）首，敢對揚天子休，用乍（作）皇且（祖）文考尊壺，瘨其萬年永寶。

文中「饗醴」與「饗酒」二者並見，《漢書・楚元王傳》亦有一段記載:「初，元王敬禮申公等，穆生不耆（嗜）酒，元王每置酒，常爲穆生設醴。及王戊即位，常設，後忘設焉。穆生退曰:『可以逝矣!醴酒不設，王之意怠，不去，楚人將鉗我於市。』」師古注:「醴，甘酒也。少麴多米，一宿而熟，不齊之。」可知「酒」與「醴」是不同的兩種酒類。

設置「醴」的時機與場合，由甲骨文中可知「醴」爲祭祀之物，金文中關於「醴」的記載，則皆與宴饗有關。〔註223〕《國語・楚語下》:「愼其采服，禋其酒醴。」即以酒醴祭祀之意。詩經中有許多同時提到「酒」與「醴」的詩句，例如:

〔註222〕周聰俊:〈說醴〉，《第三屆中國文字學國際學術研討會論文集》，（台北:輔仁大學出版社，1992年6月），頁5～8（總225～228）。

〔註223〕周聰俊:〈說醴〉，頁12～15（總232～235）。

《詩‧周頌‧豐年》：「豐年多黍多稌，亦有高廩，萬億及秭。爲酒爲醴，烝畀祖妣，以洽百禮。降福孔皆。」此爲豐年祀祖妣之詩。〔註224〕

《詩‧周頌‧載芟》：「爲酒爲醴，烝畀祖妣，以洽百禮。有飶其香，邦家之光。有椒其馨，胡考之寧？」此爲烝或嘗宗廟之詩。〔註225〕

《詩‧大雅‧行葦》：「曾孫維主，酒醴維醹，酌以大斗，以祈黃耇。」此詩爲祭畢而燕父兄耆老並行射之詩。〔註226〕

由此可見，用醴的時機，不外乎祭祀與招待賓客。

「酒」是楚文化之中不可或缺的一環，〔註227〕楚人的製酒技術十分成熟，《左傳》齊國與眾諸侯國伐楚的理由之一，即是「爾貢苞茅不入，王祭不共，無以縮酒」，〈招魂〉曰：「瑤漿蜜勺，實羽觴些。挫糟凍飲，酎清涼些。華酌既陳，有瓊漿些。」由〈招魂〉、〈大招〉即可見楚人飲酒時，往往同時備有許多種類的酒。

〔14〕高木　　曲目

【字形】

　A. 喬／高

【各家說法】

　原考釋謂：

曲目。可讀爲「喬木」。《詩‧周頌‧般》「墮山喬嶽」，《玉篇‧山部》引「喬」作「高」。《詩》中詠木及與木有關之詞有《周南‧樛木》「南有樛木」、《漢廣》「南有喬木」。但此《高木》未必就是以上所引之詩篇。〔註228〕

【思婷案】

　　高，卜辭作 （甲 2807），姚孝遂謂卜辭「京」、「高」二字形體時而相混，應屬同源，〔註229〕故「高」字乃「京」字加「口」形分化而出。金文作 （不𣪘簋

〔註224〕余師培林：《詩經正詁（下）》，（台北，三民，1995 年 10 月），頁 550。

〔註225〕余師培林：《詩經正詁（下）》，（台北，三民，1995 年 10 月），頁 581。

〔註226〕余師培林：《詩經正詁（下）》，（台北，三民，1995 年 10 月），頁 384。

〔註227〕參宋公文、張君：《楚國風俗志》，（武漢：湖北教育出版社，1995 年），頁 29〜35。王建輝、劉森淼：《荊楚文化》，（瀋陽：遼寧教育出版社，1995 年 4 月），頁 212〜213。楊權喜：《楚文化》，（北京：文物出版社，2000 年），頁 84。

〔註228〕馬承源主編：《上海博物館藏戰國楚竹書（四）》，（上海：上海古籍出版社，2004 年 12 月），頁 166。

〔註229〕于省吾主編、姚孝遂按語編撰：《甲骨文字詁林》1995 號京字按語，（北京：中華書局，1996 年），頁 1963。

04328），楚系文字作 （包 2.237），上方或爲「口」形作 （曾 147），「口」形上方或加橫筆作 （縞，曾 70）。本簡「」字與包山 237 簡「高」字同形，原考釋釋「高」，可從。

原考釋認爲「高木」可讀爲「喬木」。就字形而言，西周晚期金文喬字作 （邵鐘 225），于省吾、〔註 230〕何琳儀〔註 231〕謂高字上加一曲筆即分化爲「喬」，金文又作 （邵鐘 225）、（伯父公盨 4628 鐈字所從）、（鄧子午鼎 2235 鐈字所从）等形，指事標誌「又」形聲化作「九」形。楚系「喬」字承金文作 （郭·唐 18）、（郭·老甲·38）、（包 141），上方指事標志作「又」、「九」或「尤」形。由於喬自高分化，仍因「高」字爲聲，因此就字音而言，高，古牢切，古音屬見紐宵部；喬，巨嬌切，古音在群紐宵部，二字爲見群旁轉、疊韻。王力將「高」與「喬」視爲同源字，並引書證說明：

> 《書·禹貢》：「厥木惟喬。」傳：「喬，高也。」《詩·小雅·伐木》：「伐木丁丁，鳥鳴嚶嚶。出自幽谷，遷于喬木。」《傳》：「喬，高也。」〈周頌·時邁〉：「及河喬嶽」《傳》：「喬，高也。」〔註 232〕

舊題漢東方朔所撰之《神異經》云：「西方深山有獸，毛色如猴，能緣高木，其名曰蜩。」雖然「高木」二字即已成詞，但由於高、喬二字字形、音、義三方面關係密切，故原考釋「高木」讀爲「喬木」之說亦可參。無論是「高木」或「喬木」，皆意味「高大之木」，其義並無不同。

【內容】

《詩經》中即有詠木之詩，如〈周南·漢廣〉：「南有喬木，不可休息。漢有游女，不可求思。」喬木即高木之意，由於上博（一）《孔子詩論》的詩篇中，有稱〈褰裳〉爲〈涉秦〉者，故不排除楚人對〈漢廣〉另稱爲〈高木〉。〈漢廣〉以「南有喬木，不可休思」象徵「游女」可望而不可求。爲何不可休憩於喬木之下？《鄭箋》釋曰：「木以高其枝葉之故，故人不得就而止息也。」姚際恆駁之，謂：「喬，高也。借言喬木可休而不可休，以況游女本可求而不可求，不必實泥謂喬本不可休也。」〔註 233〕《詩傳》謂：「因以喬木以興，江漢爲比，而反覆詠嘆之。」相較於下文的「漢之廣矣，不可泳思。江之永矣，不可方思」，漢、江雖廣，但事實上卻並非眞的不可泳、不可

〔註 230〕于省吾：〈釋古文字中附劃因聲指事的一例〉，《甲骨文字釋林》，頁 457～458。

〔註 231〕何琳儀：《戰國古文字典》，（北京：中華書局，1998 年），頁 294。

〔註 232〕王力：《同源字典》，（北京：商務印書館，1991 年），頁 204。

〔註 233〕姚際恆著、林慶彰主編：《姚際恆著作集》，（台北：中央研究院中國文哲研究所，1994 年），頁 37。

方。這三個比喻，都是爲了點出對游女「本可求而不可求」的失望之情。

另一方面，由於資料有限，我們仍保留〈高木〉並非〈漢廣〉，而爲楚人另行創作之可能性，若眞是如此，我們要追索〈高木〉一詩的主旨，目前僅能由先秦古籍著手，羅列眾多相關資料於下，至於確切的解讀仍留待日後。

此曲之詠喬木，或爲思鄉思國之作。《孟子‧梁惠王下》云：「孟子見齊宣王曰：『所謂故國者，非謂有喬木之謂也，有世臣之謂也。』」注曰：「故者，舊也。喬，高也。人所謂是舊國也者，非但見其有高大樹木也，當有累世修德之臣，常能輔其君以道，乃爲舊國可法則也。」姚際恆謂：「孟子云：『故國喬木』，可見喬木亦爲故國之徵。」〔註234〕後世文學作品多將故國、故鄉與喬木互相聯結。〔註235〕

本詩或以喬木起興，寫徒勞無功之事。《孟子‧梁惠王上》云：「以若所爲，求若所欲，猶緣木而求魚也。」注曰：「若，順也。順嚮者所爲，謂搆兵諸侯之事，求順今之所欲中國之願，其不可得，如緣喬木而求生魚也。」

本曲目亦可能以「高木」與人之身份或品性相比擬。《詩經‧小雅‧伐木》：「伐木丁丁，鳥鳴嚶嚶。出自幽谷，遷于喬木」，《正義》曰：「鳥既驚懼，乃飛出，從深谷之中，遷於高木之上。」《孟子‧滕文公上》：「吾聞出於幽谷、遷于喬木者，未聞下喬木而入於幽谷者。」注曰：「人當出深谷止喬木，今子反下喬木入於深谷。」孟子引〈伐木〉一詩，喻人應當力爭向上，不應自甘墮落。鳥棲高木，亦可喻人身居高位，故後世有鳳棲高枝或另棲高枝之語。《楚辭‧九歎‧怨思》有「鳴鳩棲於桑榆」之語，注曰：「言鳩鳥輕佻巧利，乃棲於桑榆，居茂木之上，鼓翼而鳴，得其所也。以言讒佞弄口妄說，以居尊位，得志意也。」棲居高木的鳥，不是鳳凰之類的佳禽，反而是不祥的鳩鳥，充滿了「雞棲鳳凰食」的意味。因此〈高木〉若由高木起筆，再描述到樹上的禽鳥，可能就有譬喻之意。

〔註234〕姚際恆著、林慶彰主編：《姚際恆著作集》，（台北：中央研究院中國文哲研究所，1994 年），頁 107。

〔註235〕例如南朝梁江淹之《別賦》：「視喬木兮故里，訣北梁兮永辭。」馬戴《落日悵望》：「孤雲與歸鳥，千里片時間。念我一何滯，辭家久未還。微陽下喬木，遠色隱秋山。臨水不敢照，恐驚平昔顏。」于武陵《遊中梁山》：「僻地好泉石，何人曾陸沈。不知青嶂外，更有白雲深。因此見喬木，幾回思舊林。慇勤猿與鳥，惟我獨何心。」金初詞人蔡松年《月華清》：「樓倚明河，山蟠喬木，故國秋光如水。」有些樹木名亦常用以稱代故鄉，如「桑梓」：桑和梓是古代家宅旁邊常栽的樹木，遊子見別家桑梓亦引起對父母和故鄉的懷念，後當作對故鄉的代稱，柳宗元《聞黃鸝》詩即云：「鄉禽何事亦來此，令我生心憶桑梓。」又如枌榆：枌榆多用作屋梁，又爲漢高祖故鄉名，後用爲故鄉的代稱。《史記‧封禪書》：「高祖初起，禱豐枌榆社。」《文選‧張衡‧西京賦》：「豈伊不虔思于天衢，豈伊不懷歸于枌榆。」

　　〈高木〉亦可能以古代神話中高達百仞之木爲題材而作。《山海經・海內南經》：「有木其狀如牛，引之有皮，若纓黃蛇，其葉如羅，其實如欒，其名曰建木」，另外在《海內經》亦記載：「……有九丘，以水絡之……有木，青葉紫莖，玄華黃實，名曰建木，百仞無枝，上有九欘，下有九枸，其實如麻，其葉如芒，大皞爰過，黃帝所爲……」。這樣的神話，亦在楚地流傳，《呂氏春秋・有始》即謂：「建木之下，日中無影，呼而無響，蓋天地之中也。」《淮南子・墜形訓》亦云：「建木在都廣，眾帝所自上下。日中無景，呼而無嚮，蓋天地之中也。」其功用乃作爲聯繫天、地的天梯，眾神通過建木上下於天地之間。「建木」亦可指一般高大的樹木，例如《後漢書・馬融傳》云：「珍林嘉樹，建木叢生。」注：「建木，長木也」。

　　包山楚簡 249 簡：「有祟，見於絕無後與漸木立」，劉信芳謂「漸木」即「建木」：

> 「漸木」即「建木」，其神名「立」。古代祀禮，凡有後嗣之鬼，於宗廟置神位祀之；而無後嗣者則無宗廟，於郊野樹一木枋，稱爲建木，祭而禱之。
> 影隨人後，人之無後者如建木之無影，絕無後者作祟，攻解於建木立，取其類也。〔註236〕

《詩》三百篇，多落實於現實人生，但產生於楚地的詩歌總集——《楚辭》，卻充滿了浪漫詩風與神話色彩，探索其淵源，大約與楚人好巫、「南音」曲折淒切、獨特的地理環境相關，〔註237〕那麼在同樣的人文、自然條件下所產生的楚地詩歌，也可能如〈九歌〉、〈天問〉般，以宗教或神話爲題材而創作。

〔15〕牾　　曲目

【字形】

【各家說法】

　　本曲目「牾」（以下以△代之）字，原考釋釋「牾」。

【思婷案】

　　楚系「午」字作 **午**（包2.92）、**𦥑**（盱，郭・7.26）、**𣂑**（秦，包2.133）、，上端兩撇皆在杵形直筆頂端，作爲偏旁時亦有簡省作「**𣂑**」（秦，天卜），或簡省杵形之直筆作「**𣂑**」（秦，天卜）者。本曲目△字左旁所從，兩撇位置在直筆中段，較近似晉系「**十**」（哀成叔鼎）、「**午**」（貨系0134）、「**午**」（璽彙0666）、齊系「**午**」（十四

<hr>

〔註236〕劉信芳：《包山楚簡解詁》，（台北：藝文，2003年），頁250。
〔註237〕王忠林等著：《增訂中國文學史初稿》，（台北市：福記，1983年），頁126〜128

年陳侯午敦）等「午」字的寫法。△字右旁所从之字，竹簡邊緣可見一豎筆，與楚系「隹」字「𦏰」（上博 2.5）、𦏰（唯，包 2.91），同形，故原考釋釋△爲「锥」，可从。

【內容】

由於簡文已殘，本曲目文義不可考。

《集成》10342 所收錄之春秋時期晉國青銅器〈晉公盆〉（又稱晉公锥盉），爲晉公嫁女至楚所作銅器，其銘文曰：「余锥小子」，〔註238〕《左傳·哀公二年》：「鄭、勝亂從，晉午在難，不能治亂，使軼討之。」杜預《注》：「午，晉定公名。」《世本》亦云「定公名午」，故學者據此以爲此器即晉定公午所作，〔註239〕銘文又云：「宗婦楚邦」，即晉公之女嫁與楚王爲婦，依年代推算，當爲楚惠王之時。

晉定公在位期間爲公元前 511 至公元前 475 年；上博簡的碳 14 測定值是西元前 308 年，由於此項鑑定大約有正負 65 年的誤差，故上博楚簡的碳 14 測定值上限爲西元前 373 年，其下限爲西元前 279 年秦將白起攻楚拔郢，楚王亡去郢，東走徙陳之前。〈晉公盆〉與〈采風曲目〉時代相距約一百年，且本曲目僅存△字，所詠之內容未必與此相關，暫將此資料列此備參。

【第三簡】

☒》■訐喜（徵）：〈牧人〉〔16〕■，〈募人〉〔17〕■，〈蠶亡〉〔18〕■，〈𤲞氏〉〔19〕■。〈城上生之葦〉〔20〕■。〈道之遠介（爾）〉〔21〕■，〈良人亡不宜也〉〔22〕■，〈原也遺夫（玦）〉〔23〕■。喜（徵）和：〈麈（輾）蚓（轉）之實〉〔24〕■。

本簡長五十六·一釐米，上端殘，下端平齊完整。現存三十四字。

本簡書有「訐喜（徵）」、「喜（徵）和」兩個樂調分類聲名和九個曲目。第一個分類聲名前字有殘筆，不能識別，不計算在曲目數內。

〔16〕牧人　　曲目

【字形】

本簡「𤘺」即「牧」字，原考釋謂：「『牧』字簡文以牛，直筆下段有損，細察

〔註238〕中國社會科學院考古研究所編：《殷周金文集成釋文》，（香港：香港中文大學中國文學研究所，2001 年），頁 194。

〔註239〕馬承源主編：《商周青銅器銘文選》第四冊《東周青銅器銘文釋文及注釋》，（北京：文物出版社：新華書店北京發行所，1986 年），頁 587～588。

仍有遺痕。」〔註240〕其說可从。《說文·攴部》:「牧,養牛人也。从攴从牛。《詩》曰:『牧人乃夢。』」

【內容】

【各家說法】

關於本曲目「牧人」,原考釋云:

「牧人」爲職掌牧牛羊之官,《詩·小雅·鴻鴈之什·無羊》:「牧人乃夢,衆維魚矣,旐維旟矣。大人占之:衆維魚矣,實維豐年;旐維旟矣,室家溱溱。」《周禮·地官司徒》:「牧人。下士六人,府一人,史二人,徒六十人。」鄭玄注:「牧人,養牲於野田者。」此「牧人」也可能是當時的牧歌。〔註241〕

【思婷案】

以造字本義來看,「牧」字正如《說文》所言,乃養牛人也,如《左傳·昭公七年》「馬有圉、牛有牧」之語即用其本義;其後只要是飼養家畜之人,皆可通稱牧人,亦可指「職掌牧牛羊之官」,《周禮·地官司徒》云:「牧人:掌牧六牲而阜蕃其物,以共祭祀之牲牷。」

原考釋已指出「牧人」一詞,見於《詩經·小雅·無羊》,余師培林以「如美司牧,何以列於〈雅〉?牧人之夢,何以須大人占之?其夢何以與豐年、王室有關?牛羊供食用也,何以詩僅言及牲用?」四點可疑之處,認爲此詩不爲美司牧,而是如《詩序》所言爲「宣王考牧」之詩,〔註242〕準此,則詩中所云之牧人乃指「牧官」而言。「牧人」亦見於曾侯乙墓竹簡,其文例爲「牧人之駟」(曾 181)、「牧人之兩黃」(曾 184),簡文所云之「牧人」亦爲《周禮》之牧官。

故本曲目「牧人」可能指司牧之官,其內容可能和國家政事較有關連;亦可能指一般飼養家畜之人,全曲刻畫牧人和田野生活。

〔17〕募人 曲目

【字形】

〔註240〕馬承源主編:《上海博物館藏戰國楚竹書(四)》,(上海:上海古籍出版社,2004年 12 月),頁 167。

〔註241〕馬承源主編:《上海博物館藏戰國楚竹書(四)》,(上海:上海古籍出版社,2004年 12 月),頁 167。

〔註242〕余師培林:《詩經正詁》(下),(台北:三民,1995 年),頁 119。

　　[字形]，原考釋釋「蕩」。此字上方从艸並無疑問，值得注意的是下方所从爲何字。

　　楚系「易」字下方有作一撇筆者，如「[字形]」（包 2）、「[字形]」（郭‧窮 9），亦有作二撇筆者，如「[字形]」（包 111），上方「日」形或簡省作「[字形]」（郭‧太 5）；楚系「易」字於偏旁作「[字形]」（腸，曾 166）、「[字形]」（殤，天卜）、「[字形]」（暘，包 187）。然而與本簡「[字形]」字相較，可清楚發現「[字形]」字中間作二橫筆，上列楚系「易」字中間都只有一橫筆。

　　在郭店楚簡《成之聞之》簡三十四有「[字形]」字，原考釋隸作「籔」而無說解，〔註243〕李學勤改釋爲「籔」，讀爲「蕈」。〔註244〕《性自命出》第六十五簡有「[字形]」字，學者或釋尋，〔註245〕或釋易，〔註246〕或釋喦；〔註247〕上博一《孔子詩論》第二簡有「[字形]」字，學者亦有釋爲豸〔註248〕、蕩〔註249〕、蕁〔註250〕三類看法。這是因爲在楚系文字中，尋、易、易、喦、泉等字，常有因字形相近而混的情形。茲將楚系上述各字的寫法條列於下，以便互作比較：

　　尋：

　　　蕁：[字形]（包 120）

　　　籔：[字形]（郭‧成 34）

〔註243〕荊門市博物館編著：《郭店楚墓竹簡》，（北京：文物出版社，1998 年），頁 168。

〔註244〕李學勤：〈續釋“尋”字〉，《故宮博物院院刊》，2000 年第 6 期，頁 11。

〔註245〕李零：〈郭店楚簡校讀記〉，《道家文化研究》第 17 輯，頁 511。

〔註246〕張光裕、袁國華：《郭店楚簡研究‧第一卷‧文字編》，頁 238。

〔註247〕白於藍：〈郭店楚墓竹簡釋讀札記〉，《古文字論集（二）》，（西安：考古與文物編輯部，2001 年），頁 174～175。

〔註248〕如馬承源主編：《上海博物館藏戰國楚竹書（一）》，頁 128；張桂光：〈《戰國楚竹書‧孔子詩論》文字考釋〉，《上海博物館藏戰國楚竹書研究》，（上海：上海書店出版社，2002 年），頁 337；俞志慧：〈《戰國楚竹書‧孔子詩論》校箋（上）〉，《經學研究論叢》第十一輯，（台北：中央研究院文哲所，2003 年），頁 93～94。但楚系文字未見「豸」字，且以甲骨文豸字來看，「豸」字爲獨體象形，上部似動物之頭，秦系豸字仍清楚保留此特徵，《孔子詩論》「[字形]」下方所从之字，上部似「爪」形，與甲金文、秦系文字相較，釋「豸」應不可從。

〔註249〕如季師旭昇：〈讀郭店上博五題：舜、河滸、紳而易、牆有茨、宛丘〉，《中國文字》新二十七期，（台北：藝文印書館，2001 年），頁 119；李學勤：〈上海博物館藏楚竹書《詩論》分章釋文〉，（簡帛研究網，2002 年 1 月 16 日）；何琳儀：〈滬簡詩論選釋〉，（簡帛研究網，2002 年 1 月 17 日。）

〔註250〕如劉釗：〈讀上海博物館藏戰國楚竹書（一）劄記〉，（簡帛研究網，2002 年 1 月 8 日）；周鳳五：〈《孔子詩論》新釋文及注解〉，（簡帛研究網，2002 年 1 月 16 日）；黃德寬、徐在國：〈《上海博物館藏戰國竹書（一）‧孔子詩論》釋文補正〉，《安徽大學學報哲學社會科學版》，2002 年第 26 卷第 2 期，頁 1～2。

覃：𤔔（从古从尋，上博一・孔子詩論 16）
　　鄩：𨛜（包 157）、𨛜（包 177）、𨛜（包 157 反）

易：𠄌（郭・尊 5）、𠄌（郭・老甲 25）、易（郭・語二 24）、𠄌（信 1.1）
　　賜：賜（包 81）賜（信・1.010）

昜：昜（包 71）昜（包 111）昜（包 177）昜（郭・窮 9）
　　鄘：鄘（包 169）：鄘（包 174）
　　晹：晹（包 187）
　　諿：諿（璽彙 5548）
　　楊：楊（天卜）、楊（包 192）

耑：耑（郭・老甲 16）、耑（郭・語一 98）、耑（郭・語三 23）、耑（望 2・策）
　　偳：偳（包 30）

泉：湶：湶（包 3）、湶（郭・成 14）

楚系未見獨體之「尋」字，目前所見皆作為偏旁。甲骨「尋」字作「𦥑」（佚831），「从丮，旁象人伸兩臂度量簟席，丮亦聲」，〔註251〕或簡省丮形作「𦥑」（前4.28.2），春秋金文只保留雙手之形作「𦥑」（鄩，鎛鎛，《集成》00271），楚系「尋」字承甲金文作「𦥑」形，仍象兩手相對伸張之形，〔註252〕且兩手形和甲、金文一樣都是相連的，中間並無橫筆，包山簡 120「薽」字清楚可見兩手形中間有一橫畫，可能是受到「易、耑」等字的影響而誤書。

甲骨「易」字作「𠄌」（鐵 162.1），乃「截取酒器之一部份與酒形」〔註253〕而來，「𠄌」即酒器之把手形。金文作「𠄌」（靜簋，《集成》04273），與甲骨文十分相似，師酉簋《集成》04288）作「𠄌」，曾伯文簋傳世共四器（《集成 04051-04053》，其中「易」字「酒器把手」形中有如師酉簋加一圓點者，亦有如靜簋不加圓點者，可見此圓點為飾筆。楚系文字中，飾點或延長作一筆或兩筆，酒滴之形或作二筆，或作三筆。楚系「易」字的特徵是酒器之形為一筆寫就，作「𠄌」形，且把手之輪廓與飾筆結合似「爪」形（爪）。

「昜」字甲骨文作「昜」（甲 3343），从日在丂（柯）上，會旭日初昇之形，

〔註251〕季師旭昇：《說文新證》（上），（台北：藝文，2002 年 10 月），頁 222。
〔註252〕包山簡 157 反的「鄩」字寫法較特殊，兩手方向相反。
〔註253〕季師旭昇：《說文新證》（下），（台北：藝文，2004 年 11 月），頁 96。

〔註254〕金文作「𠬝」（同簋《集成》04271）與甲骨字形同，亦有加飾筆作「𢦏」（小臣宅簋《集成》04201）、「𢦏」（西周晚‧旟弔鼎）、「𢦏」（春秋‧嘉子易伯簋《集成》04605）者。楚系承襲加飾筆的金文「易」字，上方明顯仍作「日」形，柯枝之形作「𠃌」形，飾筆延長，作一至三撇筆者皆有之〔註255〕。

甲骨「耑」字作「𢀩」（前 4.42.1）、「𢀩」（掇 2.463），羅振玉所釋，〔註256〕象草木初生之狀，《說文》謂「上象生形，下象根」，〔註257〕金文作「𡗜」（義楚耑《集成》06462），楚系「耑」字與義楚耑字形相近，上方由「𢀩」變成「𢀩」形，橫筆下方作「𠂢、𠂢」則似楚系之「大」形。

甲骨有「𤃭」（鐵 203.1）字，羅振玉釋泉，〔註258〕或作「𤃭」（鄴初下 33.2）、「𤃭」（前 4.17.1），象泉水由泉口湧出之形。金文作「𤁢」（西周晚‧大克鼎《集成2836》「原」字所從），又進一步寫爲「𤁢」（春秋‧奢虎簋《集成》04539「𤁢」字所從）。楚系「泉」字較近似奢虎簋，泉口之形由「𤁢」略變作「𤁢」，左邊筆畫寫爲一撇；泉水之形則或作二筆、或作三筆。

仔細比較上列諸字後，再回頭來看本簡的「𦳋」字，上方從艸，下方所從之字（以下稱△），中間有二橫筆，耑、易、尋、泉諸字則皆無二橫筆；△橫筆以下作「𠂢」，「耑」字下方作「𠂢」，兩者完全不同，故排除釋「耑」之可能；且本簡之△，上部作日形，與耑、易、尋、泉諸字寫法不同。綜觀諸形，△雖然有二橫筆，比楚系「易」字多一橫筆，但與耑、易、尋、泉諸字相較，釋爲「易」較爲可信；對於多出的一橫筆，恐是本篇書手的個人習慣，例如本簡的「葦」字下方有歧出之飾筆，第四簡末「憙」字「心」形之上亦多一橫筆。原考釋認爲「𦳋」字從艸從易，隸定爲「𦳋」，可從。

【內容】

【各家說法】

曹建國：

〔註254〕季師旭昇：《說文新證》（下），（台北：藝文，2004 年 11 月），頁 89。

〔註255〕上博一〈性情論〉簡 28 原考釋有釋爲「𦳋」者，李天虹已改釋爲「𦳋」，「𣪠𦳋」即「逸易」，閑適平易之意。（參陳霖慶學長：《郭店〈性自命出〉暨上博〈性情論〉綜合研究》，（國立台灣師範大學國文研究所碩士論文，2003 年 6 月），頁 334～337。

〔註256〕羅振玉：《增訂殷虛書契考釋》中，（台北：藝文，1975 年），頁 35。

〔註257〕季師旭昇：《說文新證》（上），頁 588。董妍希：《金文字根研究》，（國立台灣師範大學國文研究所碩士論文，2001 年），頁 290～291。

〔註258〕羅振玉：《增訂殷虛書契考釋》中，（台北：藝文，1975 年），頁 9。

《蕩人》之「蕩」或作爲地名，包山楚簡中有「湯邑」、「漾陵」、「易城」、「新陽」等地名，其常將地名與人合在一起，合稱「X 人」，所以簡文中的「蕩人」，可能是某地之人。此外，「蕩人」也可能是職官名，《周禮·夏官司馬》中「羊人」一職，「羊人：下士二人；史一人，賈二人，徒八人。」「羊人：掌羊牲。凡祭祀，飾羔。祭祀，割羊牲，登其首。凡祈珥，共其羊牲；賓客，共其法羊。凡沈、辜、侯、禳、釁、積，共其羊牲。若牧人無牲，則受布于司馬，使其賈買牲而共之。」〔註259〕

季師旭昇謂：

本曲目上爲「牧人」，下爲「蠶亡」、「霊氏」，似皆與民生有關。《説文》：「蕩，艸。枝枝相值，葉葉相當。从艸、易聲。」以音求之，似可讀爲「場人」，《周禮·地官·場人》：「掌國之場圃而樹之果蓏珍異之物，以時斂而藏之。凡祭祀賓客共其果蓏，享亦如之。」當然，也不排除讀爲《陳風·宛丘》「子之湯兮，宛丘之上兮」之「湯人」，即「蕩人」。「蕩人」下契口處之墨丁並不明顯，也不排除「蕩人蠶亡」連讀爲一曲目。〔註260〕

【思婷案】

《説文》即有「蕩」字。《説文·卷一·艸部》云：「蕩，艸。枝枝相值，葉葉相當。从艸、易聲（褚羊切）。」「蕩」本爲草名，〔註261〕在古籍中往往假借爲他字，如《漢書·傅常鄭甘陳段傳》：

贊曰：自元狩之際，張騫始通西域，至于地節，鄭吉建都護之號，訖王莽世，凡十八人，皆以勇略選，然其有功跡者具此。廉褒以恩信稱，郭舜以廉平著，孫建用威重顯，其餘無稱焉。陳湯儻蕩，不自收斂，卒用困窮，議者閔之，故備列云。

顏師古曰：「儻蕩，無行檢也。蕩音蕩。」〔註262〕本曲目〈蕩人〉之「蕩」，恐不能釋爲本義。以詩經「國人」、「佼人」、「清人」、「好人」等詞組來看，「蕩」應作爲定語使用，修飾其後的名詞「人」，說明此「人」的個性、狀態等。故此處「蕩」字既

〔註259〕曹建國：〈上博簡《采風曲目》試探〉，《中國簡帛學國際論壇 2006 論文集》，（2006年 11 月 8～10 日，武漢），頁 259

〔註260〕季師旭昇：〈《采風曲目》釋讀（摘要）〉，簡帛研究網，2006 年 11 月 27 日。季師旭昇主編：《上海博物館藏戰國楚竹書（四）讀本》，（台北：萬卷樓，2007 年 3 月），頁 18～19。

〔註261〕李圃主編：《古文字詁林》第一冊，（上海：教育出版社，1999 年），頁 427。

〔註262〕（漢）班固撰、（唐）顏師古注、楊家駱主編：《新校本漢書并附編二種》，（臺北：鼎文書局，1981 年），頁 3032。

不用其「草也」之本義，即應如《漢書》之例，通假為他字，但由於曲目僅存二字，無具體詩歌內容可供參考，實難確定本曲之「蕩」通假為何字，我們只能以聲韻之關係加以考慮，參考《詩經》等古籍，試圖找出一些可能的方向。

如上文所舉《漢書》之例，「蕩」最有可能通假為從「易」得聲之字，先秦漢代古籍中，從易得聲且用以形容人的句子舉例如下：

〈陳風·宛丘〉：「子之湯兮，宛丘之上兮，洵有情兮，而無望兮。」《楚辭·離騷》王注、《白孔六帖》六引湯作蕩。〔註263〕《集傳》曰：「子，指遊蕩之人。」學者或以此詩為女子戲謔男子之語，譏其遊蕩無度；亦有學者據《漢書·地理志》寫陳國「婦人尊貴，好祭祀用巫，故俗好巫鬼，擊鼓於宛丘之上，婆娑於枌樹之下，有太姬歌舞遺風」，認為「子之湯兮」乃描寫女子歌舞以求降神，「蕩」為舞姿搖擺之意。

《楚辭·離騷》：「怨靈脩之浩蕩兮。」王逸注：「浩猶浩浩，蕩猶蕩蕩，無思慮貌也。」〔註264〕

〈鄭風·野有蔓草〉：「有美一人，清揚婉兮。邂逅相遇，適我願兮。」《文選·舞賦》李注、《詩攷》載《韓詩外傳》引揚作陽。〔註265〕〈鄘風·君子偕老〉：「子之清揚，揚且之頻也」、〈齊風·猗嗟〉亦云「美目揚兮」、「美目清兮」、「清揚婉兮」。《傳箋通釋》謂「清揚」：「皆美貌之稱」，即清明亮麗之意。〔註266〕

《論語·述而》：「君子坦蕩蕩。」《釋文》：「魯讀坦蕩為坦湯。」〔註267〕「蕩蕩」於此形容君子心胸恢闊貌。

《荀子·修身》：「加惕悍而不順。」楊注：「韓侍郎云：『惕與蕩同，字作心邊易。』」《荀子·榮辱》：「惕悍憍暴。」楊注：「惕與蕩同。」〔註268〕惕悍即放蕩兇悍之意。

《法言·淵騫》：「魯仲連惕而不制，藺相如制而不惕。」某氏《音義》：「惕與蕩同。」〔註269〕

從上文所舉之例來看，從易之字多可相互通假，「蕩」字可能讀為「場、蕩、惕、湯、揚、……」等從易得聲之字，則〈蕩人〉可能指「場人」之官，或指放蕩之人、清明亮麗之人、放蕩兇悍之人……。「蕩」在本曲中的意義，應即為全詩主旨之所在。由於歌曲內容已佚，線索極少，目前僅能稍作推測。

〔註263〕高亨：《古字通假會典》，（濟南：齊魯書社，1989年），頁268。
〔註264〕楊金鼎等注釋：《楚辭注釋》，（台北：文津，1993年），頁29。
〔註265〕高亨：《古字通假會典》，（濟南：齊魯書社，1989年），頁265。
〔註266〕余師培林：《詩經正詁》（上），（台北：三民，19953），頁137
〔註267〕高亨：《古字通假會典》，（濟南：齊魯書社，1989年），頁268。
〔註268〕高亨：《古字通假會典》，（濟南：齊魯書社，1989年），頁269。
〔註269〕高亨：《古字通假會典》，（濟南：齊魯書社，1989年），頁269。

〔18〕蠶亡　　曲目

【字形】

　　A. 蠶

【各家說法】

　　，原考釋謂：

　　　　《說文・蚰部》：「蠶，任絲蟲也。從蚰，朁聲。」小篆「蠶」字與簡文同。

　　〔註270〕

【思婷案】

　　包山楚簡177簡有「」字，湯餘惠釋「朁」：

　　　　字上从旡，古璽潛作2584、2585，可參看。簡文「～妾」用爲姓氏

　　　　之潛，《姓氏考略》：古潛國在楚地，以地爲氏。〔註271〕

引文中古璽之「潛」字爲晉系文字，亦爲姓氏。上博（二）《容成氏》簡38「朁」

字作「」，與「」字上方均作二「欠」形。本簡字上部所從即楚系「朁」

字，下方作二「虫」形，從朁從蚰，原考釋釋「蠶」可從。

　　蠶，卜辭字作（卜773）（藏185.3），葉玉森釋蠶，〔註272〕可從，字象蠶

之形，乃蠶之象形初文，金文未見「蠶」字。楚系文字作，秦系文字作（睡・

日甲94），爲從蚰朁聲之形聲字，小篆承戰國文字作。

【內容】

【各家說法】

　　關於本曲目的內容，原考釋謂：

　　　　古代有祭蠶神之儀，后妃享先蠶，爲蠶祈福。《禮記・祭統》：「是故天子親

　　　　耕於南郊，以共齊盛；王后蠶於北郊，以共純服；諸侯耕於東郊，亦以共齊

　　　　盛；夫人蠶於北郊，以共冕服。」「蠶亡」疑是育蠶曲調的首二字。〔註273〕

〔註270〕馬承源主編：《上海博物館藏戰國楚竹書（四）》，（上海：上海古籍出版社，2004年），頁167。

〔註271〕湯餘惠：〈包山楚簡讀後記〉，《考古與文物》1993年第2期。轉引自《古文字詁林》第五冊，頁12。

〔註272〕李圃主編：《古文字詁林》，（上海：上海教育出版社，2004年），第十冊，頁81。

〔註273〕馬承源主編：《上海博物館藏戰國楚竹書（四）》，（上海：上海古籍出版社，2004年12月），頁167。

【思婷案】

《農政全書》引郭子章《蠶論》說明春秋戰國全國各地均已植桑養蠶，在先秦時期，農與桑被視為立國之本，工與商被視為農桑的補充，崇本抑末的經濟政策長期為中國傳統社會所奉行。「農事」與「蠶事」之所以受到國家社會的重視，原因即在「人生歸有道，衣食固其端」，無論貴賤貧富，衣與食都是必要而不可缺少的。《禮記》：「王后夫人非莫蠶也」，王后、夫人之所以在春天於北郊舉行養蠶的象徵性儀式，其目的即在鼓勵天下女子進行採桑養蠶之事。

採桑養蠶是古代生活重要的環節，我們可以很容易地在古代詩歌中看到關於蠶桑之事的記錄。如《詩經‧豳風‧七月》：「女執懿筐，遵彼微行，爰求柔桑」、「蠶月條桑，取彼斧斨，以伐遠揚」、〈秦風‧車鄰〉：「阪有桑。」《楚辭‧七諫‧怨世》有「路室女之方桑兮，孔子過之以自侍」之語，漢樂府亦有〈陌上桑〉一曲，其詩云：「羅敷喜蠶桑，采桑城南隅」……，與蠶桑有關的詩篇為數眾多，說明了它與人們息息相關的密切性。

楚國民歌中有許多勞動歌，人們在從事農業、漁獵、摘採時，往往一面工作，一面吟唱歌曲，[註274] 本曲目〈蠶亡〉應如原考釋所云，與育蠶之事有關，然而「亡」字作何解釋，難以確定，「亡」有「死亡、失去、輕蔑、無」等義，但皆不適合「育蠶曲」的主題。

「亡」或引伸有「停止」之意，如：《列子‧仲尼》「亡變亂於心慮」、〈邶風‧綠衣〉「曷惟其已」、「曷惟其亡」，若以「停止」釋「蠶亡」之「亡」，或許可解釋本曲目即「育蠶之事將告一段落」之意。

〔19〕**霾氏　　曲目**

【字形】

【各家說法】

霾，原考釋謂：

「霾」，从雨，黽聲，字書所無，疑讀為「黽」。〔註275〕

【思婷案】

包山楚簡 185 簡有「霾」字，該字原未隸定，李零釋為「霾」，謂此字从雨从

〔註274〕宋公文、張君：《楚國風俗志》，（武漢：湖北教育出版社，1995 年），頁 321～326。

〔註275〕馬承源主編：《上博館藏戰國楚竹書（四）》，（上海：上海古籍出版社，2004 年 12 月），頁 167。

三毛。〔註276〕郭店《老子》甲本:「丌霾也,易畔也」,霾字作 ▨(郭‧老甲25)。今本作「其脆易泮(判)」,廖名春謂:

> 「霾」,王弼本、敦煌文書 P2420 等作「脆」,遂州本、敦煌文書 S3453
> 作「毳」,《釋文》引河上公本作「膬」,范應元本作「脃」。朱謙之曰:「『脆』,
> 即《說文》『脃』字,『脃』、『膬』為一字」,「惟『脆』當從范本作『脃』,
> 作『脆』俗。『毳』,當從古文作『膬』。夏竦《古文四聲韻》卷五引《古
> 老子》正作『脃』。」高明曰:「『毳』與『脆』音近,『脃』字乃『脆』字
> 之別構。」案「霾」當從「毳」得聲。故亦能與「脆」通用。《荀子‧議
> 兵》:「是事小敵毳,則偷可用也。」楊倞注:「毳,讀為脆。」《漢書‧帀
> 吉傳》:「數奏甘毳食物。」顏師古注:「毳,讀與脆通。」從楚簡「霾」
> 看,故書當作「膬」。〔註277〕

霾字從雨、毳聲,霾即霾之省。楚系文字中,同形的偏旁往往有增繁或簡省的情形,以「霝」字為例,有從二口作 ▨(天卜)者;有從三口作 ▨(包230)、▨(包270)、▨(天卜)、▨(包234)等形,三個「口」形排列位置不一;亦有從四口作 ▨(包276)者。因此霾字或從三毛、或從二毛,實為一字。

楚系「毛」字作 ▨(包37)、▨(枆,包277)、▨(敾,包58)等形,中閒豎筆上端向左彎曲,下端則向右偏,在偏旁中或省作兩橫筆(如包 185 ▨)。本簡「▨」字之「毛」形,豎筆上下端略為彎曲,雖然第三橫筆已寫至豎筆末端,但此字從雨從毳並無疑問。

【內容】

【各家說法】

關於本曲目的內容,原考釋謂:

> 《通志‧氏族略》引《姓苑》有「毳氏」,《五音集韻》清四:「毳,細毛也。又
> 姓,出《姓苑》。」《周禮‧天官冢宰‧掌皮》:「掌皮,掌秋斂皮,冬斂革,春獻之。
> 遂以式灋頒皮革於百工。」鄭玄注:「皮革踰歲乾,久乃可用,獻之,獻其良者於王,
> 以入司裘給王用。」「毳氏」疑為掌皮的百工。〔註278〕

〔註276〕李零:〈讀《楚系簡帛文字編》〉,《出土文獻研究》第五輯,頁154,第206條。

〔註277〕廖名春:〈楚簡《老子》校釋〉,中國社會科學院編輯《簡帛研究》第三輯,1998
年12月,頁51。

〔註278〕馬承源主編:《上博館藏戰國楚竹書(四)》,(上海:上海古籍出版社,2004年12
月),頁167。

【思婷案】

「鼀氏」可作為官名。古代專家之學，皆為氏業，因以氏名，《周禮》中即有許多例子，如萍氏（掌國之水禁）、蜡氏（掌除骴）、磬氏（為磬）、鳧氏（為鐘）、栗氏（為量）。

鼀由毳得聲，故可與毳通假。原考釋將「鼀氏」釋為「毳氏」，或解為姓氏，或解為掌皮之官，雖然古籍中未見「毳氏」之官，但亦可能為楚國特有之官名，故二說皆有理。原考釋將「鼀氏」釋為「毳氏」，可從，但似應解為「掌毛之官」，《周禮・春官・司服》：「祀四望山川，則毳冕。」鄭玄注引鄭司農云：「罽衣也。」以毛織衣也。

同簡有〈牧人〉、〈蠶亡〉等曲目，若再加上作為官名的〈募（場）人〉、〈毳氏〉，都與工作或職業相關，不知是否有意安排。

〔20〕城上生之葦　　曲目

【字形】

此簡「葦」字作 〔圖〕（以下以△代替），和上博（四）《逸詩・多薪》第一簡的「〔圖〕」字相較，可發現二點不同之處，其一為二「止」形開口方向不同、其二為本簡△字下方作「个」。「葦」字亦見於《望山》楚簡作 〔圖〕（望山 M2・48），和隸書「〔圖〕」已十分接近。

「韋」，商代金文作 〔圖〕（子衛爵），甲骨文作 〔圖〕（乙 2188）、〔圖〕（甲 2258），「字象四止（或三止、或二止）圍口（城邑）」，口亦聲。〔註279〕甲骨文有作 〔圖〕（金 209）者，字不從「口（城邑）」而從「方」，推測其原因，可能是因為「方」之本義為「刀柄」或「以刀分物」，〔註280〕而圍城作戰與兵器有關，故以「方」代「口」。此外，西周早期金文有作 〔圖〕（韋作父丁鼎）者，何琳儀認為「市（師）表師旅」，〔註281〕圍城作戰和軍隊有關，故從市。西周晚期出現了 〔圖〕（遣小子𩎟簋）的字形，此字《金文編》釋「𩎟」，〔註282〕然而《金文編》所收之「𩎟」，有作 〔圖〕（師至父鼎）、〔圖〕（趩簋）、〔圖〕（免卣）者，〔註283〕由第三形來看，很明顯的是結合了「市」和「口」二

〔註279〕季師旭昇：《說文新證》（上），（台北：藝文，2002 年 10 月），頁 476。
〔註280〕季師旭昇：《說文新證》（下），（台北：藝文，2004 年 11 月），頁 50。
〔註281〕何琳儀：《戰國古文字典》（下）（北京：中華書局，1998 年），頁 1176。
〔註282〕容庚編著，張振林、馬國權摹補：《金文編》，（北京：中華書局，1985 年），頁 385。
〔註283〕容庚編著，張振林馬國權摹補：《金文編》，（北京：中華書局，1985 年），頁 385。

個形符，因此「𩃭」也是將從「口」與從「帀」的兩種字體結合而成，故「𩃭」字應釋爲「韋」，也是「韋」的異體字之一。但絕大部份的「韋」字都是從「口」，從「方、帀」者並不多見。

楚系「韋」字承甲金文來，多從二止從口，但仍有所變化，茲將各種字形羅列於下表，[註284] 並加以說明：

	字　　　形		說　　　明
A	𡎆（天策）　　　　𡕥（包259） 𩌋（鞍，天策）　　𩌋（轐，天策）		從二止從口，且二「止」形方向不同。大部份的「韋」字，「口」形與下方的「止」形筆畫相連，只有少數「口」形不寫作連筆。 如包259下方「止」形作「S」形筆畫者，目前僅此一例。
B	𡉚（包273）　　　　𩏃（䩹，包193） 𩏝（䡺，包270）　　𩏋（䩛，包牘）		從二止從口，但二「止」形方向相同。
C	𡎆（曾58）　　　　𩏬（韓，曾23） 𩏎（䡍，曾3）　　　𩏤（鐜，曾25）		凡是「韋」字，在曾候乙墓竹簡中幾乎都作此形。可能是爲求快速與方便，寫法較草率，以曾58爲例，上方「止」形簡化似「土」形，且第二橫畫和中間的「口」作連筆；而下方「止」形又加一橫筆爲飾。這樣字形在曾侯乙墓楚簡中作爲偏旁時，往往寫得更加潦草，
D	𡈽（圍，包2）		上方「止」形仍十分明顯，然而中間的「口」形與下方的「止」形已筆畫相連訛成「子」形。
E	𡈽（圍，包5）　　　𩏂（䡍，天星3）		楚系文字獨體的「韋」沒有省「口」形者，此形只出現於偏旁，但在晉系、齊系文字則有「韋」字作𡉚（侯馬16:3）、𡉚（璽彙3440）者。當省去「口」形時，兩腳的方向多半不同，包5卻是兩腳方向相同，此形非常少見，易和「多」字相混。

由上表的整理可以見到，上博（四）《逸詩・多薪》第一簡的「𦰩」字所從之「韋」，屬於B種字形；而此簡△字所從之「韋」，應屬A種字形，即二「止」形方向相反者，但此字較特別的是，一般「韋」字，無論二「止」形方向是否一致，上方的「止」形開口都是朝向左邊，但是△字上方的「止」形開口卻是向右的；其次是△字下方作「↑」的問題，有可能是如同C種字形，在「止」形下方加一橫筆爲

[註284] 若作偏旁者，則在括號中加以說明。

飾，由於戰國文字中有彎曲直筆的方式，例如「殹」作 〔字〕（包 105）或 〔字〕（包 116），
〔註285〕因此這一飾筆可能由「一」彎曲爲「〳」。

【內容】

【各家說法】

關於「城上生之葦」的「之」字用法，孟蓬生認爲：

> 「之」字無實義，但用法特殊，值得留意。上博簡（二）《容成氏》簡 24：
> 「面乾皯，脛不生之毛。」其中的「之」字當與此用法相同。我曾經懷疑
> 這個「之」字是衍字，現在看來恐怕是不能成立的。「脛不生之毛」對應
> 《莊子‧天下》中的「脛無毛」，只能理解成「脛不生毛」，而此簡的「城
> 上生之葦」也只能理解成「城上生葦」。這種用法的「之」字在傳世文獻
> 中好像不曾有過，應該是楚地方言所特有的一種語法現象。至於這種「之」
> 字只能用於「生」字之後，還是也可以用在其他動詞之後，則有待於更多
> 的材料方能得出結論。〔註286〕

陳偉武釋「之」爲「其」：

> 疑上揭楚簡「之」字用法同「其」。王引之《經傳釋詞》卷九：「《呂氏春
> 秋‧音初篇》注曰：『之，其也。』……《郊特牲》曰：『天子樹瓜華，不
> 斂藏之種也。』言天子但樹瓜華以供食而已，不收藏其種，以與民爭利也。
> 招十六年《左傳》曰：『斬之蓬蒿藜藋而共處之。』言斬其蓬蒿藜藋也。」
> 「城上生之葦」，猶言城上生其葦，「之」字帶有指示性，亦頗似《詩‧大
> 雅‧行葦》「敦彼行葦」之「彼」字。同理，「脛不生之毛」當可理解爲脛
> 不生其毛。〔註287〕

【思婷案】

若如孟蓬生所言，將「城上生之葦」理解成「城上生葦」，那麼「城上生之葦」
的「之」字就不是實詞，而爲語氣詞，楊伯峻、何樂士在介紹何謂「語助詞」時
說：

> 助詞大多出現在韻文中，如《詩經》就有不少；有的則出現在比較正式的
> 場合或議論中」，「在語助詞內部，有的更側重對語氣的強調，有的則可能

〔註285〕何琳儀：《戰國文字通論》（訂補），（南京：江蘇教育出版社，2003 年），頁 246。

〔註286〕孟蓬生：〈上博竹書（四）閒詁續〉，簡帛研究網，2005 年 3 月 6 日。

〔註287〕陳偉武：〈讀上博藏簡第四冊零札〉，《古文字研究》第二十六期，（北京：中華書局，
2006 年），頁 275。

更側重於助成一個音節。後者大多出現在《經》中，少數在《楚辭》中。《詩經》各篇都是和音樂相配的詩歌，樂有樂調，唱有唱腔，爲了適應樂調和唱腔，難免要用些助詞陪襯。這些助詞的意義雖然很虛，不等於沒有作用；助成音節、烘托唱腔、強化語調等等，都是它的作用。〔註288〕

又謂：

助詞「之」在詩句中常用於表示程度的副詞和中心詞之間。如「天保定爾，亦孔之固。」《詩·小雅·天保》，意謂上天保佑你，也還很牢固。古漢語裡，表程度的副詞和中心詞之間一般不加不相關的字，但在詩歌中則會出一些特殊的語法現象，有時爲了樂調和唱腔的需要，必須加一音節。又如：「日有食之，亦孔之丑。」《又，十月之變》、「今州下民，亦孔之哀」（同上）。〔註289〕

「城上生之葦」的「之」字，若視爲虛詞，則與上文所言不同的是：此處「之」字並非介於「副詞」、「中心詞」之間，而是在「動詞」、「賓語」之間。但上文所論詩歌特殊需要，則可以考慮。或者將「之」視爲無義的語氣詞，《詩經·大雅·假樂》：「之綱之紀」、《詩經·鄘風·君子偕老》：「玼兮玼兮，其之翟也」、《左傳·昭二十五年》：「鸜之鵒之，公出辱之」皆爲例證，由上可知「之」若作語氣詞，可置於句首、句中或句尾。

然而「之」字不一定要視爲「虛詞」，視爲指示代詞即可，如《詩經·周南·桃夭》：「之子于歸」，《爾雅·釋訓》：「之子者，是子也。」《詩·邶風·日月》：「乃如之人兮，逝不古處。」鄭玄箋：「之人，是人也。」《莊子·知北遊》：「知以之言也問乎狂屈。」陸德明釋文引司馬彪云：「之，是也。」「之」字即「此、這個」之意，「城上生之葦」即「城上生此葦」。

葦，又名蘆，又名葭。明代李時珍總結前人考證曰：「葦之初生曰葭，未秀曰蘆，成長曰葦。」《詩經》中多次出現有關葭、蘆、葦的詩句，例如《秦風·蒹葭》：「蒹葭蒼蒼」、《召南·河廣》：「誰謂漢廣，一葦杭之」、《豳風·七月》：「七月流火，八月萑葦」，皆指同一種植物。〔註290〕蘆葦與芒草，常令人混淆不清，其實二者除了開花時序不同以外，最大的差異，在於生長的地點。芒草主要長在山坡荒廢地或破

〔註288〕楊伯峻、何樂士：《古漢語語法及其發展》，（北京：語文出版社，1992年3月），頁475。

〔註289〕楊伯峻、何樂士：《古漢語語法及其發展》，（北京：語文出版社，1992年3月），頁478。

〔註290〕以〈蒹葭〉爲例，由「白露爲霜」來看，其季節應爲秋季，應是蘆葦開花之時，並非初生之「葭」，可見在文學作品中，蘆、葦、葭經常混用而不分。

壞地上，低海拔十一月前後開花，而蘆葦開花的時節約在十月前後，爲濕地植物，成片分布在堤岸旁及漁塭淺灘、海邊的泥灘地。〔註291〕我們看《詩經》的名篇〈蒹葭〉，不正是寫詩人循著沾滿白露的河邊蘆葦去尋求伊人嗎？

〈城上生之葦〉很容易讓人聯想到《詩經‧鄘風‧牆有茨》一詩：

牆有茨，不可掃也。中冓之言，不可道也。所可道也，言之醜也。

牆有茨，不可襄也。中冓之言，不可詳也，所可詳也，言之長也。

牆有茨，不可束也。中冓之言，不可讀也。所可讀也，言之辱也。

詩序：「〈牆有茨〉，衛人刺其上也。公子頑通乎君母，國人疾之，而不可道也。」詩序的所說的君母，即指宣姜，原本是衛宣公之子伋的妻子，卻爲宣公所納，其後宣公卒，宣姜之子惠公年幼繼位，惠公之異母庶兄頑蒸於宣姜，並生下了五名子女。由於此事醜惡，故以「牆有茨」起興，言其不可掃除、收束。

「茨」草的特性爲何？《爾雅‧釋草》云：「茨，蒺藜。」郭注：「布地蔓生，細葉，子有三角刺人。」其實茨草在全國各地都很常見，也是時常應用的中藥材，爲一年生草本植物，莖由根際分枝，伏臥地面而呈蔓狀，長約一公尺，果實中部邊緣有二銳刺，下部亦有二小銳刺，無論是沿海沙礫灘或空曠荒地都可以適應。〔註292〕由於在田野間常會被它刺傷，故別稱三腳虎、三腳丁，也因爲茨草刺人的特性，古人常用此與不祥之事物相比擬，如《易經》「困於石，據于蒺藜」，《疏》云：「《正義》曰，困於石，據於蒺藜者，石之爲物堅硬而不可入也，蒺藜之草有刺而不可踐也。」便是將茨草視爲不祥之兆。牆上常有茨草生長，這是由於它是一種優良的定砂植物，果實又有棘刺，故「昔人多以之覆於牆上以防盜，亦以護牆」。〔註293〕這樣的「惡草」，繁植力強，又易傷人，作爲諷諭詩的起興之物，自是貼切。

牆上生長著茨草，這是令人理解的，然而城牆上有沒有可能生長著葦草呢？依常理而言，蘆葦應生長於溪邊或沼澤地，似乎不可能遠離水濱而生長，此簡曲目作「城上生之葦」，不知有何含意？《詩經》中往往有違反常理而張力更強者，除了〈牆有茨〉以外，又如〈陳風‧防有鵲巢〉云：「防有鵲巢，邛有旨苕」、「中唐有甓，邛有旨鷊」，〔註294〕方玉潤謂：

鵲本巢木，而今則曰防有鵲巢矣；苕生下濕，而今則曰邛有旨苕矣。而且

〔註291〕潘富俊：《楚辭植物圖鑑》，（台北：貓頭鷹，2002年），頁108～109。楊國楨：〈甜根子草、芒草、蘆葦、蘆竹——將秋天妝點成銀白世界〉
http://e-info.org.tw/topic/plant/2004/pl04101301.htm

〔註292〕潘富俊：《楚辭植物圖鑑》，（台北：貓頭鷹，2002年），頁53。

〔註293〕余師培林：《詩經正詁（上）》，（台北：三民，1993年），頁132。

〔註294〕《傳》：「鷊，綬草也。」《正義》引陸機《詩疏》云：「鷊，五色作綬文，故曰綬草。」

中唐非覺瓴之所，高丘豈旨鵑所生？人皆可以僞造而爲謠。

　　另一個可以解釋的理由，也許是詩人將蘆葦與芒草之類的禾本科植物相混，把芒草誤認爲蘆葦了。

　　關於〈城上生之葦〉一詩的內容，我們可以試圖由詩經及古代文學作品中關於「葦」的意象，找出一些線索。

　　「葦」在中國文化中有其特殊的象徵意涵，《淮南子・覽冥》：「於是女媧煉五色石以補蒼天……，積蘆灰以止滔水。」這是最早以蘆灰制伏洪水的神話記載。《後漢書・律曆志》上：「候氣之法，爲室三重，戶閉，塗釁入周。密布緹縵。室中以木爲案，每律各一，內庳外高，從其方位，加律其上，以葭莩灰抑其內端，案曆而候之。氣至者灰動。」古人用蘆葦中薄膜的灰，塡放於十二律管中，置於密室，某一節候到了，某一個律管中的葭灰就會飛出。《荊楚歲時記》：「元日懸索於門，百鬼畏之。」則是以蘆葦避邪，類似的記載亦見於《漢書》及《後漢書・禮儀志》。

　　然而，與文學最有密切關係的，當是蘆葦本身柔弱的特性，以及它所代表的秋意。

　　由於蘆的莖與葉柔軟而有韌性，擁有風雪凍不僵的蘆根，以及搖曳倔強的身影，因此常用以比喻人的性格柔韌，例如《荀子》：「柔從若蒲葦，非怯懾也。」或更進一步地譬喻如《焦仲卿妻》：「君常作磐石，妾當作蒲葦。蒲葦韌如絲，磐石無轉移。」般的堅韌愛情。

　　一望無際、似白浪翻騰的蘆花，揭開了秋天的序幕，隨著秋風起，秋意漸濃，白茫茫的蘆花便在河床開放，揮灑出一片蒼茫風韻。蘆葦常被視爲具有北國風情的秋冬意象，尤其沾滿了霜露時，這樣的蕭索氛圍，總會牽動人們的心事，興起無限的感慨。提到蘆葦，最令人熟知的，應是《詩經・秦風》中的〈蒹葭〉了：

蒹葭蒼蒼，白露爲霜。所謂伊人，在水一方。

溯洄從之，道阻且長；溯游從之，宛在水中央。

蒹葭萋萋，白露未晞。所謂伊人，在水之湄。

溯洄從之，道阻且躋；溯游從之，宛在水中坻。

蒹葭采采，白露未已。所謂伊人，在水之涘。

溯洄從之，道阻且右；溯游從之，宛在水中沚。

　　此篇可視爲情詩，〔註295〕詩人對心愛者慕而思見，故展開了尋求的旅程，在清秋的河邊，一片白茫茫的蘆花沾滿了霜露，隨著河畔蜿蜒，在曲折盤旋的水道那端，即是日夜思念的伊人，但是道路險阻又漫長，伊人總似可望而難及，詩人

〔註295〕余師培林：「『伊人』一詞，最爲迷人，指男女、君臣、貴賤、仙俗、隱賢，無不可也。」見《詩經正詁》（上），（台北：三民，1993年），頁354。

心中的惆悵與失落，在冷寂淒清的景物襯托之下，更顯出深濃的相思之情。

古詩十九首中有〈東城高且長〉以及〈西北有高樓〉，都是以高聳的建築物配合秋天的淒涼肅殺，予人清冷之感。《詩經》中多起興之筆法，「城上生之葦」可能也是以城牆上所生之葦草起興，由景入情，抒發歌者的感受。

然而，由於僅存曲目，獨由「城上生之葦」一句難以推測出其內容爲何，以《詩經》作品爲例，以植物開篇而採賦、比、興手法寫作的詩篇眾多，例如〈周南〉之〈葛覃〉、〈卷耳〉、〈芣苢〉，〈王風‧中谷有蓷〉，〈鄭風〉之〈山有扶蘇〉、〈野有蔓草〉，〈魏風‧野有桃〉，〈唐風‧山有樞〉，〈陳風〉之〈東門之枌〉、〈東門之楊〉，其數之多，不勝枚舉，這些詩篇，或寫悲慘不幸的命運，或寫歡樂之情，這些外在的景物，總還是得配合著詩人的遭遇與情感，才能襯托出主題。不知城上的葦草，引發了詩人何種感觸？

〔20〕道之遠尔　　曲目

【字形】

本曲目「道」字可嚴格隸定爲从辵从百。「百」與「首」偏旁互換，是因爲字形、字義接近所以混用，而且兩者是同一來源。《說文》雖分「首、百」爲二部，但二者俱訓「頭」，本義皆同，甲骨文「首」作 𦣻（乙3401），「百」作 𦣻（柏23），二者字形之別，僅在於頭髮之形的有無，實爲一字。楚系文字中，有髮形的「首」字作 𦣻（天策）、𦣻（璽彙3376），頭髮之形有所訛變；「百」字作「𦣻」（曾9）、𦣻（包269）。本簡「𦣻」字所从，並無頭髮之形，故可隸爲从辵从百。

甲骨文「𠂤」（前7.36.1）、「𠂤」（前4.5.2）等字，徐中舒據何尊銘文「昔在尔（𠂤）考公室」釋爲「尔」，〔註296〕其說可從。金文作「𠂤」（牆盤）、𠂤（癲鐘）、「𠂤」（洹子孟姜壺）等形。《說文‧又部》云：「尔，麗尔，猶靡麗也。从冂𠬞。𠬞其孔𠬞𠬞，㸚聲。此與爽同意。」林義光云：「《說文》：『㸚，詞之必然也，从入丨八，八象气之分散。』按：入丨八非義，㸚即尔省，不爲字。」〔註297〕「㸚」是截取「尔」字上方部件而產生的簡體字，約出現於春秋時期，王子申盞（《集成》4643）「嬭」字作「𡥩」，鄭侯少子簋（《集成》04125）「嬭」字所从之「尔」即省爲「㸚」作「𡥩」。由卜辭「尔」字來看，下方並非如《說文》所云「从冂𠬞」，且「㸚」乃

〔註296〕徐中舒：《甲骨文字典》，（成都：四川辭書出版社，1988年），頁375。
〔註297〕林義光：《文源》卷一，轉引自李圃主編：《古文字詁林》（三），（上海：上海教育出版社，2000年），頁772。

後起之簡體字，「爾」不可能从「尒」聲，因此《說文》釋「爾」有誤。林義光引洹子孟姜壺「![字]」字，認爲「實『欄』之古文，絡絲架也，象形，下象絲之糾繞」〔註298〕，高鴻縉《中國字例》亦主此說；〔註299〕于省吾、洪家義引毛傳：「爾，華盛貌」，釋其本義爲「繁華鮮明」。〔註300〕「爾」之造字本義目前仍不確定。

　　戰國時期「爾」字無論作獨體字，或者作偏旁，皆經常簡寫作「尒」，楚系文字作「![字]」（郭・緇3）、「![字]」（郭・緇30）形，有時在豎筆上加圓點爲飾作「![字]」（郭・緇30）形，飾點或拉長爲橫筆作「![字]」（郭・六2）。

　　大部分「尒」字上方都是作「人」形，然而偶有此兩筆寫得非常平直的，例如「![字]」（郭・緇16）、「![字]」（郭・忠6），雖然已經很接近一橫筆，但仍可清楚見到仍是以兩個筆畫完成的，至於本簡「![字]」字則是直接作一橫筆，這樣的字形雖佔少數，但也並不罕見，《上博二・昔者君老》簡3「尔」字即作![字]，尤其在《璽彙》中可以找到許多例子，如「![字]」（璽彙3173）、「![字]」（迩，璽彙0221）、「![字]」（鉨，璽彙1562）、「![字]」（鉨，璽彙3693）、「![字]」（鉨，璽彙3722），原考釋之隸定可从。

【內容】

【各家說法】

原考釋謂：

　　曲目。不知所出，《詩》有句與之相似，《邶風・雄雉》：「瞻彼日月，悠悠
　　我思。道之云遠，曷云能來。」〔註301〕

關於本曲曲目，原考釋引〈邶風・雄雉〉「道之云遠，曷云能來」之詩句，認爲與此曲曲目相似。董珊則認爲〈道之遠尔〉可讀「道之遠邇」，「遠邇」似偏指「遠」。〔註302〕

【思婷案】

　　「尒」爲「爾」之簡體，「邇」从「爾」得聲，上古音皆在泥母脂部，古籍中不乏通假之例，《穀梁傳・莊公十八年》：「不使戎邇于我也。」《釋文》：「邇一本作尒，

〔註298〕林義光：《文源》卷一，轉引自李圃主編：《古文字詁林》（三），（上海：上海教育
　　　　出版社，2000年），頁772。
〔註299〕高鴻縉：《中國字例》（台北：三民，1997年），頁196。
〔註300〕洪家義：〈牆盤銘文考釋〉；于省吾：〈牆盤銘文十二解〉，轉引自《古文字研究》第
　　　　五輯。
〔註301〕馬承源主編：《上海博物館藏戰國楚竹書（四）》，（上海：上海古籍出版社，2004
　　　　年12月），頁167。
〔註302〕董珊：〈讀上博藏戰國楚竹書（四）雜記〉，簡帛網，2005年2月20日。

按介尒之謁。」《荀子‧禮論》:「尒則翫。」楊注:「尒與邇同。」〔註303〕

董珊的意見,乃將「遠邇」釋爲偏義複詞。黃慶萱稱「偏義複詞」爲「配字」:「在語句中用一個平列而異義的字作陪襯,只取其聲以舒緩語氣,而不用其義的,叫做字。」〔註304〕黃志民謂:「偏義複詞的定義雙音節、並列式合義複詞的詞義,偏向其中某一詞素的詞義,這個詞素的詞義成爲複詞詞義,而另一個詞素的詞義在複詞詞義中淡化、消失,這種現象叫做『偏義』,這個複詞叫做『偏義複詞』。」〔註305〕

先秦兩漢古籍中即可見偏義複詞,《史記‧項羽本記》云:「沛公則置車騎,脫身獨騎」〔註306〕、「所以遣將守關者,備他盜之出入與非常也」〔註307〕此二句偏指「車」與「入」之意,又如〈屈原列傳〉「博聞強志,明於治亂」〔註308〕、〈刺客列傳〉「多人不能無生得失」〔註309〕、〈倉公列傳〉「生子不生男,緩急無可使者」,〔註310〕都是運用偏義複詞之例。

「遠」與「邇」互爲反義,如《左傳‧昭公十八年》子產即有「天道遠,人道邇」之語,在古籍中「遠、邇」並舉的例子十分常見,如《尙書‧商書‧盤庚》:「乃不畏戎毒于遠邇」、「無有遠邇,用罪伐厥死,用德彰厥善」,〈周書‧顧命〉:「柔遠能邇」,《禮記‧郊特牲》:「旅幣無方,所以別土地之宜而節遠邇之期也」。因此「遠邇」有構成偏義複詞的條件,陶淵明《桃花源記》「忘路之遠近」即是這樣的用法。

董珊認爲「遠邇」乃偏指「遠」義。古代詩文之中,以「道路之遠」爲題材者的確很多,如〈秦風‧蒹葭〉:「溯洄從之,道阻且長」,不僅寫出逆流而上的辛苦,更點出了追尋伊人的艱難;〈邶風‧雄雉〉:「道之云遠,曷云能來?」乃婦女思念丈夫,望其早歸之詩;〈小雅‧縣蠻〉:「道之云遠,我勞如何!」寫行役道遠,辛勞痛苦之情;《論語‧泰伯》有「士不可以不弘毅,任重而道遠」之語;古詩〈飲馬長城窟行〉亦有「青青河畔草,綿綿思遠道」之語。道路既遠,兩地阻隔越多,因此這樣的題材或背景,多半在抒發思人、懷鄉的愁緒,或是如〈雄雉〉、〈泰伯〉這般,以道路之遠,襯托出責任之重、痛苦之深,本曲目〈道之遠尒〉若如董珊

〔註303〕 高亨:《古字通假會典》,(濟南:齊魯書社,1989年),頁548～549。

〔註304〕 黃慶萱:〈修辭學〉,(台北:三民,1990年),頁63。

〔註305〕 黃志民:〈談「偏義複詞」〉,
http://xn--e-3v8a441k.tw/big5/content/2004-09/01/content_30270.htm

〔註306〕 (漢)司馬遷等撰;楊家駱主編:《新校本史記三家注并附編二種》,(台北:鼎文書局,1987年),頁314,

〔註307〕 (漢)司馬遷等撰;楊家駱主編:《新校本史記三家注并附編二種》,頁312。

〔註308〕 (漢)司馬遷等撰;楊家駱主編:《新校本史記三家注并附編二種》,頁2481。

〔註309〕 (漢)司馬遷等撰;楊家駱主編:《新校本史記三家注并附編二種》,頁2524。

〔註310〕 (漢)司馬遷等撰;楊家駱主編:《新校本史記三家注并附編二種》,頁2795。

所解，其內容可能也不出這些範圍，此詩亦可能如〈鄭風・褰裳〉「子惠思我，褰裳涉溱」、〈衛風・河廣〉「誰謂漢廣，一葦航之」那般，道路雖遠，仍無法阻隔思歸、思人之情。

然而「偏義複詞」偏向哪一個單詞義，不能孤立地看，必須從具體「語境」中判斷，〔註311〕「遠邇」若作偏義複詞，也有可能偏指「邇」義。〈鄭風・東門之墠〉云：「東門之墠，茹藘在阪。其室則邇，其人甚遠」，詩中言「室邇人遠」，即描寫咫尺天涯的相思之苦，兩人居所相鄰，兩心卻相距甚遠，姚際恆《詩經通論》謂：「『其室則邇，其人甚遠』，較《論語》所引『豈不爾思，室是遠而』所勝爲多。彼言『室遠』，此偏言『室邇』，而『遠』字屬人，靈心妙手」。〔註312〕「道之遠邇」若是在寫「道路之近」，其內容是否與〈東門之墠〉異曲同工，就不得而知了。

董珊將「尒」通讀爲「邇」，並將「遠邇」視爲偏義複詞的看法值得參考，然而「尒」字亦可不必通讀爲他字，逕讀如本字即可。

「尒」即「爾」之簡體，如《詩經・大雅・抑》「敬爾威儀」，於上博（一）《緇衣》第十六簡即作「敬尒威義」，「爾」在古漢語的用法中，除了主要作爲第二人稱使用之外，還可以置於句末，表示肯定的意思，與「矣」、「焉」同義，如《公羊傳・宣公十五年》：「盡此不勝，將去而歸爾」。「爾」字亦可置於形容詞詞尾，同「然」，如《禮記・檀弓上》：「南宮縚之妻之姑喪，子誨之髽，曰：『爾毋從從爾，爾毋扈扈爾。』」「從從爾」即高聳的樣子，「扈扈爾」即寬大的樣子。因此〈道之遠尒〉，讀爲「道之遠爾」即可，同樣在描寫「道路之遠」。

〔22〕良人亡不宜也　　曲目

【字形】

A. 良

甲骨文「良」字作 （乙 2511 反）、（乙 3334），王襄所釋，〔註313〕徐中舒

〔註311〕例如「今觀其文章，寬厚宏博，充乎天地之間，稱其氣之小大」（蘇轍上樞密韓太尉書）、「遍人間煩惱填胸臆，量這些大小車兒如何載得起」（王實甫西廂記第四本第三折）；「今兒老太太高興，這早晚就來了」（劉老老進大觀園）、「天到早多早晚了，還跟著去遊魂」（朱西寧狼）。第一例的「小大」，義偏在「大」；第二例的「大小」，義偏在「小」；第三例的「早晚」義偏在「早」；第四例的「早晚」義偏在「晚」。可見偏義複詞，所偏並無一定的方向，全視語境而定。

〔註312〕（清）姚際恆著；林慶彰主編：《姚際恆著作集》第一冊，（台北：中央研究院中國文哲研究所，1994 年），頁 158～159。

〔註313〕王襄：《簠齋殷契類纂》正編卷五。轉引自李圃主編：《古文字詁林》（五），（上海：上海教育出版社，2002 年），頁 574。

謂「象穴居由兩個洞口出入之形。以後發展爲郎、廊，即走廊之廊」。〔註314〕西周晚期金文作（季良父簋9443）、（吏良父簋3914）等形。本簡「」與楚系「良」字（包2.128）、（包240）字形相同，中間訛似「日」形，下方通道訛似「亡」形，釋「良」並無疑問。

B. 宜

宜，卜辭作（前7.20.3），金文作（般甗），象二肉置於且上之形，〔註315〕楚系文字作（包2.103）、（天卜）、（包2.223）等形，與《說文》古文相近，且旁訛似「宀」形，甲金文「且」形中的橫畫在楚系文字中作二筆、一筆或簡省，二肉或置於上下，或位於左右。作爲偏旁時或簡省爲（曾120），二肉省爲一肉，且形僅存「宀」形。本曲目字，形體與包山103簡「宜」字相同，原考釋釋「宜」，可從。

【內容】

【各家說法】

關於本曲目之意義，原考釋謂：

《詩》中詠良人的詩句有：《唐風·綢繆》：「綢繆束薪，三星在天。今夕何夕，見此良人。子兮子兮，如此良人何。」《秦風·小戎》：「厭厭良人，秩秩德音。」又《黃鳥》：「彼蒼者天，殲我良人！如可贖兮，人百其身。」《大雅·蕩之什·桑柔》：「維此良人，弗求弗迪」，「維此良人，作爲式穀。維彼不順，征以中垢」。婦人對丈夫稱謂亦呼「良人」，此曲目不知出於何處。〔註316〕

【思婷案】

良人爲先秦古籍常見之用詞，但視語境不同，其意義各異，舉例如下：

1. 賢者、善良的人：

〈大雅·桑柔〉：「維此良人，作爲式穀。」

《莊子·田子方》：「昔者寡人夢見良人」

2. 古時女子對丈夫的稱呼：

〔註314〕徐中舒：〈怎樣研究中國古代文字〉，《古文字研究》第十五輯，頁4。

〔註315〕季師旭昇：《說文新證》（上），（台北：藝文，2002年10月），頁598。

〔註316〕馬承源主編：《上海博物館藏戰國楚竹書（四）》，（上海：上海古籍出版社，2004年12月），頁167。

《孟子・離婁下》：「齊人有一妻一妾而處室者，其良人出，必饜酒肉而後反。」

趙歧《注》：「良人，夫也。」

　3. 古地方官吏名，即鄉士：

《國語・齊語》：「十連爲鄉，鄉有良人。」

《詩經・唐風・綢繆》：「今夕何夕，見此良人。」歷來對此詩「良人」說解不同，〔註317〕余師培林謂：

此女子一見男子而鍾情之詩。《詩序》曰：「〈綢繆〉，刺晉亂也。國亂，則婚姻不得其時焉。」詩中男女乃偶然相值，未依媒聘，故《詩序》謂「婚姻不得其時」，其說大致不誤。《集傳》曰：「國貧民亂，男女有失其時，而後得遂其婚姻之禮者，詩人敘其婦語夫之辭。」而以此詩爲夫婦之相語，後世多從之。朱子之說，蓋自《孟子》「良人者，所仰望而終身者也」一語而來。不知丈夫之稱良人，實自《孟子》始，《詩經》中之良人，固無此義也。然其源實始自於〈秦風・小戎〉之「厭厭良人」一語。此詩中良人若爲丈夫之意，詩文當作「得見良人」，不當作「見此良人」。蓋丈夫一而已矣，「見此丈夫」則不成辭矣。屈萬里先生或已及見於此，遂改訓爲新郎，實則換湯不換藥耳。〔註318〕

又云：「《詩中》中良人，皆訓善人，如〈小戎〉之『厭厭良人』、〈黃鳥〉之『殲我良人』、〈桑柔〉之『維此良人』皆是。」〔註319〕依余師培林之說，則《詩經》所言之「良人」，皆爲善人、好人之意，或用爲女子讚美男子之語，並非稱丈夫爲良人，直至《孟子・離婁》，齊人雖素行不良，然其妻妾仍稱之爲良人，「良人」才成爲女子對丈夫的稱呼。

　　若依《詩經》之用例，則〈良人無不宜也〉即在稱美一位好人無所不宜。詩中的良人，有可能如〈秦風・黃鳥〉般，指的是子車氏三人這樣的優秀人才，則此詩可能記錄了當時政治或社會上的某位賢人。

　　另一方面，《詩經》充滿了涉及婚戀題材的詩篇，以女子口吻創作的詩歌亦多，其作品或描寫愛情歡樂美滿的一面，或反映失戀的痛苦或婚姻的不幸；既有埋怨指責男子之詩，亦有對男子加以讚美者，例如〈小雅・白華〉乃以申后口吻所作之詩，〔註

〔註317〕例如《傳》：「良人，美室也」，即丈夫稱妻子。《集傳》則以爲「良人」乃妻子稱丈夫之辭。

〔註318〕余師培林：《詩經正詁》（上），（台北：三民，1993年），頁320～321。

〔註319〕余師培林：《詩經正詁》（上），（台北：三民，1993年），頁319。

〔註320〕《集傳》：「幽王取申女以爲后，又得褒姒以黜申后，故申后作此詩。」

320〕其云「之子無良，二三其德」，即指幽王不善，三心二意；〈秦風·小戎〉「厭厭良人，秩秩德音」，寫婦女對征夫的思念。〈良人無不宜也〉亦可能如〈綢繆〉、〈小戎〉，以女子口吻所作，描寫所鍾情之人，在她眼中舉手投足樣樣皆好，是一首坦率、淳樸的情歌。

總之，良人爲先秦古籍常見之用詞，或釋爲善人、好人之意，或用爲女子讚美男子之語，或爲女子對丈夫的稱呼。本詩歌三種解釋都可能成立。

〔23〕**京**也遺夬　　曲目

【字形】

A. 弁

【各家說法】

京，原考釋謂：

京字待考。〔註321〕

袁金平認爲「**京**」應釋爲「弁」，讀爲「變」：

□之，不以邦家爲事，縱公之所欲，A民輾（獵）樂，篤湛（湛）怀忙，疲弊齊邦，日成於縱，弗顧前後。（《鮑叔牙與隰朋之諫》4號簡）

這段簡文內容是指鮑叔牙、隰朋二人向齊桓公指陳佞臣豎刁與易牙一系列的罪惡行徑。A，原釋文釋作「庚」，〔註322〕讀爲「更」，引《釋名》訓爲「堅強貌」，當不可從。包山楚簡150號簡有**夢**字，從艸從A，簡文中用作地名。滕壬生先生隸作「薓」。上博四《采風曲目》3號簡有「**京**」字，辭作「～也遺夬」，應與A爲同一字。

包山楚簡258號簡有**笄**字，整理者吸取了朱德熙、李家浩二位先生的考釋成果，將其釋讀爲「笄」。此字最先見於湖北江陵天星觀楚簡，此字下部所從（下文以▲代之），朱德熙先生認爲其「象人戴冠冕之形，即《說文》訓爲『冠（引者按，此當是冕字）也』的兑字，或體作『弁』」。我們認爲，上舉《鮑叔牙與隰朋之諫》4號簡中的A，與▲在形體上十分相近，當是一字異體，亦應釋作「弁」，簡文中應讀爲「鞭」。《說文》：「鞭，驅也。」簡文中當是指古代官刑之一的「鞭刑」。《書·舜典》：「鞭作官刑。」

〔註321〕馬承源主編：《上海博物館藏戰國楚竹書（四）》，（上海：上海古籍出版社，2004年12月），頁167。

〔註322〕思婷案：即「**夢**」。

《國語・魯語上》：「薄刑用鞭撲，以威民也。」轤（獵），此從陳劍先生釋文。《爾雅・釋言》：「獵，虐也」，郭璞注：「淩虐，暴虐。」簡文「弁（鞭）民獵樂」意謂豎刁、易牙鞭撲威民，暴虐作樂。上博四《采風曲目》3號簡「弁」似當讀爲「變」。所謂《采風曲目》，內容都是歌曲曲目，沒有內容，卻記有「五音」中除「角」音之外的四音。我們頗疑「弁（變）也遺夬」之「變」即「變音」之謂。曾侯乙編鐘銘文中有一個被李家浩先生釋爲從音從弁的字，李先生指出，「我國古代的音階除了宮、商、角、徵、羽五音外，還有變音」，這個從音從弁之字「應讀爲『變』，字從音作，當是變音的專字」。〔註323〕

針對袁金平之說，蘇建洲謂：

目前楚文字的「弁」與「象」形體並不相同，最明顯的是上部未見作「立」形者。即使是袁先生的文中所舉例證亦未見此種字形。（文中所舉上博四《采風曲目》3號簡的「象」字，本就是不識字，所以是沒有證據力的。況且二者字形也非完全吻合。）可見釋爲「弁」恐怕是有問題的。〔註324〕

曹建國：

《象也遺夬》之「象」，馬先生未釋，我認爲可以隸作「党」，即「弁」，字型見於郭店《性自命出》簡43「用身之弁者」。弁是古代的帽子，有皮弁（武冠）、爵弁（文冠）之分。古代男子年滿二十加冠稱弁，以示成年。詩中「遺玦」之「弁」者當爲一成年男子，詩是一首情詩。〔註325〕

【思婷案】

袁金平首段謂「夢」（包152）字從艸從象，又從滕壬生、黃錫全之說，釋夢爲「蔻」，並謂象、象同爲一字；第二段又謂筭（筭，包258）所從之弁，與象爲一字之異體，並釋象爲「弁」。

蘇建洲即指出象、象兩字字形並不相同，且象與楚系「弁」字形體有異，因此象釋爲弁不可信。

袁金平之說，似將「冠」與「弁」混而合一，而且夢、筭、象、象等字，在字

〔註323〕袁金平：〈讀上博（五）箚記〉，武漢大學簡帛網，2006年2月26日。

〔註324〕蘇建洲：〈《上博（五）・鮑叔牙與隰朋之諫》「豎刁與易牙爲相」章字詞考釋〉，武漢大學簡帛研究中心網站，2006年3月17日。

〔註325〕曹建國：〈上博簡《采風曲目》試探〉，《中國簡帛學國際論壇2006論文集》，（2006年11月8～10日，武漢），頁259。

形上有所差異，又未能提出明確的證據說明此四字之關係。但其將 釋爲「弁」的意見，仍值得探討其可能性。

天星觀一號墓遣策有「」字，朱德熙謂此字下方「象人戴冠冕之形」，即《說文》釋爲「冠也」的「兒」字，或體作「弁」，故天策此字應釋「笄」，李家浩在此基礎上，釋出了侯馬盟書、信陽、天星觀楚簡的「弁」字，並指出「弁」在戰國文字中可因音近而通假爲「變、辮、卞」等字，〔註326〕其說可從。

楚系文字「弁」與「笄」之字形如下：

兒（弁）：金文　（師酉簋）

晉系文字　（侯馬 1：21）、（侯馬 1：30）、（侯馬 1：36）、（侯馬 1：40）、（侯馬 200：69）

楚系文字　（曾 156）、（包 54）、（包 168）、（包 245）、（郭‧五 32）、（信 2.7）、（天卜）、（郭‧性 43）

秦漢文字　（《說文》小篆）、（漢印徵）、（漢印徵）

笄：楚系文字　a （信 2.13）、（包 259）
　　　　　　　b （天策）（包 258）、（望 2‧35）、

我們可以看出，無論是晉系或楚系文字，「弁」字下方部件有完全簡省者，亦有從「又」或從「寸」、「攴」、「人」形者；上方冠形兩側或無飾筆、或左右各添加一至兩筆爲飾。至於目前所見的楚系「笄」字，其所從的「弁」形，可分爲兩類，a類下方作「又」形，b類下方作「人」形，與 （弁，郭‧性 43）相近。

本簡的「」（下文以○表之）與下方作「人」形的「弁」字，如：（郭‧性 43）、（笄，包 258）十分相似，但○上方作「」，楚系「弁」字上方都作「」，兩者在方向與筆勢皆不同，關於這點，可能有以下原因：

1. 就方向而言，晉系「弁」字上方作「」形，和○之「」形只有左右之別。楚系「死」字作 （天卜）、（包 158），然而也有作 （包 151）、（包 151）；此外以侯馬盟書『奐』字爲例，有作 （300：15）、（203：8）形者，可見作「」或「」形並無差別。

2. 金文「弁」作 （師酉簋），上方之「」即與○相同，可以將○視爲承繼

〔註326〕李家浩：〈釋「弁」〉，《古文字研究》第一輯，（北京：中華書局 1979 年），第 391～392 頁。

西周金文而來的字形。

3. 《采風曲目》之書手具有獨特的書寫習慣。例如「美」字作「✦」、「峇」字作「✦」，「✦」、「✦」等形在《采風曲目》中都寫成了「✦」形；又如「葦、募、憙」等字都多了飾筆，第四簡的「嘉」字寫法也與一般的嘉字不同，因此○上方之所以作「✦」，同樣也可能是由於書寫特色而造成的。

然而仔細比較二者的筆順，在○字的 ✦ 形部份，其中的筆畫依次是 ✦、✦，然而《性自命出》43 簡的 ✦ 字則是先寫 ✦ 形中的橫筆，再加上左右兩旁的 ✦、✦，因此本簡○字在字形上雖與 ✦（郭・性 43）有些相似之處，但仍有所差異，○字從原考釋暫不作隸定，其字形待考。

B. 夬

夬，本簡作「✦」，其字正象手上套有射夬之形。仰天湖楚簡第 15 簡「又（有）骨✦」，何琳儀根據字形及出土實物，釋「✦」為「夬」，何琳儀謂：

「△」原篆作「✦」。史氏釋「耳」，余氏釋「扭」，郭氏釋「又」。按，「△」應釋「夬」，參見下列楚簡文字：

✦ 包山 260

✦ 望山

包山簡「夬皿」應讀「夬韞」。《集韻》：「夬，所以闓弦者。」《廣雅・釋詁四：「韞，裹也。」「夬韞」指盛放夬之袋。「夬」即「扳指」，詳下文。包山墓出土兩件帶皮墊的骨刺「指套」即「夬」。……

由戰國秦漢文字「夬」還可推溯舊所不識的商周文字「夬」，……甲骨文「夬」多見甲橋刻辭，為方國之名。《說文》：「決，盧江有決手，出於大別山。」刻辭中「夬」似與決水有關，估計在河南固始一帶。

《說文》：「夬，分決也。从又，✦ 象決形。」關於「夬」的構形及本義，清代學者多有揣測之辭，茲不具載，詳《說文詁林》。朱駿聲云：「本義當為引弦彄也。从又，✦ 象彄，｜象弦。今俗謂之扳指，字亦作觖。《周禮・繕人》決拾。注：『挾矢時所以持弦飾也，箸右手巨指。』以挾為之。《詩・車工》『決拾既佽』釋文：『夬本本作抉。』」朱氏根據小篆分析字形，殊不可據；但以「夬」為「抉」之初文，十分正確。《集韻》：「夬，所以闓弦者。」「夬」从「又」，「抉」从「手」。「又」、「手」本一字分化，故「夬」與「抉」為古今字。《廣韻》：「抉，縱弦彄也。」

甲骨文 ✦ 正象右手套扳指之形，屬於所謂「借體象形字」。扳指有「如環

無端」和「如環而缺」兩種。上文所引《集成》著錄曾侯乙編鐘「觖」所從 ![字] 屬「如環無端」，![字] 屬「如環而缺」。上文所引漢代《縱橫家書》![字] 亦屬「如環而缺」者，後來被小篆 ![字] 所承襲，或囿於小篆以爲「夬」從「又」，從「又」殊誤。「夬」的形體演變列表如次：

![字] → ![字] → ![字] → ![字] → ![字] → ![字] → ![字] → ![字]

在典籍中，「夬」除作「抉」、「觖」、「決」外，亦作「玦」，即「韘」，乃先秦成年男子經常佩帶之物。《詩‧衛風‧芄蘭》：「芄蘭之葉，童子佩韘。」傳：「韘，玦也，能射御則佩韘。」箋：「韘之言沓，所以彄沓手指。」《說文》：「韘，射決也，所以拘弦以象骨韋系，箸右巨指。」《儀禮‧大射儀》：「袒決遂」，注：「以象骨爲之，箸右手巨指，所以鉤弦而闓之。」仰天湖簡文 M1 出土 2 件，望山 M2 出土 20 件，多爲骨製。凡此說明，本文「骨夬」的釋讀是可信的。〔註327〕

【思婷案】

何文已將「夬」之造字本義說明得十分清楚。卜辭「夬」字作 ![字]（前 4.12）、![字]（甲 449），金文作 ![字]（段簋），手形上有環形扳指。戰國楚系「夬」字作 ![字]（包 2.260）、秦系作 ![字]（睡‧日書乙），其扳指形位於右手大拇指之上，比甲金文更接近實際使用狀況。〔註328〕故《說文》釋「夬」爲「分決也。從又，![字]象決形」是有問題的，「夬」的本義是射夬，「分決」只是引伸義。「夬」乃爲「射夬」所造之合體象形字。

不過要補充說明的是，目前所見的夬，用來套在拇指上的管狀物，並沒有何琳儀所謂「如環而缺」者，因此甲骨夬字作 ![字]（甲 449）者，可能是受限於書寫工具，圓形契刻不易，故所刻之圓有缺口，並不是因爲有一種夬的形制是「如環而缺」的。類似這樣的「夬」字字形在金文、戰國文字亦有所見，如「![字]」（段簋）、「![字]」（齊系文字，陶彙 3.3739）、「![字]」（楚系文字，曾侯乙鐘），其夬形有開缺者，可能是書寫鑄刻造成的，並非實物之完全象形。

由「夬」的形制來看，「夬」正確的寫法，應如甲骨「![字]」字（前 4.12），射夬之形作一完整的圓形；戰國楚系「夬」字作「![字]」（包 2.260）、![字]（戛，包 2.138）、

〔註327〕何琳儀：〈仰天湖竹簡選釋〉，中國社會科學院編輯《簡帛研究》第三輯，1998 年 12 月，頁 109～111

〔註328〕何琳儀：《戰國古文字典》，（北京：中華書局，1998 年），頁 905；季師旭昇：《說文新證》（上），（台北：藝文，2002 年），頁 190。

　　（缺，曾侯乙磬石刻），秦系作「![史]」（睡‧日書乙）、「![史]」（睡 18.158）、「![投]」（抶，睡 14.84），夬形或有訛變，但都沒有缺口；小篆則訛寫作「![書]」。

【內容】

【各家說法】

　　袁金平認為「弁（變）也遺夬」之「變」或即「變音」之謂。

【思婷案】

　　曾侯乙墓从音从弁之字作「![圖]」、「![圖]」等形，讀為「變」，作為與階名連用的前綴詞，其辭例如「變商」、「變宮」，即商（宮）之變音；〔註 329〕另一方面，在中國調式的五聲音階「宮、商、角、徵、羽」之外，加上「變徵」、「變宮」，即構成七音。不論由曾侯乙的樂律鐘銘，或是舊傳已知的變徵、變宮來看，「變」字都必須和五聲音階之名稱結合，才能表達出它是哪一個音的變音，因此若將「![弁]也遺夬」的「遺夬」視為曲目，將「![弁]也」讀為「變也」，一方面「![弁]」與「弁」在字形上仍有些差異；另一方面，釋為「變音」之意，但卻沒有與五聲音階連用，應該是說不通的，因此依原考釋之說，將「![弁]也遺夬」四字視為一完整的曲目名稱，應是較好的說法。

　　確定了「![弁]也遺夬」為一完整曲目之後，我們可以接著討論「也」的用法，此處「也」字置於句中，應如《論語‧公冶長》：「女與回也孰愈？」之例相同，作為表示停頓的句中語氣詞。李水海曾指出「也」字作為語助詞，乃肇始於楚地：

> 顧炎武《唐韻正》卷九云：「『也』字為語助之辭，自周以前，並無此字。至文王之化被於南國，而〈江有汜〉、〈野有死麕〉之篇，始有此字，然但用之為轉語之助已。周公作〈東山〉之詩，始用之為語盡之助；至邶、鄘、衛、鄭之詩，則連章疊句，累數四而不止，其古之所謂曼聲者與？自是而《爾雅》、《孝經》、《論語》之書，無篇不用。又考二帝三王之所自起，堯、舜、禹皆在河東，湯居亳、文、武、周公在關中，故《尚書》及〈周南〉無『也』字。而〈允也天子〉之頌，僅一見於商，說者以為後人之追作。然而斯字之興，其在殷之末世，鼻祖於江漢之間，蕃衍於鄭、衛，以續於齊、魯，而傳之萬世不可改矣。今之學者習而不察，故附論之。」（見中

〔註 329〕何琳儀：《戰國古文字典》，（北京：中華書局，1998 年），頁 1066；黃翔鵬：〈先秦音樂文化的光輝創造——曾侯乙墓的古樂器〉，《文物》，1979 年第 7 期，頁 35。

華書局 1982 年 6 月版《音學五書》）顧炎武說，「也」字「鼻祖於江漢之間」，「用之爲轉語之助」，即表明這個「也」字，開始產生的時候，是作爲「南國」的楚方言而出現的。

由此〈江有汜〉中的「其後也悔」、「其後也處」、「其嘯也歌」和〈野有死麕〉中的「無使尨也吠」，這幾處的「也」字，都是南楚方言的「轉語之助」詞。……

郭沫若《屈原研究》說：「《楚辭》中使用的方言，即當時的白話，最多。如像『兮』字，『些』字，是人人所知道的《楚辭》的特徵。……還有一個『也』字，用來表示疑問和驚嘆，是和今人的『呀』字相當的，也是當時的口語。」郭沫若僅指出屈原把「也」字「用得更特別一些」，是屈原所使用的楚國的方言；但是他沒有把這個虛字的來龍去脈和作爲方言的具體用法講出來。管見以爲：作爲方言的「也」，是楚國比較古老的口語字，用在句中，爲轉語助詞，如西周時期流行於江漢之間的〈召南〉民歌〈江有汜〉的「其後也悔」、「其後也處」、「其嘯也歌」等；又如〈野有死麕〉中的「無使尨也吠」等。春秋晚期《老子》的「人之生也柔弱，其死也葕仞堅強；萬物草木之生也柔脆，其死也枯槁」（馬王堆漢墓帛書《老子》甲本，文物出版社 1976 年）的四個「也」字，還襲用古楚語「也」的「轉語之助」的用法，顯得很古樸，與「語盡之助」的通語「也」的用法，迥乎有別。〔註 330〕

故此曲目「也」字作爲句中語助詞，也突顯了楚地語言的風格。

至於「遺夬」，原考釋謂：

「遺夬」讀爲「遺玦」，「玦」即玉佩。「遺玦」之說楚辭中見於《九歌‧湘君》：「捐余玦兮江中，遺餘佩兮澧浦。采芳洲兮杜若，將以遺兮下女。時不可兮再得，聊逍遙兮容與。」〔註 331〕

【思婷案】

從考古所顯示的情況來看，做爲裝飾的「夬」有三種可能，其一爲「裝飾性射夬」，由原始射夬變得扁平狀的裝飾物，或稱韘形佩，戴在拇指或手腕上；其二爲似環而缺之「C 形玦」，佩帶在頭骨兩側的耳部，有可能是以線繫縛後由帽子垂

〔註 330〕李水海：〈上古楚語歷時考釋〉，《無錫教育學院學報》，1998 年第 3 期，頁 3～4。
〔註 331〕馬承源主編：《上海博物館藏戰國楚竹書（四）》，（上海：上海古籍出版社，2004 年 12 月），頁 167。

至耳際，戰國時期漸漸少見；其三爲針形似錐有孔之「耳飾玦（瑱）」，大者自弁帽垂至耳際，小者或直接塞入耳孔。因此本曲目的「夬」字是否迻讀如本字，或依原考釋讀爲「玦」，未能遽定。〔註332〕

欲探討「𠂤也遺夬」的「夬」所指爲何，我們必須配合考古資料，釐清射夬與C形佩飾爲人所使用的時代和演變，才能作出正確的推論。

若依時代與器物演變來考慮，上博簡爲戰國時期之物，以射夬而言，自戰國時期開始即逐漸成爲裝飾用的佩玉；以C形玉飾而言，正處於數量減少之時。故〈𠂤也遺夬〉之「遺夬」，可迻讀如本字，即指「射夬」；若依原考釋讀爲「玦」，則有二種可能，即「射夬」和「似環有缺之玦」。就這兩種物品來說，釋爲「射夬」的可能性應該還較大一些。

原考釋引《楚辭·湘君》：「捐余玦兮江中，遺余佩兮澧浦」來說明本曲目「遺夬」之意，按〈湘君〉乃以湘夫人之口吻創作，關於湘夫人「遺玦」之舉，游國恩謂：

> 玦與佩，男子之事也；袂與褋，女子之事也。《湘君》之詞既爲湘夫人語氣，何以不曰捐袂遺褋？《湘夫人》之詞既爲湘君語氣，何以不曰捐玦遺佩，而必顚倒言之？曰：玦也、佩也，男子之所贈也；袂也、褋也，女子之所贈也。夫彼此既心不同而輕絕矣，故各棄前此相貽之物，以示訣絕之意。〔註333〕

準此，則〈湘君〉之「玦」，乃湘君贈予湘夫人之物，「捐玦遺佩」是湘夫人在感情生變之後，因爲傷心生氣而有拋棄當初湘君所贈之定情信物的舉動。屈原乃戰國末楚國人，此時射夬十分重視美觀，已接近韘形佩，〔註334〕有學者認爲此時的射夬已僅具佩飾功能，〔註335〕另一方面，C形玦也漸漸不被人們使用。因此，文中的「玦」，比較可能是男子所佩的射夬，當然，我們也不排除它或許是C形佩玦。湘君當初贈「玦」予湘夫人之時，是兩人感情順逐之時，因此無論這個「玦」是射夬或C形佩玦，必不會是「訣、絕」之意，若要說這個玦在贈予之時有什麼象徵意義，也只能解釋爲「堅決、果決」，〔註336〕即當初湘君藉此向湘夫人表示情意

〔註332〕參拙作〈說夬〉，《東方人文學誌》第五卷第三期，2006年9月，頁1～26。

〔註333〕轉引自金開誠、董洪利、高路明著：《屈原集校注》，（北京：中華書局，1996年），頁216。

〔註334〕那志良：《中國古玉圖釋》，（台北：南天，1990年），頁297～298。

〔註335〕楊建芳：《玉韘及韘形玉飾——一種玉器演變的考察》，《中國文物世界》47期，1989年7月。

〔註336〕無論是射夬或C形玦，「玦」皆與「決」諧音。

堅決。

但《九歌·湘君》雖有「遺玦」之語,亦不代表本曲目內容即與〈湘君〉相同,造成我們難以推論本曲內容的原因在於:

1. 無法確知本曲目之「玦」所指為何。若為「射玦」,此物即男子所佩;若為似環而缺之玦,則原持有者可能是男性,亦可能是女性。

2. 「遺」在古籍中有許多層意義,若以本曲「遺玦」而言,下列「遺失」、「遺留」、「饋贈」等義皆可用以解釋「遺玦」之「遺」:

   (1)遺失。《左傳·成十六年》:「君唯不遺德刑,以伯諸侯,豈獨遺諸敝邑?」注:「遺,失也」。

   (2)遺留。《國語·魯語》:「臣聞王公之先封者,遺後之人法,使無陷於惡」、《史記·項羽本紀》:「今釋勿擊,此所謂養虎自遺患也」。

   (3)饋贈、給送。《左傳·隱公元年》:「小人有母,皆嘗小人之食矣,未嘗君之羹,請以遺之」。

因此,我們可以從許多方向推測本曲目的內容:若本曲目「![字]」字用以稱人,則與《詩經·衛風·伯兮》「伯也執殳」句式相同,即「![字]」這個人有「遺玦」之舉止。故「也遺玦」可解釋為「![字]贈送禮物(玦或玦)給對方。」或者是因為「![字]」喜愛對方,故意留下自己的玦或玦給對方。然而限於資料不足,本曲目之內容仍有待日後之研究。

〔24〕**塵剸之實**　　曲目

【字形】

A. 塵

【各家說法】

![字] (下文以△稱之),原考釋隸定作「碮」,並無說解。董珊則謂:

> 《塵(輾)剸(轉)之賓》。「輾轉」為古常語。〔註337〕

上博五《季庚子問於孔子》簡3-4曰:「是故君子玉其言而![字]其行,敬成其德以臨民。」襱健聰釋「![字]」謂:

> 整理者以為從辰從皿。諦審簡影,此字其實是由石、日、火、土四個部件組成,也即楚簡讀為「展」的字。為方便討論,我們做了一個簡單的

〔註337〕董珊:〈讀上博藏戰國楚竹書(四)雜記〉,簡帛研究網,2005年2月20日。

摹本（摹本將各部件略爲分開，與原字形稍異，是爲了能把結構看得更清晰）：

可以對比：

![圖](郭店《緇衣》簡 36) ![圖](上博《緇衣》簡 18) ![圖](上博《采風曲目》簡 3)

第一例對應今本《緇衣》「允矣君子，展也大成」之「展」，裘錫圭先生認爲「似當釋『塵』，『塵』『展』音近可通」。第三例董珊先生釋爲「塵」，連其下字「劇」而讀爲「輾轉」。對於字形，楊澤生先生認爲應分析爲從「石」、從「鼎」、從「土」，以「鼎」爲聲，故可讀爲「展」，但是否即「塵」字則存疑。此字所從，確與楚簡「則」字所從形近。不過，「則」字所從的「鼎」，上部均作「目」形，而此四形中有三形是從「⊖」形的。然則，字可能本從「日」，從「目」之郭店簡字形反而是寫訛。基於以上考慮，我們試提出另一種推測，即所謂的「鼎」可能是「炅」。古文字的「炅」是「熱」的異體，熱屬日母月部，上古音娘、日歸泥，故「炅」與端母元部的「展」古音應該也十分接近。〔註338〕

蘇建洲曾撰文對楚系「纏」字加以討論：

《曹沫之陣》18「![字]（甲）利（屬）兵」，對於「![字]」字，整理者李零先生隸定作「礚」，以爲「從炗得聲，疑讀『繕』。『繕』是禪母元部字，『炗』同『庶』，是書母魚部字，讀音相近。」陳劍先生釋作「纏」讀作「繕」，以爲「『纏』字原已釋讀爲『繕』，但說其字爲從『庶』得聲，恐不可信。」高佑仁兄亦認爲「![字]」是「纏」字，並認爲字形來源有待突破的空間。

筆者亦以爲「![字]」字並不從「庶」，而且不論從字形或聲韻條件來看，釋爲「纏」應該是比較合理的。先說聲韻關係：「纏」，定紐元部；「繕」，禪母元部，疊韻。而聲紐「禪」、「定」上古音極近，已有多位學者指出了。再看字形：大家知道楚簡有一系列的字與「![字]」相關，請見下表：

〔註338〕禤健聰：〈上博楚簡（五）零札（一）〉，武漢大學簡帛網，2006 年 2 月 24 日。劉國勝認同禤健聰所釋之字形，謂：「其行」上一字，當如禤說，與郭店《緇衣》36 號簡等讀爲「展」的字是爲一字，在簡文中讀爲「展」。（〈上博（五）零札（六則）〉，武漢大學簡帛研究中心網站，2006 年 4 月 7 日。

編號	1	2	3	4	5
字型					
出處	曹沫之陣‧18	郭店‧緇衣‧36	上博一‧緇衣18	上博三采風曲目‧3	上博五‧季子問孔子‧4
編號	6	7	8	9	10
字型					
出處	睡虎地素簡‧131	十鐘山房印舉‧3之11	十鐘山房印舉‧3之21	漢印徵	江陵十號漢墓木牘五

由上表來看，「【字】」的「【旁】」旁顯然與其他楚系 2、3、4、5 字形同一來源，除了「口」形之外，其他部件或偏旁都可以找到對應。對於最早出現的「【字】」字，裘錫圭先生按語說：「簡文上『也』上一字似當釋『塵』，『塵』、『展』音近可通。」此說得到學者的贊同。其中以「【字】」字形最接近「塵」字，大抵可以隸定爲「塵」，也就是說從「日」才是基本形體。其他楚系字形都是「【字】」的進一步訛變。有學者認爲「【字】」應分析爲從「鼎」聲或從「則」聲，這恐怕有問題。因爲仔細觀察「【字】」是從「目」形，並不從「貝」，當然無由說從「鼎」或從「則」了。至於秦系文字「纏」寫作從「田」，「【字】」寫作從「目」，魏宜輝先生已指出：在古文字中，作爲偏旁或部件的「日」、「目」、「田」形經常互訛。以此觀之，「【字】」字自然非從「庶」了，楚文字中可見「日」、「口」二形訛變互混的現象，如「昏」作【字】（《子羔》4）；而「日」旁有時又訛寫得類似「口」如【字】（《魯穆公問子思》8）。又如「時」一般作【字】（《郭店‧太一生水》4），從「日」；《上博（二）‧從政》的「時」寫法均作【字】（從「口」）。至於「【字】」字的「【部件】」部件寫法可以釋爲訛變爲「火」形或是看作將「塵」字的「【部件】」部件上面的筆劃拉平。換言之，「【字】」釋爲「纏」，讀爲「繕」是可以的。當然，我們目前對「塵」的構形仍不清楚，「【部件】」究竟代表什麼意思？從「石」或從「厂」、「广」哪一個才是原本的構形？（當然後二者可以義近通用）這都還有待新材料出土來解決。〔註339〕

〔註339〕蘇建洲：〈《上博（四）‧曹沫之陣》簡 18「纏」字小考〉，武漢大學簡帛網，2006

【思婷案】

雖然「麈」字之構形仍有待更多資料加以研究佐證，然而△之部件確與郭店楚簡〈緇衣〉36 簡「![字形]」等字形相近。麈（定紐元部）、展（端紐元部）音近可通，董珊讀爲「輾」，或可從。

B. 斲

【各家說法】

![字形]，原考釋隸爲「斲」。董珊謂：

> 《麈（輾）斲（轉）之賓》。「輾轉」爲古常語。〔註340〕

【思婷案】

「![字形]」可嚴格隸定爲「斲」。

此字亦見於包山楚簡作![字形]（包 123）、![字形]（包 134），郭店楚簡作![字形]（郭・六 43）、![字形]（郭・六 44），其字或从刀、或从刃，乃因形符義近而互換。《說文》「斷」字之下收錄二個古文字形「![字形]」、「![字形]」，裘圭據此謂：「『靭』字下文屢見，疑即《說文》『斷』字古文『斲』。」〔註341〕

楚系簡帛中另有一些從「叀」、「斲（斲）」得聲的字，如《郭店・語叢四》曰：「若兩輪之相![字形]，而終相不敗。」（郭・語四 20）裘錫圭謂「遄」當讀「轉」。〔註342〕《楚文字編》收有![字形]（帛甲 7・77）、![字形]（郭・尊 28）、![字形]（曾 212）、![字形]（郭・唐 1），謂以上諸字皆爲「傳」。

以上從「叀（端／元）」得聲的字，在楚系簡帛中多因聲音關係通假爲他字，或讀「斷（定／元）」或讀「轉」、「傳」。董珊讀「麈斲」爲「輾轉」，成詞且合於音韻，或可從之。

C. 實

【各家說法】

「![字形]」，原考釋釋爲「賓」。〔註343〕陳斯鵬改釋爲「實」：

年 10 月 21 日。

〔註340〕董珊：〈讀上博藏戰國楚竹書（四）雜記〉，簡帛研究網，2005 年 2 月 20 日。

〔註341〕荊門市博物館：《郭店楚墓竹簡》，（北京：文物出版社，1998 年），頁 190，注釋二五。

〔註342〕荊門市博物館：《郭店楚墓竹簡》，（北京：文物出版社，1998 年），頁 219，注釋一九。

〔註343〕馬承源主編：《上海博物館藏戰國楚竹書（四）》，（上海：上海古籍出版社，2004

《采風曲目》簡 3 末字作，原釋「賓」，實爲「實」字。同篇簡 4「賓」字作，與此有別。〔註344〕

【思婷案】

《上博四・相邦之道》簡 3「實」字作「」，與本簡「」字字形相同。應從陳斯鵬釋爲「實」。

【內容】

本文採用董珊、陳斯鵬之說，讀本曲目爲〈輾轉之實〉，其具體意義待考。

【第四簡】

☑》■，〈亓鱀（翱）也〉〔25〕■。〈鴿（鷺）羽之白也〉〔26〕■趨羽：〈子之賤奴〉〔27〕■。訏羽：〈北埜人〉〔28〕■，〈鳥虎〉〔29〕■，〈咎比〉〔30〕■，〈王音深浴（裕）〉〔31〕■。羽酢：〈嘉賓逿（慆）憙（喜）〉〔32〕

本簡四十六・五釐米，上端殘，下殘平齊完整。現存三十四字。

本簡書有「趨羽」、「訏羽」、「羽酢」等三個樂調分類聲名及八個曲目，第一個曲目前一字有殘筆，不能識別，不計算在曲目數內。

〔25〕亓鱀也　　曲目。

【字形】

原考釋對「」並無說明，亦未加以隸定。季師旭昇謂：

> 此字左旁疑從「鳥」而殘，右上「合」旁作用待考，右旁下從「皋」，嚴式隸定作「鱀」，「皋」當可視爲聲符，則此字似可讀「翱」（《說文》「翱」從「羽」、「皋」聲）。〔註345〕

【內容】

本曲目意義待考。

〔26〕鉻羽之白也　　曲目

年 12 月），頁 168。

〔註344〕陳斯鵬：〈初讀上博竹書（四）文字小記〉，簡帛研究網，2005 年 3 月 5 日。

〔註345〕季師旭昇主編：《上海博物館藏戰國楚竹書（四）讀本》，（台北：萬卷樓，2007 年 3 月），頁 22。

【字形】

A. 鴼

【各家說法】

本簡「」（以下稱△）字，原考釋釋「鴼」，〔註346〕董珊釋「」爲「鴼」，楊澤生從之，〔註347〕董珊並將「鴼羽」二字與「之白也」連讀，視爲一曲目，謂：「『鷺羽』，詞見《小雅・宛丘》『値其鷺羽』」。〔註347〕

曹建國從董珊之說，讀爲「鷺羽之白也」。〔註348〕

【思婷案】

本簡△字，原考釋釋爲从各从寡（楚系寡字省宀）。本簡另有「」字，與△字所从字形相同，原考釋釋爲「寡」。然而由△字右旁所从以及「」字二形來看，此字實不爲「寡」。

「寡」，毛公鼎作「」，从宀从頁，會一人獨尸之意。〔註349〕楚系寡字省宀作「」（天策），「頁」形兩旁加「仌」形飾筆，作「」（天策）、「」（郭・緇22）、「」（郭・魯4）、「」（上博五《曹沫之陳》簡6）、「」（郭・老甲2）、「」（郭・老甲24）等形，飾筆或有簡省爲左側兩筆者。

《采風曲目》第一簡即有从頁之「碩」字，其右旁所从之「頁」十分清晰，然而本簡「」與「△」右旁所从之字，和楚系「寡」字字形不類，最明顯的是上方作「」形，並非如寡字从頁。另一方面，楚系文字常見加「仌」爲飾之字形，如「光」字甲金文作（明藏258）、（虢季子白盤），《說文》：「从火在人上」，楚系加飾筆作（包207）。目前所見楚系「寡」字有（天策）、（郭・緇22）、（郭・魯4）、（上博五《曹沫之陳》簡6），或簡省飾筆作（郭・老甲2）、（郭・老甲24）等形，上方部件不作「目」形者。故「」釋爲「寡」不可從，應依楊澤生所云釋「鳥」。

〔註346〕馬承源主編：《上海博物館藏戰國楚竹書（四）》，（上海：上海古籍出版社，2004年12月），頁168。

〔註347〕楊澤生：〈讀上博（四）箚記〉，簡帛研究網，2005年3月24日。

〔註347〕董珊：〈讀上博藏戰國楚竹書（四）雜記〉，簡帛研究網，2005年2月20日。

〔註348〕曹建國：〈上博簡《采風曲目》試探〉，《中國簡帛學國際論壇2006論文集》，（2006年11月8～10日，武漢），頁260。

〔註349〕魯實先先生：《文字析義》，（魯實先全集編輯委員會，1993年6月30日），頁747。

卜辭「鳥」字作 （乙 3334）、（前 4.42.5）等形，羅振玉謂佳鳥當為一字。
〔註350〕金文作 （鳥任俯鼎）、（子之弄鳥尊），皆像鳥形。楚系文字作「」（郭‧老甲 33），以「目」形代表鳥頭之形，鳥身亦有所簡省，於偏旁又作「」（鳴，包 2.194）、（魭，包 2.80）、（鴠，天策）、等形，鳥羽之形作二至三筆、位於左或右側；亦有作兩橫筆如「」（魦，包 2.225）者。本簡「」字與包山 194 簡鳴字所从之「鳥」字形體最為接近，董珊、楊澤生之說可從。然而本簡「鳥」字鳥羽之形作「」、「」，和上列楚系「鳥」字之筆勢不同，應是此書手的個人風格。

因此△字應依董珊改釋為「鵅」，並與下文連讀為「鵅羽之白也」，由於第三簡有「良人無不宜也」一曲，曲目名長達六字，因此〈鵅羽之白也〉作為曲目名並沒有篇名過長的問題。

【內容】

「鵅」字見於《集韻‧去聲‧暮韻》，即「鷺」之異體，乃水鳥名，其體形似鶴略小，由於羽色潔白，故一般又稱「白鷺」。

《史記‧夏本紀》記載：「鳥獸翔舞，簫韶九成，鳳凰來儀，百獸率舞」，夏禹治水成功後，人們即裝扮、模仿成各種鳥獸而舞，先秦以鳥為題材的舞蹈十分豐富，曾侯乙墓所出土的駕鴦形漆盒，即繪有扮成鳥獸之樂工擊鐘鼓而舞的圖案，〔註351〕根據蕭亢達的研究，古籍記載模仿禽鳥的舞蹈有《白鶴》、《翠曾》，然而最著名的還是模仿翔鷺的舞蹈：

《詩經‧魯頌‧有駜》：「振振鷺，鷺于下。鼓咽咽，醉言舞。于胥樂兮。」
「振振鷺，鷺于飛。鼓咽咽，醉言歸。于胥樂兮。」描寫的正是裝扮、模仿翔鷺的舞人隨著鼓聲的節奏舞蹈的情景，……先秦時期這種《翔鷺舞》有明尊卑、別貴賤，維護森嚴的等級制度的深刻含義。《禽經》有「鴻儀鷺序」之說，張華注云：「鷺，白鷺也，小不逾大，飛有次序，百官縉紳之象。《詩》以振鷺比百寮，雍容喻朝美，……聖人皆以鴻鷺之群擬官師也。」〔註352〕
由此可知古人慣以白鷺為主題，模仿翔鷺的動作構成舞步，同時還具有禮儀性質。

先民的舞蹈，除了模仿翔鷺動作之外，亦以鷺羽為舞具。《周禮‧春官‧樂師》即云：

「凡舞，有帗舞，有羽舞，有皇舞，有旄舞，有干舞，有人舞。」鄭司農

〔註350〕羅振玉：《增訂殷虛書契考釋》中，（台北：藝文，1975 年），頁 31。
〔註351〕蕭亢達：《漢代樂舞百戲藝術研究》，（北京：文物出版，1991 年），頁 259～260。
〔註352〕蕭亢達：《漢代樂舞百戲藝術研究》，（北京：文物出版社，1991 年），頁 260。

注曰：「帗舞者，全羽；羽舞者，析羽；皇舞者，以羽冒覆頭上，衣飾翡
翠之羽；旄舞者，氂牛之尾；干舞者，兵舞；人舞者，手舞。社稷以帗，
宗廟以羽，四方以皇，辟廱以旄，兵事以干，星辰以人舞。」

舞蹈的性質不同，舞具也各異，由《周禮》可見其中以鳥羽使用機會最多。「鷺羽」
即白鷺的羽毛，古人用以製成舞具，《詩經》中有幾首相關的詩歌，如〈陳風・宛
丘〉：

子之湯兮，宛丘之上兮，洵有情兮，而無望兮。

坎其擊鼓，宛丘之下。無冬無夏，值其鷺羽。

坎其擊缶，宛丘之道。無冬無夏，值其鷺翿。

毛《傳》：「鷺鳥之羽，可以為翳。」鄭玄《箋》：「翳，舞者所持以指麾。」《魯頌・
有駜》：

有駜有駜，駜彼乘黃。夙夜在公，在公明明。

振振鷺，鷺于下。鼓咽咽，醉言舞。于胥樂兮。

有駜有駜，駜彼乘牡。夙夜在公，在公飲酒。

振振鷺，鷺于飛。鼓咽咽，醉言歸。于胥樂兮。

有駜有駜，駜彼乘駶。夙夜在公，在公載燕。

自今以始，歲其有。君子有穀，詒孫子。于胥樂兮。

《周頌・振鷺》：

振鷺于飛，于彼西雝。我客戾止，亦有斯容。

在彼無惡，在此無斁。庶幾夙夜，以永終譽。

《集傳》：「鷺，鷺羽，舞者所持」又釋「鷺于飛」云：「舞者振作鷺羽如飛也。」由
這些詩歌可以想見舞者手持鷺羽，在樂聲中展現曼妙舞姿的情景。

漢代延續了以鳥羽為舞具的風俗，漢代舞蹈有文、武之分，武舞執干戚，文舞
則執羽龠。晉寧石寨山 12：1 出土的漢代貯貝器即飾有羽舞的圖案，[註353] 二十三
名舞人除了頭上、身上以羽毛為飾之外，手上還持有羽狀舞具，印證了《詩經・陳
風・宛丘》：「坎其擊鼓，宛丘之下。無冬無夏，值其鷺羽。坎其擊缶，宛丘之道。
無冬無夏，值其鷺翿。」所描寫的情景。

綜上所述，可知「鷺羽」一詞多與舞蹈之事相關，根據朱孟庭的研究，古代的「羽
舞」起初用於祭祀、宴饗，其後才逐漸用於交誼與娛樂。[註354] 本曲目〈鷺羽之白
也〉，應該也是與舞蹈場景相關的詩歌，寫潔白的鷺羽在舞者手中翩然舞動的情形。

〔註353〕蕭亢達：《漢代樂舞百戲藝術研究》，（北京：文物出版社，1991 年），頁 261～262。
〔註354〕朱孟庭：《《詩經》與音樂》，（台北：文津出版社，2005 年），頁 241～246。

〔27〕子之賤奴　　曲目。

【字形】

A. 賤

【各家說法】

　　　（下文以△代之），原考釋釋爲「賤」，謂此字：

　　從貝，從三戈，讀爲「賤」，或隸定爲「賤」。〔註355〕

陳斯鵬謂：

　　《采風曲目》簡4「子之　　奴」，「奴」上一字原釋「賤」。按其左旁實爲「見」，而非「貝」；右旁爲三「戈」，是否相當於「戔」也有疑問，所以釋「賤」恐不可靠。待考。〔註356〕

季師旭昇謂：

　　此字左旁實從「視」，但在偏旁中與「見」通用。直接隸定可作「賤」，右旁從三「戈」，恐與從「戔」同，當作聲符用，則此字仍當讀爲「賤」，左旁義符爲「視」，其義或即爲「賤視」、「鄙視」。〔註357〕

【思婷案】

　　陳斯鵬指出△左旁所從並非「貝」，甚確。楚系「貝」字作　（包274）、　（天策）、　（曾80）等形，楚系的「貝」形與「目」形，在筆順上實有所別，袁國華謂：

　　「貝」字從左上邊起筆，向右延伸後於右上邊往下運行，再由右下角向左運行，最後再止於左上方；而「目」字則亦從右上邊起筆，然後斜向下方伸展，之後向右上方作一弧度，最後停止於偏右起始處。〔註358〕

△左旁所從，上方作「目」形，故△字並非從「貝」。

　　另一方面，楚系「見」作　（包208）形，其下從卩；「視」作　（郭‧老乙3），下方作立人形。然而由於兩字形近，故時有互作，作爲偏旁的「見」，下方往往也寫作立人形，如　（觀，包231)）、　（親，包51)，故季師隸△爲「賤」。

〔註355〕馬承源主編：《上海博物館藏戰國楚竹書》，（台北：萬卷樓，2007年3月）頁168。

〔註356〕陳斯鵬：〈初讀上博竹書（四）文字小記〉，簡帛研究網，2005年3月5日。

〔註357〕季師旭昇主編：《上海博物館藏戰國楚竹書（四）讀本》，（台北：萬卷樓，2007年3月），頁23。

〔註358〕袁國華：〈望山楚墓卜筮祭禱簡文字考釋四則〉，《歷史語言研究所集刊》，（台北：中央研究院歷史語言研究所，2003年），第七十四本第二分，頁309。

【內容】

季師旭昇謂：「〈子之賤奴〉或可釋爲『你所鄙視的奴隸』」，［註359］爲「子之賤奴」提供了一種看法。此外，「之」字或可釋爲「的」，「賤」讀爲「賤」，「子之賤奴」意即「你的卑賤奴僕」。

〔28〕北埜人　曲目

【字形】

A. 埜

《說文‧十三下‧里部》：「野，郊外也。从里、予聲。〔古文〕：古文野，从里省、从林。」野字甲骨文作〔甲骨文形〕（鄴三下 38.4），金文作〔金文形〕（克鼎），由於郊外多爲荒草樹木，故从土从林會意，《詩‧邶風‧燕燕》：「之子于歸，遠送于野。」即其本義。戰國齊系文字作〔字形〕（璽彙 3992），楚系文字作〔字形〕（畬忎鼎）、〔字形〕（包 182）、〔字形〕（郭‧尊 14），其字形承甲金文而來。

秦系「野」字作〔字形〕（集粹）、〔字形〕（雲夢‧日甲 144），加「予」聲，即《說文》古文之形，或省「林」作〔字形〕（睡‧日甲 32），亦有將「林」改爲「田」作〔字形〕（古陶 248）、〔字形〕（陶彙 5.156），之後「田」形與「土」形結合成爲「里」形，故小篆作〔字形〕，但由西漢〔字形〕（老子甲後 225）字，仍可以清楚地見到其字不从「里」。《廣韻》所收之「埜」字［註360］與《說文》古文相近，惟「予」形訛爲「矛」形。

【內容】

【各家說法】

原考釋謂：

> 「北」，疑爲地名，即「邶」。［註361］

【思婷案】

「邶」从「北」得聲，於音韻可通，《詩經》有〈邶風〉，《說文》：「邶，故商邑，自河南朝歌以北是也。」鄭玄《詩譜》云：

［註359］季師旭昇主編：《上海博物館藏戰國楚竹書（四）讀本》，（台北：萬卷樓，2007 年 3 月），頁 23。

［註360］（宋）陳彭年重修、林尹校訂：《新校正切宋本廣韻》，（台北：黎明文化事業股份有限公司，民 85 年 11 月 16 刷），頁 307。

［註361］馬承源主編：《上海博物館藏戰國楚竹書（四）》，（上海：上海古籍出版社，2004 年 12 月），頁 168。

邶、鄘、衛者，商紂畿內方千里之地。其封域在禹貢冀州大行之東，北踰衡漳，東及袞州桑土之野。周武王伐紂，以其京師封紂子武庚爲殷後，乃三分其地，置三監，使管叔、蔡叔、霍叔，尹而教之。自紂城而北謂之邶，南謂之鄘，東謂之衛。武王既喪，三監導武庚叛。成王既黜殷命，殺武庚，復伐三監，更於此三國建諸侯。以殷餘民，封康叔於衛，使爲之長。後世子孫，稍并彼二國，混而名之。〔註362〕

邶之故址在今河南省湯陰縣東北之邶城鎮，又今安陽和汲縣東北並有邶城。

若依原考釋讀「北」爲「邶」，則「邶野人」可能是「邶野之人」，也可能指的是「邶之野人」。但其實「北」讀爲本字即可，即「北方」之意，不必一定通借爲「邶」，「北野人」同樣的也可以釋爲「北野之人」或是「北方之野人」。

「野人」一詞，見於先秦典籍者，其義大約有下列數種：

1. 與「國人」相對，指居於國城之郊野的人：

《左傳·定公十四年》：

衛侯爲夫人南子召宋朝。會于洮，太子蒯瞶獻盂于齊，過宋野。野人歌之曰：「既定爾婁豬，盍歸吾艾豭？」

《左傳·僖公二十三年》：

過衛，衛文公不禮焉。出於五鹿，乞食於野人，野人與之塊。公子怒，欲鞭之。子犯曰：「天賜也。」稽首受而載之。

《孟子·盡心上》：

孟子曰：「舜之居深山之中，與木石居，與鹿豕遊，其所以異於深山之野人者幾希。及其聞一善言，見一善行，若決江河，沛然莫之能禦也。」

《孟子·萬章上》：

咸丘蒙問曰：「語云：『盛德之士，君不得而臣，父不得而子。』舜南面而立，堯帥諸侯北面而朝之，瞽瞍亦北面而朝之。舜見瞽瞍，其容有蹙。孔子曰：『於斯時也，天下殆哉，岌岌乎！』不識此語誠然乎哉？」孟子曰：「否。此非君子之言，齊東野人之語也。……」

《呂氏春秋·孟冬紀》：

宋之野人，耕而得玉，獻之司城子罕，子罕不受。野人請曰：「此野人之寶也，願相國爲之賜而受之也。」子罕曰：「子以玉爲寶，我以不受爲寶。」故宋國之長者曰：「子罕非無寶也，所寶者異也。」

〔註362〕余師培林：《詩經正詁》（上），（台北：三民，1995年），頁73。

《晏子春秋‧第一卷‧景公欲誅駭鳥野人晏子諫第二十四》：

　　景公射鳥，野人駭之。公怒，令吏誅之。晏子曰：「野人不知也。臣聞賞
　　無功謂之亂，罪不知謂之虐，兩者，先王之禁也；以飛鳥犯先王之禁，不
　　可！今君不明先王之制，而無仁義之心，是以從欲而輕誅。夫鳥獸，固人
　　之養也，野人駭之，不亦宜乎！」公曰：「善！自今已來，弛鳥獸之禁，
　　無以苛民也。」

《儀禮‧喪服》：

　　禽獸知母而不知父。野人曰：「父母何算焉！」都邑之士則知尊禰矣；大
　　夫及學士則知尊祖矣；諸侯，及其大祖；天子，及其始祖之所自出。

賈公彥疏引《論語》鄭玄注：「野人粗略，與都邑之士相對。亦謂國外爲野人。」之
後「野人」一詞也用來泛指村野之人或農夫，例如三國嵇康《與山巨源絕交書》：「野
人有快炙背而美芹子者，欲獻之至尊，雖有區區之意，亦已疏矣。」但這是屬於比
較晚期的用法。

　　2. 用以指「庶人」或「平民」：

《論語‧先進》：

　　子曰：「先進於禮樂，野人也；後進於禮樂，君子也。如用之，則吾從先
　　進。」

《疏》云：「野人也者，言先輩仕進之人，比今則猶尚淳素，故云斯野人也。」劉寶
楠《正義》云：「野人者，凡民未有爵祿之稱也。」

《禮記‧玉藻》：

　　凡尊必上玄酒，唯君面尊，唯饗野人皆酒，大夫側尊用棜，士側尊用禁。

《疏》云：「唯饗野人皆酒者饗野人謂蜡祭時也。野人賤不得比士，又無德又可飽食
則宜貪味，故唯酒而無水也。」

《孟子‧滕文公上》：

　　使畢戰問井地。孟子曰：「子之君將行仁政，選擇而使子，子必勉之。夫
　　仁政必自經界始。經界不正，井地不均，穀祿不平。是故暴君汙吏必慢其
　　經界。經界既正，分田制祿，可坐而定也。夫滕壤地褊小，將爲君子焉，
　　將爲野人焉。無君子莫治野人，無野人莫養君子。請野九一而助，國中什
　　一使自賦。卿以下必有圭田。圭田五十畝，餘夫二十五畝。死徙無出鄉，
　　鄉田同井，出入相友，守望相助，疾病相扶持，則百姓親睦。方里而井；
　　井九百畝，其中爲公田。八家皆私百畝，同養公田。公事畢，然後敢治私
　　事，所以別野人也。此其大略也。若夫潤澤之，則在君與子矣。」

在西周與春秋時期，「國人」與「野人」時常並舉，「國人」原指住在城邑中的人，常藉以稱身份較高的貴族之類，「野人」原指住在郊外農村之人，常用來稱平民，在已發掘的楚國墓葬中，由棺槨之數量，以及兵器、銅禮器等隨葬品來判斷，可以知道楚國的社會有階級之分，〔註363〕國人與野人的社會身份有高低之別。

關於楚國社會中野人的地位與生活，張正明認為楚國社會中的庶人可分上、中、下三個階層，上層的庶人乃下等的國人，有做官吏者，亦有非官吏而富饒者；中層的庶人的生活則是衣食無缺；下層的庶人即「野人」，乃以農事為主，並負擔兵賦、稅賦、執賤役，時有飢寒之虞：

> 「庶人」占楚國人口的大半。其中，「國人」較少，「野人」較多。庶人中的國人是楚族平民與他們相當的楚籍異族平民，他們通常住在城裡。庶人中的野人多為異族人，入楚後逐漸楚化，是農奴和類似農奴的依附農民，住在鄉裡。所謂「野人」，用大白話來說，就是「鄉下人」，然而並不包括為數甚少遁跡鄉里的國人。〔註364〕

3. 粗野之人，指沒有禮貌、教養，不講理的人。

由於田野之人，多未習禮儀，往往粗鄙無文，因此言及「野人」，有時含有貶義，例如《荀子・大略》：「管仲之為人，力功不力義，力知不力仁，野人也；不可以為天子大夫。」楊倞注：「類郊野之人，未浸漬於仁義，故不可以為王者佐。」又如《晏子春秋・第六卷・景公病疽晏子撫而對之洒知群臣之野第七》：

> 景公病疽，在背。高子國子請于公曰：「職當撫瘍。」高子進而撫瘍，公曰：「熱乎？」曰：「熱。」「熱何如？」曰：「如火。」「其色何如？」曰：「如未熟李。」「大小何如？」曰：「如豆。」「墮者何如？」曰：「如屨辨。」二子者出，晏子請見。公曰：「寡人有病，不能勝衣冠以出見夫子，夫子其辱視寡人乎？」晏子入，呼宰人具盥，御者具巾，刷手溫之，發席傅薦，跪請撫瘍。公曰：「其熱何如？」公曰：「如日。」「其色何如？」曰：「如蒼玉。」「大小何如？」曰：「如璧。」「其墮者何如？」曰：「如珪。」晏子出，公曰：「吾不見君子，不知野人之拙也。」

高子得以會見國君，其身份地位自然不低，然而由於用字遣辭不如晏子，景公因而發出感嘆，此處言高子為野人，自然不是指高子是質樸的人、無爵位的平民或是田野之人，而是指樸質、粗魯之義，如《論語・雍也》：「質勝文則野，文勝質則史。」《論語・子路》：「野哉由也。」

〔註363〕張正明：《楚史》，（武漢：湖北教育出版社，1995年），頁59。

〔註364〕張正明：《楚史》，（武漢：湖北教育出版社，1995年），頁242。

4. 指未開化之民族：

《呂氏春秋·恃君》：「氐羌呼唐離水之西，僰人、野人篇笮之川，舟人、送龍突人之鄉，多無君。」高誘注：「西方之戎無君者。」

由於先秦時期「野人」一詞，有以上之意義，因此若「北野人」若解爲「邶之野人」或「北之野人」，則可能指「邶地（北方）郊野之人」、「邶地（北方）之庶民」、「邶地（北方）粗野之人」或「邶地（北方）未開化之民族」，但以「邶」之歷史淵源與地理位置而言，應該沒有未開化的蠻夷之人，因此這種假設的可能性是比較小的。

無論如何，由「北埜人」這首曲目來看，其內容焦點應該就在描寫「北埜人」的言行事蹟。《詩經》中也有相類的詩篇，例如〈小雅·都人士〉：

彼都人士，狐裘黃黃。其容不改，出言有章。行歸于周，萬民所望。

彼都人士，臺笠緇撮。彼君子女，綢直如髮。我不見兮，我心不說。

彼都人士，充耳琇實。彼君子女，謂之尹吉。我不見兮，我心苑結。

彼都人士，垂帶而厲。彼君子女，卷髮如蠆。我不見兮，言從之邁。

匪伊垂之，帶則有餘；匪伊卷之，髮則有旟。我不見兮，云何盱矣！

以「彼都人士」爲首句，其後皆在描述都人士的服飾、儀容與言行之盛美，而「行歸於周」乃全詩之重點所在。又如〈邶風·簡兮〉云：「山有榛，隰有苓。云誰之思？西方美人。彼美人兮，西方之人兮！」此詩旨在贊美善舞之武士，詩末言「西方之人」，是爲了表明武士的身份，表達對周王的稱頌。可惜的是〈北埜人〉僅存曲目，內容已佚，難以推測詩人作詩之緣由本意。

《上博一·孔子詩論》有「〈北白（柏）舟〉」，學者均釋爲「邶柏舟」，似與本曲目類似。但《毛詩》〈柏舟〉有兩篇，一在邶風、一在鄘風，〈孔子詩論〉因此加「北（邶）」以爲區別。本曲目似乎沒有這樣的嫌疑，所以〈北埜人〉的「北」字也可以讀爲本字，釋爲「北野之人」或是「北方之野人」。

〔29〕鳥虎　曲目

【字形】

【各家說法】

原考釋釋 爲「募」。〔註365〕

〔註365〕馬承源主編：《上海博物館藏戰國楚竹書（四）》，（上海：上海古籍出版社，2004年 12 月），頁 169。

　　同簡另有 字，右旁所从即此字。董珊釋爲駱，〔註366〕楊澤生從之，並依董說釋「」爲「鳥」：

　　　　《采風曲目》4號簡有表示曲目的 兩字，整理者釋作「豦虎」。我們認爲第一個字應該釋爲「鳥」，同簡上文「鷺羽之白」之「鷺」作 可證；第二個字與5號簡最末一個字相同，整理者釋「虎」當可從。當然，如果把右下角用作標點的短橫看作兼用的筆劃，此字當隸定作「虗」的可能性也不能完全排除；「虗」從「虍」聲，而「虗」在楚文字中常用作「吾」，所以「鳥虎」或「鳥虗」或可讀作「鳥吾」。「鳥吾」見於古書，是漢代西北一個部族的名稱，如《後漢書·西羌傳》：「鳥吾種複寇漢陽，隴西、金城諸郡兵共擊破之，各還降附。」《後漢書·孝桓帝紀》：「鳥吾羌寇漢陽、隴西、金城，諸郡兵討破之。」「鳥虎」上文有一曲目《北埜（野）人》，此「鳥虎」或「鳥虗」不知是否和《後漢書》的「鳥吾」有關。又「語」字從「吾」得聲，「鳥虗」或可讀作「鳥語」。《後漢書·蔡邕列傳》：「昔伯翳綜聲於鳥語，葛盧辯音於鳴牛。」《後漢書·南蠻列傳》：「其母鳥語。」簡文「鳥虎」到底應該如字讀還是應該讀作「鳥吾」或「鳥語」，有待進一步研究。〔註367〕

【思婷案】

　　本曲目「」字應釋从楊澤生釋「鳥」。（參見〈鵒羽之白也〉）。

　　至於本曲目的「虎」字也有可討論之處。楊澤生將「虎」字與右下的標點符號並觀，認爲「」可釋爲「虗」。我們可以從幾方面來看此說是否成立：

1. 楚系「虎」字作 （天策）、（包2.149）、於偏旁作 （唬，包2.163） （鹽，曾213），本簡「虎」字作「」，虎足之形上加一橫筆，對照《采風曲目》第五簡「虎」字，即知此橫筆應爲飾筆，並不是爲了要借用下方標點符號構成「虗」字而加的筆畫。

2. 以戰國文字而言，借用筆畫是十分普遍的簡化方式，一個字之內的筆畫可以共用，例如「名」作 （郭·成13）；兩個字之間的筆畫亦可共用，例如「君子」作 （郭·忠5），但未見借用「標點符號」爲筆畫者。

〔註366〕董珊：「《駱（鷺）羽之白也》：『鷺羽』，詞見《小雅·宛丘》『值其鷺羽』。」見〈讀上博藏戰國楚竹書（四）雜記〉，簡帛研究網，2005年2月20日。

〔註367〕楊澤生：〈讀上博（四）箚記〉，簡帛研究網，2005年3月24日。又載於《古文字研究》第二十六輯（北京：中華書局，2006年），頁335～336。

3. 在簡帛中，往往有標點符號「▬」的位置和文字太接近，因而被誤釋爲他字的例子。如《上博（一）·緇衣》簡22云：「君子好 🖼 （赦）」，原考釋誤釋爲「君子好墊」，劉信芳則指出此字從「來」從「攴」。〔註368〕原考釋即是將「🖼 （赦）」與其下方的標點符號「▬」誤視爲一字，誤爲此字下從「土」。〈采風曲目〉本簡之「虎」字亦屬於此類情形。

基於以上理由，「🖼」依原考釋釋爲「虎」即可，不必釋爲「虖」。「虎」上古音在曉紐魚韻，「吾、語」上古音皆爲疑紐魚部，二者古韻相同，故釋「虎」亦無妨於楊澤生所提「鳥吾」或「鳥語」之說。

【內容】

【各家說法】

楊澤生認爲「鳥虎」可讀爲「鳥吾」或「鳥語」。（詳見上文所引）

曹建國認爲應直接讀爲「鳥虎」：

> 在楚文化考古中，經常發現鳥虎座架之類的文物，曲目中的「鳥虎」或與此文化背景有關。此外，台灣的苗栗縣稱「鶯」爲「鳥虎」，苗栗或爲客家文化，或爲閩南文化，曲目中的「鳥虎」是否就是鶯呢？〔註369〕

【思婷案】

以上諸說中，讀爲「鳥語」的可能性較大。誠如楊澤生所云，「鳥吾」爲西北部落種族名，但檢閱史書，「鳥吾」最早見於《後漢書》，在東漢以後，則未見相關記載，因此戰國時代是否已有「鳥吾」的族名存在，並不能確定。

「鳥語」一詞，最早見於《後漢書》，有二層意義，其一爲鳥鳴之聲，如《後漢書·蔡邕列傳》：「昔伯翳綜聲於鳥語，葛盧辯音於鳴牛。」其二是形容人說話像鳥叫，比喻語言不通。《後漢書·張法滕馮度楊列傳》：「徐字伯徐，丹陽人，鄉邦稱其膽智·初試守宣城長，悉移深林遠藪椎髻鳥語之人置於縣下，由是境內無復盜賊。」〔註370〕此處所言「椎髻鳥語之人」即指越人。雖然以時代而言，遲至東漢才有「鳥

〔註368〕劉信芳：〈關於上博藏楚簡的幾點討論意見〉，《新出竹簡與儒學》，2002年2月13日，頁36～40。另可參張新俊：《上博楚簡文字研究》，吉林大學博士學位論文，2005年4月，56～57頁。

〔註369〕曹建國：〈上博簡《采風曲目》試探〉，《中國簡帛學國際論壇2006論文集》，（2006年11月8～10日，武漢），頁260。

〔註370〕（南朝宋）范曄撰；楊家駱主編：《新校本後漢書并附編十三種》，（台北：鼎文書局，1987年），頁1286。

語」的記錄，距戰國時期稍遠，但《孟子》即有以「南蠻鴃舌」來形容蠻夷之人說話聲調的用法，鳥語即語聲似鳥，此曲目名若讀爲「鳥語」，可能與異族有關。

除了以上推測之外，鳥虎或可讀爲「鳥帑」。帑，上古音爲泥紐魚部，與「虎」古韻部相同。《左傳・襄公二十八年》：「歲棄其次，而旅於明年之次，以害鳥帑，周、楚惡之。」《疏》：「帑者，細弱之名。於人則妻子爲帑，於鳥則鳥尾曰帑。」《廣雅・釋天》：「軫謂之鳥帑。」「軫」爲星名，因位於朱鳥七宿的最後一宿，故稱爲鳥帑。

與《采風曲目》同爲楚地作品的《楚辭》，常常出現星名，例如：《九歌》中的「太一」、「大司命」都是星名。《九歌・少司命》云：「與女沐兮咸池，晞女髮兮陽之阿。望美人兮未來，孔蓋兮翠旍，登九天兮撫彗星。」「咸池」爲星名，即天池，屈原不但想像創造了在「咸池」沐浴的情節，還欲撫持彗星以掃除邪惡。

〈東君〉云：「青雲衣兮白霓裳，舉長矢兮射天狼。操余弧兮反淪降，援北斗兮酌桂漿。」「天狼」乃天上的惡星，主侵略；「弧矢」也是星名，《晉書・天文志上》：「弧九星，在狼東南，天弓也，主備強盜，常向於狼（【思婷案】即天狼）。」「北斗」則是我們所熟知的北斗七星，狀似舀酒之斗。屈原以天狼影射秦國，欲操弧舉矢，使天狼散墜，又寫射除天狼後歡欣飲酒，自然流露出愛國之情。

其他如《天問》、《抽思》、《遠遊》、《九辯》等篇，都言及了天上的星名，這使得《楚辭》充滿了浪漫與豐富的想像力。本曲目若指「鳥帑」之星，或許與楚辭的風格相近，利用天上星斗的名稱或形狀，以譬喻某事物。

〔30〕咎比　　曲目

【字形】

楚系「咎」字作 （包 197）、（郭・老甲 5）等形，與小篆「㿈」字形相同；人旁或訛爲「刃」形作 （郭・老甲 38），整理者釋「」爲「咎」，可從。

【內容】

【各家說法】

原考釋謂「咎比」即「虎皮」：

> 詞義爲虎皮。「咎」讀爲「皋」，同音通假。《左傳・莊公十年》：夏六月，「齊師、宋師次於郎。公子偃……自雩門竊出，蒙皋比而先犯之」。杜預注：「皋比，虎皮。」《禮記・樂記》：「倒載干戈，包之以虎皮，將帥之士，使爲諸侯，名之曰建櫜。」鄭玄注：「兵甲之衣曰櫜。」「櫜」、「咎」通用。〔註371〕

【思婷案】

　　咎，其久切，古音屬群紐幽部；皋，古勞切，古音屬見紐幽部，音近可通，古籍中咎、皋二字通假之例甚多，如《書》〈皋陶謨〉，《尚書大傳》、《說文·言部》引作〈咎繇謨〉；《楚辭·離騷》：「湯禹嚴而求合兮，摯咎繇而能調」、《楚辭·九思》：「羨咎繇兮建典謨。」〔註372〕、上博（二）《容成氏》29 簡「皋繇」作「咎陶」，咎繇即皋繇，舜之賢臣。故「咎比」可從原考釋讀爲「皋比」。

　　「皋比」一詞，見於《左傳·莊公十年》：

> 夏，六月，齊師、宋師次于郎。公子偃曰：「宋師不整，可敗也。宋敗，齊必還。請擊之。」公弗許。自雩門竊出，蒙皋比而先犯之。公從之。大敗宋師于乘丘。齊師乃還。

《疏》曰：

> 僖二十八年傳稱「胥臣蒙馬以虎皮」，此云「蒙皋比而先犯之」，事與彼同，知皋比是虎皮也。以胥臣之事譬之，必知定是虎皮，其名曰皋比，則其義未聞，樂記云：「倒載干戈，包之以虎皮，名之曰建櫜。」鄭玄以爲「兵甲之衣曰櫜。櫜，韜也。」而其字或作建皋，故服虔引以解此。

故「皋比」爲虎皮之意。

　　正如《左傳》之例，古籍中的「虎皮」，往往伴隨著武器或爭戰之事而出現，如《禮記·曲禮上》：「前有車騎，則載飛鴻。前有士師，則載虎皮。」《疏》曰：「虎是威猛，亦兵之象，若見前有兵眾，則舉虎皮於竿首使兵，見以爲防也」；《禮記·樂記》謂武王「倒載干戈，包之以虎皮」，《史記·留侯世家》張良引爲「倒置干戈，覆以虎皮，以示天下不復用兵」，〔註373〕干戈倒置並包以虎皮，示不用兵之意；《詩經·秦風·小戎》乃婦人思念征夫之詩，每章前六句皆在寫車乘兵馬之精良，其中云：「文茵暢轂，駕我騏馵」，《傳》曰：「文茵，虎皮也」《正義》曰：「茵者，車上之褥，用皮爲之。言文茵，則皮有文采，故知虎皮也」，此句描述戰車上鋪有虎皮坐褥，以誇車甲之威。由以上書證推測本曲〈咎比〉內容，可能與征戰之事有關。〔註374〕

　　《史記·楚世家第十》：「夫虎肉臊，其兵利身，人猶攻之也。若使澤中之麋，

　　　　年 12 月），頁 169。

〔註372〕高亨：《古字通假會典》，（濟南：齊魯書社，1989 年），頁 710。徐在國：〈釋「咎繇」〉，《古籍整理研究學刊》，1999 年 3 月期，頁 36。

〔註373〕（漢）司馬遷等撰；楊家駱主編：《新校本史記三家注并附編二種》，（台北：鼎文書局，1987 年），頁 2041。

〔註374〕皋比又可用以指武將的座席，（明）劉基《賣柑者言》謂：「今夫佩虎符，坐皋比者，洸洸乎干城之具也。」

蒙虎之皮，人之攻之，必萬於虎矣。」《正義》曰：「野澤之麋，蒙衣虎皮，人之攻取，必萬倍於虎也‧譬楚伐周收祭器，其猶麋蒙虎皮矣。」〔註375〕以虎之兇猛，尚不能阻止人們謀取虎皮的欲望，若是不具牙爪的麋鹿擁有美麗的虎皮，其後果可想而知。

西漢揚雄《法言‧吾子》中亦有羊披虎皮的譬喻：「羊質而虎皮，見草而說，見豺而戰，忘其皮之虎矣。」《後漢書‧劉焉袁術呂布列傳》即引此典謂：「所謂羊質虎皮，見豺則恐，吁哉！」〔註376〕羊披上了虎皮，但其怯弱的本性卻沒有改變，看到了草便會歡喜，碰見豺狼便會發抖，「羊質虎皮」即形容那些外強內弱，徒有外表的人。由於虎性兇猛、虎皮珍貴，故古籍往往藉這些特徵，以其他動物蒙虎皮為喻，本曲〈咎比〉，是否以類似的手法創作詩歌，則不得而知矣。

〔31〕王音深浴　　曲目

【字形】

A. 深

《說文‧水部》：「水。出桂陽南平，西入營道。从水罙聲。」段注曰：「按：此無深淺一訓者，許意深淺字當作突。」《說文‧穴部》：「，深也。一曰竈突。从穴从火，从求省。」

馬敘倫已指出《說文》釋有誤，甲骨突字作「」（前6.14.1），从宀、尤聲，金文作「」（突甗）。〔註377〕楚系文字「宀」形或作「穴」形如（郭‧成4深字所从），「尤」形或加一橫筆為飾作（曾171深字所从）。

楚系「深」字作（曾171）、（郭‧老甲8）、（郭‧性23），（郭‧五46）有承甲金文作「宀」形，亦有作「穴」形者，「尤」形或有省變，由以上「深」字的文例來看，「深」字已由水名假借為深淺之「深」。本簡深字作「」，上方从「宀」形。

【內容】

本曲目〈王音深谷〉，原考釋謂「深浴」讀為「深谷」。「浴」字从「谷」得聲，

〔註375〕（漢）司馬遷等撰；楊家駱主編：《新校本史記三家注并附編二種》，（台北：鼎文書局，1987年），頁1735。

〔註376〕（漢）班固撰；（唐）顏師古注；楊家駱主編：《新校本漢書并附編二種》，（台北：鼎文書局，1987年），頁2439。

〔註377〕馬敘倫：《說文解字六書疏證》卷十四，轉引自李圃主編：《古文字詁林》（六），（上海：上海教育出版社，2003年），頁891。

音可通假，例如郭店楚簡《老子》甲本第 20 簡「猷（猶）少（小）浴（谷）之异（與）江海」、《老子》乙本第 11 簡「上悳（德）女（如）浴（谷），大白女（如）辱（辱）」、上博（二）《容成氏》簡 31「溪浴（谷）」皆作「浴」。

深谷，幽深之山谷也，《詩經・小雅・十月之交》云：「高岸爲谷，深谷爲陵」、《墨子・明鬼下》：「山林深谷」、《管子・輕重乙》：「若下深谷者」、《漢書・楚元王傳》：「深谷爲陵」，可見「深谷」在先秦時期即已成詞。

然而「王音深谷」其義不明，由於音、言乃一字分化，或可讀爲「王言深谷」，即王談論到有關深谷之事。季師旭昇引《上博三・恆先》「音」可讀爲「意」的用法，認爲「王音深谷」也可能讀成「王意深裕」、「王言深裕」。「深裕」，謂深而寬容。〔註378〕

〔32〕嘉賓逍㥯　　曲目

【字形】

A. 嘉

（下文以△表之），原考釋釋「嘉」。

嘉，甲骨文作（合 10678），從壴從力，金文加「爪」、「口」形作（嘉壺），楚系文字作（包 159）、（包 74），「壴」形省變爲「禾」形，亦有以「言」形易「口」形作（包 140）者，或省「爪」形作（包 166）。本簡△字「口」形不在「力」形下方，而在「力」形與「禾」形之間，且「禾」形下方又多一筆，與其他楚系「嘉」字相較，十分特殊，但由其構形部件「爪」、「力」、「禾」、「口」來看，原考釋釋「嘉」可從。

B. 㥯

（下文以○表之），原考釋隸定爲「㥯」，然而「壴」下未有「口」形，可嚴格隸定爲「㥯」。楚系「㥯」字作（郭・語二 28）（包 198），上方三筆之下或加飾筆作（天卜），與本簡○字相較，可發現○字「心」形上方多一橫筆爲飾。

楚系「心」字偶有添加橫筆爲飾者，如（郭・緇 9）、（郭・五 36），從偏旁「心」者亦偶見相同的現象，如（思，郭・魯 1）、（惑，郭・緇 4）、（㥯，郭・窮 9），這種形體多出現在郭店楚簡中，可能是書手個人的書寫習慣。

〔註378〕季師旭昇主編：《上海博物館藏戰國楚竹書（四）讀本》，（台北：萬卷樓，2007 年 3 月），頁 24。

但○的飾筆並非加在「心」形之中，而是加在「心」形上方，這樣的寫法比較少見。

【內容】

【各家說法】

原考釋僅謂〈嘉賓逌憙〉爲曲目，無進一步說解。董珊讀爲「嘉賓道喜」。〔註379〕季師旭昇讀爲「嘉賓慆喜」，《說文》：「慆，說（悅）也。」〔註380〕

【思婷案】

憙，《說文‧喜部》：「憙，說也。从心、喜，喜亦聲。」段注曰：「說者，今之悅字。」故憙、喜音義相同。

依董說，則「逌」讀爲「道」。逌字从辵㿝聲，「㿝」，以沼切；道，徒皓切，上古音皆屬定紐幽部，二字同音，故可通假，晉系侯馬盟書「逌」字作 ，讀如「道」。《荀子‧勸學》：「不道禮憲。」注：「道，言說也。」「嘉賓道喜」即「賓客表示恭喜祝賀」之意。若依季師之說讀爲「嘉賓慆喜」，即有「賓客愉悅」之意。

以上二說皆文通意順。無論此曲目讀爲「嘉賓道喜」或「嘉賓慆喜」，皆呈現出賓客盈門之感，想必是喜慶場合所吟唱的詩歌。

【第五簡】

☑居〉〔33〕■，〈思之〉〔34〕■，〈絲（茲）信然〉〔35〕■，〈邧（技）詙（詐）㦿（豻）虎〉〔36〕

本簡長五十四‧五釐米，上端殘，下端平齊完整。現存十字。

本簡中沒有所繫的樂調分類名稱，首字爲殘存曲目尾字，其下續書有三個曲目。背後有字，屬它篇。

〔33〕☑居　　曲目

【字形】

楚系「居」字作 （鄂君啓車節）、（包 32），與本曲目「居」字同形，原考釋釋「居」可從。

【內容】

〔註379〕董珊：〈讀上博藏戰國楚竹書（四）雜記〉，簡帛研究網，2005 年 2 月 20 日。

〔註380〕季師旭昇主編：《上海博物館藏戰國楚竹書（四）讀本》，（台北：萬卷樓，2007 年 3 月），頁 26。

原考釋謂：「殘曲目尾字。」〔註381〕【思婷案】此曲目辭殘，資料有限。

〔34〕思之　　曲目

【字形】

此曲目在字形方面並無疑問，原考釋隸爲「思之」可從。

【內容】

【各家說法】

原考釋謂：

> 曲目。《詩・邶風・柏舟》：「靜言思之，寤辟有摽。」又：「靜言思之，不
> 能奮飛。」此《思之》篇名未見於《詩》。〔註382〕

【思婷案】

若將「思之」二字視爲一個有意義的詞組，那麼「思」字作動詞「思念」、「思慕」之意是最容易解釋的。從語法的角度來看，「之」字雖有多種用法，但此曲目「之」字位於動詞「思」之後作爲賓語，最大的可能是作爲稱代詞。

「之」字作爲第三身代詞並置於動詞之後，是極爲普遍的用法，以《詩經》爲例，如〈周南・關雎〉：「窈窕淑女，寤寐求之」、〈召南・野有死麕〉：「野有死麕，白茅包之。有女懷春，吉士誘之」、〈鄭風・將仲子〉：「將仲子兮，無踰我里，無折我樹杞。豈敢愛之？畏我父母」、〈鄭風・溱洧〉：「維士與女，伊其相謔，贈之以勺藥」，但是由這些例子可以看出，「之」所指稱之人（事、物），皆在上文已經出現，因此以「之」作爲稱代詞時，可以令人清楚地明白所指爲何。從《詩經》來看，《詩經》的篇名往往取自全篇之首句，若此曲目亦是如此，則「思之」二字置於首句，那麼就不可能有「前文」以交待「之」字所指爲何，所以「思之」若置於首句，有兩種可能：

1. 「之」字可能是泛指，其所代之物爲「不見於上下文而可以意會」〔註383〕者。如《論語・述而》：「我非生而知之者，好古敏以求之者也」。
2. 其所稱代之物，在下文有所補述。如《左傳・僖公二十三年》：「吾聞之：一

〔註381〕馬承源主編：《上海博物館藏戰國楚竹書（四）》，（上海：上海古籍出版社，2004年12月），頁169。

〔註382〕馬承源主編：《上海博物館藏戰國楚竹書（四）》，（上海：上海古籍出版社，2004年12月），頁169。

〔註383〕楊伯峻、何樂士：《古漢語語法及其發展》，（北京：語文出版社，1992年），頁118。

日縱敵，數世之患也。」

此曲目名爲〈思之〉，若將「思之」二字視爲動賓結構的詞組，可以解釋爲「思念某人（事、物）」之意。以《詩經》而言，與婚戀題材有關的情歌在三百零五篇中佔有重大的比例，表達男女思慕之情的詩句十分常見，只是所懷之人與時空環境各不相同，如〈周南・關雎〉：「求之不得，寤寐思服」、〈鄭風・東門之墠〉：「東門之栗，有踐家室。豈不爾思？子不我即」、〈邶風・綠衣〉：「綠兮絲兮，女所治兮。我思古人，俾無訧兮」、〈邶風・終風〉：「終風且霾，惠然肯來。莫往莫來，悠悠我思」……等，由這些充滿思念之情的詩篇來看，所懷之人或與自己兩地、生死相隔，或是雖有愛慕之情但不得其所愛，因此同樣寫「思人」，有的相思是甜密而痛苦，有的相思是執著而感傷。〈思之〉一曲，若是以男女思慕爲主題，即是一首情詩。

《詩經》中「思」字亦可解作「思考問題」、「謀慮」之意，如〈魏風・園有桃〉：「心之憂矣，其誰知之？其誰知之，蓋亦勿思！」、〈邶風・柏舟〉：「憂心悄悄，慍於群小。覯閔既多，受侮不少。靜言思之，寤辟有摽」、〈衛風・氓〉：「靜言思之，躬自悼矣」……這些都不是懷人的詩篇，而是詩人遇到令自己困惑苦惱之事而陷入長考，通常寫的是婦女不幸的遭遇，或是寫世無知己的感傷，這樣的詩歌，幾乎都充滿了悲憤之情。因此〈思之〉的內容，也不排除屬於此類詩歌的可能。

〔35〕絲信然　　曲目

【字形】

絲，甲骨文作 **88**（鐵178.2）、**88**（粹163），用爲「茲」；〔註384〕金文作 **88**（商卣）、**88**（何尊）**88**（孟簋），兼有「絲」〔註385〕、「茲」〔註386〕二義，故絲應由絲分化而來，作爲指稱詞使用。戰國楚系文字作 **88**（包67）、**88**（郭・成39），與本簡「絲」字同形；或加飾點作 **88**（者汈鐘）；亦有在「絲」形上方加飾筆作 **88**（郭・緇1），秦系文字亦有與此形接近者，如 **88**（石鼓文・車攻），其後即分化出小篆的「**88**（茲）」、「**88**（茲）」二字。〔註387〕「絲」、「茲」、「茲」爲一字之分化，今均

〔註384〕胡厚宣：「卜辭無茲字，而『絲』字無慮數十百見，無一不讀爲『茲此』或『茲今』之『茲』者。」（詳見胡厚宣：〈釋絲用絲御〉，《歷史語言研究所集刊》第八本第四分，1939年。）

〔註385〕商尊：「帝司（商）賞庚姬貝卅朋，迗絲（絲）廿寽。」

〔註386〕例如何尊：「王受絲（茲）大令」。

〔註387〕季師旭昇：《說文新證》（上），頁307。何琳儀：《戰國古文字典》，頁91。邱德修：〈上博簡〈紂衣〉的「紂」字考〉，《儒道學術國際研會——先秦論文集》，（台北市：國立台灣師範大學國文系，2002年），頁252～253。

寫作「茲」。

【內容】

原考釋謂本曲目讀爲「茲信然」，[註388]「丝」字若未通假爲他字，原考釋之說應可從，郭店楚簡《成之聞之》簡39謂：「刑 亡赦」，丝即釋爲茲，此也。

若本曲目「茲信然」可視爲一完整詞組，那麼「然」字應與《論語‧公冶長》：「斐然成章」、《孟子‧公孫丑上》：「宋人有閔其苗之不長而揠之者，芒芒然歸」的「然」字用法相同，即作形容詞詞尾。

「信然」乃古籍中之常語，如《莊子‧田子方》：「丘也眩與，其信然與？」《列子‧黃帝篇》：「商丘開以爲信然」、《楚辭‧惜誦》：「吾聞忠以造怨兮，忽謂之過言，九折臂而成醫兮，吾至今而知其信然」。「信然」即「確實、果眞如此」之意。

本曲目「茲信然」可釋爲「此信然」，意即「這果眞如此」。

〔36〕邱設戔虎　　曲目

【字形】

A. 邱

，此字左旁從邑，右旁從只，各家皆釋「邱」，字亦見包山楚簡作 （包99）、（包173）、（包219），在包山楚簡中作爲姓氏或地名。

B. 設

「設」，原簡字形作「」（下文以△稱之），此字如何隸定也是學者們討論較多的部分。

【各家說法】

原考釋將「邱設」隸定爲「邱僕」，將「邱僕戔虎」視爲一個曲目：

> 曲目。「邱」，從邑，只聲，字亦見《包山楚簡》八十二簡、九十九簡、一七三簡。[註389]

董珊隸定爲「邱僕」，認爲是分類聲名：

> 僕（？）：羽僕（？）、邱僕（？）
>
> 「率（？）」、「僕（？）」二字之釋不確定，「邱」很像是個特殊的音階名

[註388] 馬承源主編：《上海博物館藏戰國楚竹書（四）》，（上海：上海古籍出版社，2004年12月），頁169。

[註389] 馬承源主編：《上海博物館藏戰國楚竹書（四）》，（上海：上海古籍出版社，2004年12月），頁169。

稱。均存疑待考。〔註 390〕

楊澤生則隸定爲「郆詖𢦏虎」，讀爲「置彼豺虎」：

《采風曲目》5 號簡有曲目「郆詖𢦏虎」。字書無「郆」字，而「只」「支」古通，「郆」或爲「⿰支阝」之異體。簡文「𢦏」從「才」聲，當讀作「豺」，「豺虎」古書習見。「詖」字又見於上文 4 號簡，只不過其左旁從「音」（可能受其上文「王音」之「音」的影響）與此稍有不同罷了；其右旁與《昭王毀室昭王與龔之脽》6 號簡 （被）字所從的「皮」旁相近，整理者兩處皆釋作「⿰言菐」，非是。「郆詖」當讀爲古書常見的「寘彼」或「置彼」（「寘」、「置」古音分屬章母錫部和端母職部，與屬章母支部的「只」相近），如《詩·周南·卷耳》:「嗟我懷人，寘彼周行。」《管子·弟子職》:「凡置彼食，鳥獸魚鱉，必先菜羹。」簡文「置彼豺虎」與《詩·小雅·巷伯》「取彼譖人，投畀豺虎。豺虎不食，投畀有北」的「投畀豺虎」相當，而此曲目或與《詩·小雅·巷伯》有關。〔註 391〕

何有祖將△隸定爲「⿰言作」，讀此曲目爲「技詐豺虎」：

「⿰言作」，原圖版作 ，左部從「言」，右部與上博一《性情論》15 號簡「作」字作  形同。字可隸定作「⿰言作」，讀作「詐」。張家山漢簡《二年律令》14、111、261、319、333 號簡等「⿰言作」字皆讀作「詐」可證。《說文》:「詐，欺也。」

「郆」，以「只」爲聲，似可讀作「技」。郭店楚簡《尊德義》14 號簡「只」，黃德寬、徐在國先生讀作「技」。《集韻·支韻》:「技，不端也。」

，原釋文作「𢦏」，楊澤生先生讀作「豺」，可從。

「郆⿰言作𢦏虎」，讀作「技詐豺虎」，指如豺虎般欺詐，行爲不端。〔註 392〕

黃鳴之隸定從原考釋，認爲「郆⿰言菐𢦏虎」是「歌唱打虎英雄郆⿰言菐的故事」：

「⿰言菐」字，字書無釋。它與「䜘」字不同之處在於在本篇的兩個用例中，它既充當了樂律的限定詞，又充當了曲題。就前者來說，應該是具有一定規律性的專有名詞的用法，因爲本篇中所出現的大多數限定樂律的詞此前未見過有相似用例，難以深入探討。而就簡 5 之「《郆⿰言菐𢦏虎》」的曲題，則還有可供判斷的線索。

〔註 390〕董珊：〈讀上博藏戰國楚竹書（四）雜記〉，簡帛研究網，2005 年 2 月 20 日。

〔註 391〕楊澤生：〈讀上博（四）劄記〉，簡帛研究網，2005 年 3 月 24 日。又載於《古文字研究》第二十六輯，（北京：中華書局，2006 年），頁 336。

〔註 392〕何有祖：〈上博楚竹書（四）劄記〉，簡帛研究網，2005 年 4 月 15 日。

一般來說，四字篇題，其意群可以兩兩劃開，也就是說，「邡譔」是前面相對凝固的詞語，「戈虎」是相對獨立的意思。先看「戈虎」，戈字見於金文，爲「挫傷、擊敗」意，如《史牆盤》：「武王既戈殷。」則「戈虎」爲傷虎之意，大抵可知。如果從此釋，則此四字篇題爲一偏正詞組，「邡譔」二字共同成爲主語，表達一個名詞意義。則「邡譔」爲人名，邡以邑爲氏，譔爲名。這首歌曲可能是一首敘事歌，歌唱打虎英雄邡譔的故事。

然而從另一視角來看，「邡譔」之意還大有曲折。蓋譔字從「業」，甲骨文中作「　」，羅振玉最早指出，「業」、「僕」原爲一字，爲俘奴之執賤役，瀆業之事者，故爲手奉糞棄之物以象之。許慎分爲二事，是錯的。如同在「僕」字中一樣，業字表音兼表義，故「譔」在這裡的名詞意義應與「僕」的身份相關。所謂「邡譔」可能就是指的邡地或邡氏的善歌的奴僕，「邡譔戈虎」講的就是這位奴僕的勇敢事跡。春秋戰國之交奴僕多有以勇力聞名者，如《左傳·襄公二十三年》就記載晉國范宣子的奴隸斐豹，以殺掉謀叛的欒氏力士督戎爲條件，換得了自由民身份。當那社會劇烈變動的年代，類似的奴隸以勇力聞名的事跡應該還有很多，並在民間被傳唱開來。「邡譔戈虎」可能就是楚竹書給我們留下的一點民間故事的吉光片羽。〔註393〕

【思婷案】

以上四說中，以董珊將「邡△」視爲分類聲名的看法最爲不同。楊澤生、何有祖、黃鳴三位看法雖有差異，但皆從原考釋，將「邡△戈虎」四字視爲曲目來加以說解。

董珊將「邡△」視爲曲調名，這是因爲「△」字亦出現於第四簡，且作爲分類聲名之故。本文則依原考釋，將「邡△戈虎」視爲曲目來討論（詳前文分類聲名之結論）。

由於「△」殘泐不清，因此筆畫辨識不易。原考釋、黃鳴釋「譔」，董珊釋「譔」，楊澤生釋「詖」，何有祖釋「詐」。此字左半所從，學者或釋「言」或釋音，由於言、音乃一字分化，〔註394〕在古文字中往往可以互用，故此字的右半所從爲何，才是主要的關鍵。

〔註393〕黃鳴：〈采風曲目零拾〉，簡帛研究網，2005年12月30日。
〔註394〕于省吾謂西周金文「言」、「音」無別。見〈釋古文字中附劃因聲指事字的一例〉，《甲骨文釋林》，頁458～459。

　　「△」右半所從，有釋爲「業」、「皮」、「作」（何有祖謂：「右部與上博一《性情論》15號簡「作」字作 形同。」）

　　案：可嚴格隸定爲「复」，「乍」形之下加義符「又」表示動作。季師旭昇指出何有祖隸定作「詐」，似乎多了一個「人」旁。〔註395〕三種看法，茲將「業」、「皮」、「复」等字形羅列於下，以作比較：

　　　a. 業　　 （信2.04）、 （包145）、 （郭‧五37）
　　　　　僕　　 （包15）、 （包155）
　　　　　鄴　　 （包41）、 （包183）
　　　　　譔　　 （包24）、 （郭‧語一68）、 （郭‧五13）、 （郭‧窮1）
　　　b. 皮　　 （包33）、 （上博一‧緇衣10）
　　　　　彼　　 （包163）
　　　　　波　　 （包110）
　　　　　鞁　　 （曾35）、 （包270）
　　　c. 复　　 （包207）、 （包225）、 （郭‧性1）、 （郭‧成7）、
　　　　　　　　 （上博一‧性15）
　　　　　復　　 （包168）、 （包12）、 （包140）

　　本簡「」字右下爲「又」形，十分清楚。因此重點在比較「又」形上方部件與「業」、「皮」、「复」手形上方部件的異同。

　　楚系「業」字手形上方部件作「」，「皮」字手形上方部件作「」、「」等形。細審△字右旁所從，左邊有豎筆，與「業」字不同，而且左方的豎筆又不似「皮」字的「」作一筆而下之勢。此字應從「复」，隸定作「詨」。

　　C. 戋

　　，原考釋釋「戋」，論者皆從之。《說文‧戈部》：「，傷也。從戈、才聲。」晉系獨體之「戋」字，作 （魚顛七）形，楚系文字從「戋」之字作 （哉，帛乙9.34）、 （載，天策），「才」形皆位於「戈」形之左上方，本簡「戋」字「才」、「戈」二形左右並列，橫筆作爲共筆，楚系文字中偏旁相同，但方向和位置不固定的現象十分常見，如「好」作 （郭‧語三11）、 （郭‧老甲32）或 （郭‧

〔註395〕季師旭昇主編：《上海博物館藏戰國楚竹書（四）讀本》，（台北：萬卷樓，2007年3月），頁25。

老甲 8）；「塙」作 ![字](包 176）或 ![字](包 27）、![字](包 21），本簡「弋」字可能是爲了文字結構的平衡與美觀而如此作。

【內容】

楊澤生讀「弋」爲「豺」，此二字皆从「才」得聲，故可通假。何有祖釋爲「技詐豺虎」，謂其義爲「如豺虎般詐，行爲不端」。何有祖之說於字形、文義皆可從。

《爾雅・釋獸》：「豺，狗足。」《疏》：「豺，貪殘之獸。」豺與虎都是性情殘暴的肉食動物，《詩經・小雅・巷伯》：「取彼譖人，畀畀豺虎。」由於豺虎被人視爲貪婪殘暴的猛獸，因此常用以比喻殘暴不仁，如《史記》集解云：「是縱暴易亂以成其私，鄰國望之，其猶豺虎」〔註396〕、《漢書》云：「據國爭權，還爲豺虎」。〔註397〕本曲目應是以「豺虎」指涉行爲欺詐之人。

【第六簡】

〈狗（苟）虗（吾）君毋死〉〔37〕▬。

本簡長四十六・五釐米，上端殘，下端平齊完整。現存五字，爲一曲目。

〔37〕狗虗君毋死　　曲目

【字形】

「狗」從犬句聲，與天星觀「![字]」字寫法相同，楚系「狗」字亦有作![字]（包 176）者，上舉天星觀、包山簡 176 之辭例皆爲「狗子」，然而「狗」字偏旁左右互作，戰國文字偏旁位置不固定之情形可見一斑。

【內容】

原考釋謂：

曲目。「狗」讀爲「苟」。「虗」讀爲「吾」。本句辭意未詳。〔註398〕

【思婷案】

戰國時期稱「狗」爲「犬」，如「一白犬」（天），「白犬」（包 6、望 1.32），「狗」

〔註396〕（漢）司馬遷等撰；楊家駱主編：《新校本史記三家注并附編二種》，（台北：鼎文書局，1987 年），頁 2434

〔註397〕（漢）班固撰；（唐）顏師古注；楊家駱主編：《新校本漢書并附編二種》，（台北：鼎文書局，1987 年），頁 4245。

〔註398〕馬承源主編：《上海博物館藏戰國楚竹書（四）》，（上海：上海古籍出版社，2004 年 12 月），頁 170。

字多作人名地名，〔註399〕或通假爲他字，並不作動物名，如郭店楚簡《語叢四》：「言而狗，牆又（有）耳。往言剔（傷）人，來言剔（傷）已」，「狗」讀爲「苟」，即「苟且」之意。此簡之「狗」應通假爲他字。「虖」字未見於《說文》，但在楚簡中常見，讀爲「吾」。

「狗虖」或可讀爲「句吳」。

「吳」與「吾」在古籍中通假之例，時有所見，例如《左傳・昭公三十年》：「若好吳邊疆。」《釋文》吳作吾；《墨子・耕柱》：「而陶鑄之於昆吾。」《文選・七命》李注引吾作吳。〔註400〕「吳」與「吾」皆爲「五乎切」，上古音同，故得通假。

吳國古書中或稱「句吳」，例如《史記・吳太伯世家》：「太伯犇荊蠻，自號句吳。」司馬貞《索隱》：「顏師古注《漢書》，以吳言『句』者，夷語之發聲，猶言『於越』耳。」孔穎達《左傳正義》（宣公八年）引杜預《世族譜》云：「吳，姬姓。周大王之子太伯、仲雍之後。太伯、仲雍讓其弟季歷而去之荊蠻，自號句吳，『句』或爲『工』，夷言發聲也。」他書或作「勾吳」。金文作「工獻」、「工盧」、「攻盧」、「攻敔」、「攻吾」、「攻吳」、「句敔」，或省稱爲「敔」、「吳」。〔註401〕古音工、攻、句聲在見紐，工、攻屬東部，句屬侯部，聲爲雙聲，韻爲對轉；獻、盧、敔、吳、吾音同在疑紐魚部，故同音可通。

馮時〈工盧大叔鍦銘文考釋〉：

> 金文「工獻」一名的用字隨時代的早晚略有變化，大致諸樊以前的較早時期寫作「工獻」，如者減鐘及工獻太子姑發臀反劍。諸樊至季札諸兄弟時期通常寫作「工盧」，「獻」字省去「攴」旁而作「盧」，如工盧季子劍。至諸樊兄弟的子輩，則作「攻盧」，「工」字開始增加「攴」符而寫作「攻」，同時也出現由「攻吳」而省稱的「吳」，如攻盧王姑發邲之子曹鉥眾飛劍和吳季子之子逞劍。闔閭時已寫作「攻敔」、「攻吾」、「攻吳」、「句敔」和「吳」，如數柄吳王光劍和吳王夫差劍，以及吳王光鑒、吳工夫差鑒及宋公緣簠。最後省稱「敔」或「吳」，如吳王夫差盉、矛。此器銘作「工盧」，具有較早的特點，時代應限於諸樊至季札數世。〔註402〕

吳楚之間的關係甚爲密切。在政治軍事上，吳國曾在楚莊王十三年（西元前601年）和楚國締盟，西元前584年又在晉人的挑動下叛楚，於是和楚國進行了一百多

〔註399〕何琳儀：《戰國古文字典》，（北京：中華書局，1998年），頁343。

〔註400〕高亨：《古字通假會典》，（濟南：齊魯書社，1989年7月），頁853。

〔註401〕陳初生：《金文常用字典》，（西安：陝西人民出版社，2004年1月），頁492。

〔註402〕馮時：〈工盧大叔鍦銘文考釋〉，《古文字研究》第22輯，頁112。

年的爭戰，吳王闔閭曾重用亡命吳國的楚臣伍子胥侵擾楚境。楚國在吳國的侵伐之下，進軍中原之路大受影響，楚康王亦曾率舟師攻吳，然而無功而返，楚靈王也曾對吳發動攻擊。楚平王時，楚國常遭受吳軍之患。西元前506年吳國甚至聯合蔡、唐二國，攻入郢都，楚幾乎遭遇亡國之禍。楚國在恢復元氣後，為了與吳國爭奪陳國，時常發生衝突，楚昭王即在伐吳救陳的軍中一病不起。至楚惠王時，吳越之間緊張的關係取代了吳楚之爭，吳國於西元前473年為越國所滅。

吳國在生活層面亦對楚國有所影響，原因在於兩國之間長年政治軍事與文化的交流頻繁。在飲食方面，《楚辭·招魂》云：「和酸若苦，陳吳羹些。」王逸注：「言吳人工作羹，和調甘酸，其味若苦而復甘也。」《大招》：「吳醴白蘗，和楚瀝只。」王逸注：「言使言人釀醴，和以白米之麴，以作楚瀝，其清酒尤釀美也。」由此可知，楚國人喜食按吳地風味所作的羹湯、仿吳人方法所釀的甜酒。在音樂方面，《楚辭·招魂》亦言及「吳歈蔡謳，秦大呂些。」吳歈即流傳於楚國的吳國歌曲，左思《吳都賦》云：「荊豔楚舞，吳歈越吟。」其風格與吳、越歌曲相似，節奏舒緩，柔美和悅。

吳國與楚國關係密切，故楚地詩歌中可能出現與吳國相關之內容。若「狗虐君毋死」可讀為「句吳君毋死」，也許可以試著推測其內容。首先是考慮「毋」字作何解釋。《說文·卷十二·毋部》：「毋，止之也。」《詩·小雅·角弓》：「毋教猱升木。」箋：「毋，禁辭。」《論語·子罕》：「子絕四，毋意，毋必，毋固，毋我。」「毋」可表示「禁止」之意，相當於「莫、勿、不要」，若用此義，則「句吳君毋死」即是希望吳國的君王不要死去，這和吳楚關係似不相合，照常理來說，吳楚二國長期交戰，楚國人民對吳王應無好感，應該不會誠心期盼吳王長命百歲，甚至作成詩歌來吟頌。

因此，或許可以試著由另一個角度來看，「毋」字也可當作「不」解，《禮記·郊特牲》：「土反其宅，水歸其壑；昆蟲毋作，草木歸其澤。」《韓非子·說林下》：「以我為君子也，君子安可毋敬也。」那麼「狗虐君毋死」即「句吳君不死」，這令人聯想到《詩·鄘風·相鼠》中的句子：

> 相鼠有皮，人而無儀。人而無儀，不死何為！
> 相鼠有齒，人而無止。人而無止，不死何俟！
> 相鼠有體，人而無禮。人而無禮，胡不遄死！

這是一首諷刺無恥貴族的詩，反映了人民對他們的憎恨和鄙視，旨在撻伐統治者腐敗荒淫。老鼠是多麼卑污的動物，可是人若無儀、無止、無禮，連鼠都不如，人們對這樣的人深惡痛絕，第一章云「不死何為」，第二章云「不死何俟」，第三章云「胡不遄死」，以責罵這樣的人「不死還有什麼作為」、「活著也像在等死」、「為什

麼不趕快去死？」希望這些人早日於世上消失。

楚國的歌謠中，不乏對於時政及政治人物加以批評、諷喻或稱頌的曲子，例如《史記‧滑稽列傳》記春秋時楚莊王與優孟的事蹟：

> 莊王大驚，以為孫叔敖復生也，欲以為相。優孟曰：「請歸與婦計之，三日而為相。」莊王許之。三日後，優孟復來。王曰：「婦言謂何？」孟曰：「婦言慎無為，楚相不足為也。如孫叔敖之為楚相，盡忠為廉以治楚，楚王得以霸。今死，其子無立錐之地，貧困負薪以自飲食。必如孫叔敖，不如自殺。」因歌曰：「山居耕田苦，難以得食。起而為吏，身貪鄙者餘財，不顧恥辱。身死家室富，又恐受賕枉法，為姦觸大罪，身死而家滅。貪吏安可為也！念為廉吏，奉法守職，竟死不敢為非。廉吏安可為也！楚相孫叔敖持廉至死，方今妻子窮困負薪而食，不足為也！」〔註403〕

優孟在楚莊王面前所歌，即是以諷刺的方式來評論孫叔敖的下場淒涼，使莊王省悟，並「召孫叔敖子，封之寢丘四百戶，以奉其祀」。

《說苑‧卷九‧正諫》記「楚莊王築層台」之事，言「延石千重，延壤百里，士有三月之糧者，大臣諫者七十二人皆死矣」，一直到諸禦已進諫莊王，才使得莊王「解層台而罷民」，因此楚人歌曰：

> 薪乎萊乎？無諸禦已訖無子乎？萊乎薪乎？無諸禦已訖無入乎！

《說苑‧卷十四‧至公》記「楚令尹子文之族有干法者，廷理拘之，聞其令尹之族也而釋之。」然而子文卻要求廷理依照法律辦理其族人之事：

> 國人聞之，曰：「若令尹之公也，吾黨何憂乎？」乃相與作歌曰：「子文之族，犯國法程，廷理釋之，子文不聽，恤顧怨萌，方正公平。」

《史記‧孔子世家》亦有楚狂人接輿與孔子之間的記載：

> 楚狂接輿歌而過孔子，曰：「鳳兮鳳兮，何德之衰！往者不可諫兮，來者猶可追也！已而已而，今之從政者殆而！」孔子下，欲與之言。趨而去，弗得與之言。〔註404〕

這些楚地的民間歌謠，都是針對當時的政治情況或當權者而作，其內容或是頌揚，或是諷喻，皆在反映民心之好惡。故《禮記‧王制》曰：「命太師陳詩，以觀民風」，執政者往往藉著采集城鄉間的歌謠，以傾聽人民的心聲，檢討施政之得失。

〔註403〕（漢）司馬遷等撰，楊家駱主編：《新校本史記三家注并附編二種》，（台北：鼎文書局，1987年），頁3201。

〔註404〕（漢）司馬遷等撰，楊家駱主編：《新校本史記三家注并附編二種》，（台北：鼎文書局，1987年），頁1933。

　　或許，楚國人民在吳國連年的侵擾之下，苦不堪言，故作〈狗虐君毋死〉一詩，內容可能在描寫如果吳國國君不死，自己的生活就還是要繼續因吳軍而痛苦不堪；也可能正如〈相鼠〉一詩，對吳國國君加以詛咒，以表達心中的不滿與憤懣。

　　筆者曾將「狗虐」讀爲「句吳」的意見，發表於簡帛研究網站，〔註405〕黃鳴對此有不同的看法：

> 如以句吳來立論，則吳國亡於越，時爲西元前 473 年。上博簡的時代，約在戰國中期，西元前 320 年前後到楚都遷陳之前，這期間楚國發生了楚懷王入秦被扣押，屈辱而死的重大事件，成爲列國的話題。西元前 296 年，即楚頃襄王三年，《史記‧楚世家》記載：「懷王卒於秦，秦歸其喪於楚。楚人皆憐之，如悲親戚。諸侯由是不直秦。秦楚絕。」這種眼前發生的活生生的歷史大事，正是民間詩人的好題材。懷王之死讓楚國的人民有喪失親人的感覺，哀其不幸，怒其不爭，發出「苟吾君毋死」的感慨，豈不正是情理之中？揣測其詩之意，應爲懷王如果不死，則痛定思痛，當有以報秦，此亦輿論之常情。較之遠溯到一二百年前去爲這首詩找淵源，似乎允當一些，然亦無堅實佐證，姑備一說而已。〔註406〕

　　詩歌乃緣事而作，詩人爲反映社會的眞實情況，往往針對時事加以創作，藉以抒發情感，因此黃鳴以上博簡的時代判定，此詩應與「眼前發生的活生生的歷史大事」相關，即以「楚懷王之死」爲詩歌題材。黃鳴的推論當然也是極有可能，根據《史記》所載，楚國在懷王後期，曾與秦國發生數次爭戰：

> （懷王）十七年春，與秦戰丹陽，秦大敗我軍，斬甲士八萬，虜我大將軍屈匄、裨將軍逢侯丑等七十餘人，遂取漢中之郡。楚懷王大怒，乃悉國兵復襲秦，戰於藍田，大敗楚軍。韓、魏聞楚之困，乃南襲楚，至於鄧。楚聞，乃引兵歸。〔註407〕

> 二十八年，秦乃與齊、韓、魏共攻楚，殺楚將唐眛，取我重丘而去。二十九年，秦復攻楚，大破楚，楚軍死者二萬，殺我將軍景缺。懷王恐，乃使太子爲質於齊以求平。三十年，秦復伐楚，取八城。〔註408〕

〔註405〕陳思婷：〈試釋《上博（四）‧采風曲目》「苟虐君毋死」〉，簡帛研究網，2005 年 10 月 30 日。

〔註406〕黃鳴：〈采風曲目零拾〉，簡帛研究網，2005 年 12 月 30 日。

〔註407〕（漢）司馬遷等撰、楊家駱主編：《新校本史記三家注并附編二種》，（台北：鼎文書局，1987 年），頁 1724。

〔註408〕（漢）司馬遷等撰、楊家駱主編：《新校本史記三家注并附編二種》，（台北：鼎文書局，1987 年），頁 1727。

楚人在這些戰爭中，幾乎都是大敗，「自懷王入秦不反，楚人憐之至今，故楚南公曰：『楚雖三戶，亡秦必楚』也」，〔註409〕在面對秦國的欺凌之下，民間出現了「楚雖三戶，亡秦必楚」的口號，以示復仇之決心，同樣也有可能以「懷王之死」為題，創作與之相關的詩歌。曹建國亦以為「吾君」指的是值得楚人歌頌之楚王，可能是楚成王、楚昭王、楚懷王等。〔註410〕

由於《采風曲目》並沒有具體的內容，因此我們所能夠做的，就是多方蒐求可能的推測以供參考。黃鳴的看法，是假設〈狗虐君毋死〉的創作年代，即大約等同上博簡的寫定年代，若是如此，那麼黃鳴的意見的確是可以成立的。但若從《詩經》採集、成書的模式來看，三百零五篇非一人所作，也非一時所作，以〈周頌〉之〈清廟〉、〈維天之命〉、〈維清〉為例，這些都是祭祀文王的詩歌，應當作於周武王之時；〈大雅〉以西周中葉以後的作品為主，也包含了幾篇西周初年的詩篇；〈小雅〉的詩篇約作於西周中期至東周初年；至於〈國風〉的年代則是橫跨了西周晚年至春秋中期，其中以〈陳風・株林〉年代最晚，《詩序》曰：「〈株林〉，刺靈公也。淫乎夏姬，驅馳而往，朝夕不休息焉。」此事亦記載於《左傳・宣公九年、十年》，相當於周定王七年、八年，即西元前五九九、前六〇〇年。《詩譜》曰：「孔子錄懿王、九王時詩，訖於陳靈公淫亂之事。」《詩經》的詩作，其創作年代上可追溯至西周武王初年（西元前1122年），向下可推至春秋中葉，這當中記錄了周代五百年以上的文學發展與歷史事蹟。同樣的，《采風曲目》也有可能蒐羅了相當長時段的作品，這樣看來，保留一二百年前所流傳下來的詩歌，也並非不可能的事，因此〈狗虐君毋死〉一詩所言之「君」，指的到底是吳國之君或是楚國之君，在目前資料匱乏的情形下，實難下一定論，故將二說並陳以供參考。

第四節　結　論

上海博物館自香港購回的1200餘支戰國楚簡中，《采風曲目》六簡（其中一簡為二簡拼合）記載了五聲中的宮、商、徵、羽分類聲名，以及所屬的篇目。在這六簡中，共有四聲以及穆、和等十二個宮調名，代表戰國楚地在吟唱各曲目時，有其配合的音樂，顯示「詩」與「樂」乃合而為一，有其規範性，楚國的音樂發展已十

〔註409〕（漢）司馬遷等撰、楊家駱主編：《新校本史記三家注并附編二種》，（台北：鼎文書局，1987年），頁300。

〔註410〕曹建國：〈上博簡《采風曲目》試探〉，《中國簡帛學國際論壇2006論文集》，（2006年11月8～10日，武漢），頁260。

分成熟。馬承源謂：

> 詩本是音樂的組成部分，詩句就是樂曲的詞。楚竹書中的《詩樂》是殘件，
> 所見七支簡上端正地抄寫各種詩的篇名和演奏詩曲吟唱詩的各種音
> 高。……現今可以知道，每一篇詩都有特定的音高，並不是隨意用任何音
> 調都可以自由地吟唱，從這一點可以推知《詩經》時代音樂的成熟和曲調
> 的規範。〔註411〕

《十五國風義》曰：「在辭爲詩，在樂爲歌。」詩與樂的關係是緊密結合的，朱
孟庭謂：

> 春秋中期以前，如《左傳》當中還有許多歌詩、賦詩的記載；春秋末年，
> 周王室日衰，僭越成風，獻詩、賦詩已漸不流行，除宴饗祭祀尚用《詩》
> 樂外，一般只將《詩》用於言語上，孔門更將它用在修養和致知的教化
> 上。而到了戰國時代，典籍中已不見歌《詩》的記載，各盟國間盟會聘
> 享見於《國策》者，只有奏樂器不必歌《詩》，可見此時《詩》、樂已完
> 全分離。〔註412〕

這段敘述中，清楚地條陳了「詩」與「樂」之間的關係發展變化。根據朱孟庭
《詩經與音樂》一書的論述，詩與樂的合離，約可分爲四個階段：即詩、樂的萌發
時期，徒歌的時期，樂器參與伴奏的時期，詩、樂的分離時期。前三者可合而稱結
合期。〔註413〕原考釋以爲「〈采風曲目〉可能是楚國歷史上某一時期流行的或有意
編集的歌曲曲目」，並認爲這份資料，可能是楚國樂官所整理而來，〔註414〕其說可
從。〈采風曲目〉中，分類聲名與曲目的關係，所反映的正是「樂器參與伴奏的時期」，
以《詩經》爲例，《史記·孔子世家》謂：「三百五篇，孔子皆絃歌之，以求合韶武
雅頌之音。」詩歌配合以各式樂器的伴奏，這不是一般鄉村野老所能辦到，必須是
精通樂律之樂師、文人始能爲之。

〈采風曲目〉的分類聲名，只有「宮、商、徵、羽」四者，原考釋的說明認爲，
不能確知原來是否有角音的聲名；曹建國則認爲：

> 《采風曲目》中沒有發現角音，這不是偶然的，也不是因爲簡殘的問題。
>
> 曾侯乙鐘律中，四基音同樣只有「宮、商、徵、羽」，沒有「角」。所以就

〔註411〕馬承源主編：《上海博物館藏戰國楚竹書（一）》陳燮君〈序〉，（上海：上海古籍出
版社，2001 年），頁 3。
〔註412〕朱孟庭：《詩經與音樂》，（台北市：文津，2005 年），頁 1。
〔註413〕朱孟庭：《詩經與音樂》，（台北市：文津，2005 年），頁 25～31。
〔註414〕馬承源主編：《上海博物館藏戰國楚竹書（四）》，（上海：上海古籍出版社，2004 年
12 月），頁 161～163。

算是《采風曲目》是完篇，我們可能也看不見「角」音。〔註415〕
這樣的說法，證據力似有不足，暫且存疑。但可以確定的是，十二個分類聲名中出現的「徒（少）商」、「趨商」、「訐商」，根據黃翔鵬〈釋「楚商」—從曾侯鐘的調式研究管窺楚文化問題〉一文的研究，「楚聲以商爲重的事實可以從楚王鎛的『穆商商』和曾侯鐘的音階排列特點取得證明」，〔註416〕可知「商」音乃楚國音樂聲調中的重要成分。

至於〈采風曲目〉的內容特色，黃鳴認爲：

> 至於《采風曲目》中所記載詩歌的性質問題，是接近於中原的《詩經》一派還是楚風一派，應該是兩者皆有。如《牺芒（媵）人》、《豐又酉（酒）》、《高木》、《牧人》、《蠶亡》、《鼂氏》、《礔剌之賓》、《夈虎》、《答比》、《王音深浴（穀）》、《嘉賓遙惠》等篇題，或與《周禮》所記載的職官相對應，或爲宮庭宴詩，北方正統詩歌的意味很濃，可能是中原傳來而在楚地傳唱的歌曲。而上面所列的平民色彩的那些篇章，則可能是楚地本土流傳的歌謠。國風、小雅和《莊》、《騷》精神，同時影響著中國詩歌，這在頗具楚風的漢代樂府裡能夠看得很清楚，在戰國時代處在劇烈的變動和交流中的楚國，自然也不會例外。這是《采風曲目》給我們的啓示。〔註417〕

曹建國認爲〈采風曲目〉的特色可從兩方面而論，即「民歌色彩」及「地域色彩」：

> 一是鮮明的民歌色彩。這可以通過它的曲目語法結構分析，如〈城上生之葦〉、〈良人無不宜也〉、〈埜又菜〉之類：另者是它的內容，多關涉世俗的生活，尤其是愛情詩占有很大的比例。愛情詩比例大，正是民歌特色的一個顯著特徵。二是它的地域色彩。楊澤生先生在解釋《疋芏月》時發現，作爲文獻材料不論是《楚辭》還是《山海經》，都與楚人關係密切。而解釋〈鳥虎〉，我們也從楚地考古發現了背景材料。而〈宎也遺夬〉，我們也可以從《九歌》之湘君、《湘夫人》中找到證據。此外，我們上文將〈采風曲目〉記載音階名與曾侯乙律相較，可以看出兩者屬於同一樂律體系。所有的這些都非常有力地證明〈采風曲目〉是地道的

〔註415〕曹建國：〈上博簡《采風曲目》試探〉，《中國簡帛學國際論壇 2006 論文集》，頁 260。主辦：武漢大學簡帛研究中心、台灣大學中文系、芝加哥大學顧立雅中國古文字學中心，2006 年 11 月 8～10 日。
〔註416〕黃翔鵬：〈釋「楚商」——從曾侯鐘的調式研究管窺楚文化問題〉，《文藝研究》，1979 年第二期，頁 72～81。
〔註417〕黃鳴：〈上博四《采風曲目》零拾〉，簡帛研究網，2005 年 12 月 30 日。

楚系音樂。〔註418〕

誠如曹氏所言，由〈采風曲目〉的曲目名稱來看，的確有許多從字面上看來和人民生活息息相關者，其中情詩的分量頗多。除了曹文所引之《走苵月》、〈弁也遺夫〉等例子，本文在討論各曲目名稱時，也發現許多楚地的文獻材料，足以互相印證，例如第一簡〈喪之末〉，即爲楚人的喪歌末曲，反映了楚人偏好喪歌（如〈下里〉）、崇信鬼神之風；第二簡〈將美人毋過吾門〉之「美人」，在《楚辭》中常是君主、賢者、所思之人的象徵。又由音樂性質而言，如「宮祝（居）」、「宮訐（遺／衍）」、「徙（少）商」等分類聲名，皆可與曾侯乙鐘磬樂律銘對照。〈采風曲目〉中的詩篇，自然有源自楚地者。

至於〈采風曲目〉和《詩經》之間是否有所關連？楊澤生在釋「邡彼弋虎」，爲「置彼豹虎」時，引用了〈小雅·巷伯〉的詩句；本文在討論〈不瞳之嫚〉、〈出門以東〉、〈君壽〉等曲目時，亦大量引用《詩經》中的篇章。由於〈采風曲目〉的字句中，或有如「子如思我」、「碩人」等，與《詩經》詩句類同者，學者或謂此即《詩經》中的篇章。對此，曹建國在討論〈采風曲目〉與《詩經》的關係時，提出了這樣的意見：

> 《詩》並不能涵蓋先秦詩的全部，既然如此，我們就沒有必要將所有的與《詩》找上關係。就〈采風曲目〉而言，我們更傾向於認爲它是楚風楚調，而與《詩》沒有關係。就算是〈碩人〉篇見於《詩經》，也不一定屬於《詩》篇目。因爲先秦時代同題詩篇並不少見，《詩經》中就有同題的〈揚之水〉三篇，此外還有〈谷風〉、〈杕杜〉等。如果《詩經》中沒有鄭風，今日考古發現《鄭詩》有〈揚之水〉篇，我們是否認爲它是《詩·王風》或〈唐風〉中同題詩篇呢？《襄陽耆舊傳》引楚樂名有〈魚麗〉篇，與〈小雅·魚麗〉同題，但並不因此就斷定兩〈魚麗〉爲一篇，更不因爲它與〈小雅·魚麗〉同題，就斷定它一定是屬於《詩經》的篇目。〔註419〕

正如曹氏所言〈采風曲目〉中的篇名，雖可與《詩經》相互參照，卻不一定非把它說成是《詩經》中的詩篇，然而上文謂「就〈采風曲目〉而言，我們更傾向於認爲它是楚風楚調，而與《詩》沒有關係」，似又推之太過。《上博（四）·逸詩》收

〔註418〕 曹建國：〈上博簡《采風曲目》試探〉，《中國簡帛學國際論壇 2006 論文集》，頁 260。主辦：武漢大學簡帛研究中心、台灣大學中文系、芝加哥大學顧立雅中國古文字學中心，2006 年 11 月 8～10 日。

〔註419〕 曹建國：〈上博簡《采風曲目》試探〉，《中國簡帛學國際論壇 2006 論文集》，頁 261。主辦：武漢大學簡帛研究中心、台灣大學中文系、芝加哥大學顧立雅中國古文字學中心，2006 年 11 月 8～10 日。

錄了二篇詩歌，應爲楚國貴族所創作之擬詩體，位居南方的楚國，在吸收北方《詩經》文學之餘，更有楚人模仿《詩經》，無論是「思想內容」或「語言藝術」〔註420〕方面，都以《詩經》爲基礎，進行了文學的創造。〈采風曲目〉中絕大多數的作品，未見於《詩經》，可能即有部份是楚人創作的擬詩體；同時我們也不排除中原的逸詩流傳於楚國的可能，因此〈采風曲目〉不能視爲與《詩經》完全無涉。

原考釋謂〈采風曲目〉所收錄的詩歌內容，「現存的至少有一部份爲下里巴人之類『屬而和者』甚眾的樂曲」，〔註421〕這應是指〈良人無不宜也〉這類的曲目，亦即貼近人民生活情感的詩篇，然而除了這類源自於楚國民間，可以讓人知民情、觀風俗的作品外，應該如同《詩經》的采集過程一般，也包含了公卿列士運用詩歌刺美時政的作品，亦即楚國貴族文人所創作的擬詩體。

〔註420〕林碧玲：〈《上博四・逸詩・交交鳴鷙》研究〉，《出土簡帛文獻與古代學術國際研討會論文集》，頁244～249，2005年12月2～3日。

〔註421〕馬承源主編：《上海博物館藏戰國楚竹書（四）》，（上海：上海古籍出版社，2004年12月），頁161～163。

第三章 〈逸詩‧交交鳴鶯〉校釋

第一節 前 言

〈交交鳴鶯〉一詩，由於每章首二句皆以「交交鳴鶯，集於中梁（渚、廄）」起興，並稱美「豈弟君子」，且言及「君子相好，以自爲長（衛）」，因此原考釋於〈交交鳴鶯〉一詩的「說明」部份謂：

> 《交交鳴鶯》的內容是歌詠「君子」「若玉若英」的品性和「若虎若豹」
> 的威儀，以及彼此交好「偕華偕英」等譬喻。〔註1〕

這樣的說解，影響了後來研究〈交交鳴鶯〉的學者，大多都將「君子相好」的「相」，解釋爲「互相」，因此「君子相好」即「君子相互友好」，而本詩自然而然就是在歌頌「一群」君子，那麼「豈弟君子」也就是在稱美這群君子和樂平易之貌，「偕華偕英」、「偕上偕下」、「皆小偕大」等句，即意謂著這群精英君子之間，雖有年紀長幼、地位尊卑之分，卻能同心合力謀事。

因此章首的「交交鳴鶯，集於中梁（渚、廄）」，所比興的自然是「這一群君子」了，這麼一來，問題就產生了：「鶯」，原考釋謂字從鳥，即「烏」之古文，此點並無疑義，但烏鴉在中國的文學作品中，除了「慈烏」一詞外，其他的時候，烏鴉多半是不吉利的象徵，其原因不外乎其叫聲不悅耳、純黑的毛色不討喜。「烏」在中國文學中給人的觀感一向不佳，何以能象徵「君子」呢？

針對這點，學者或由「交交」二字著手，謂「交交」是對鳥鳴聲和諧的形容，「全詩即是藉此鶯鳴之相和起興，以抒發『君子相好』的情意」〔註2〕，謂「交交」即

〔註 1〕 馬承源主編：《上海博物館藏戰國楚竹書（四）》，（上海：上海古籍出版社，2004 年），頁 173。

〔註 2〕 林碧玲：〈《上博四‧逸詩‧交交鳴鶯》研究〉，《出土簡帛文獻與古代學術國際研討會論文集》，2005 年 12 月 2 日～3 日，頁 218。

群鳥鳴聲相和，以喻君子相互友好；或由「交交鳴鷟，集於中梁（渚、屬）」的「集」字考量，謂「群鷟聚集」即象徵「君子相群」，那麼「烏鴉」是否有「群集」的屬性呢？李銳〈讀上博（四）札記（一）〉一文對此討論十分詳細，李銳謂南方即有一種褐河烏：

> 《吳越春秋‧句踐入臣外傳》：「越王夫人乃據船哭，顧烏鵲啄江渚之蝦，飛去復來，因哭而歌之曰：『仰飛鳥兮烏鳶，凌玄虛號翩翩。集洲渚兮優恣，啄蝦矯翮兮雲間。任厥兮往還。妾無罪兮負地，有何辜兮譴天。颽颽獨兮西往，孰知返兮何年？心惙惙兮若割，淚泫泫兮雙懸。』又哀今（吟）曰：『彼飛鳥兮鳶烏，已迴翔兮翕蘇。心在專兮素蝦，何居食兮江湖。徊復翔兮游颺，去復返兮於乎！始事君兮去家，終我命兮君都。中年過兮何辜，離我國兮去吳。妻衣褐兮為婢，夫去冕兮為奴。歲遙遙兮難極，冤悲痛兮心惻。腸千結兮服膺，於乎哀兮忘食。願我身兮如鳥，身翱翔兮矯翼。去我國兮心搖，情憤惋兮誰識！』」
>
> 原來，有一種水鳥，是河烏科中的褐河烏，「褐河烏通體幾乎純黑褐色……棲息於山谷谿流間，多成對活動，也見於大江沿岸……能在水中游泳和潛水。」〔註3〕

其後李銳又另撰一文，引尹灣漢簡《神烏傅》中說：「蠉（？）飛之類，烏最可貴。其性好仁，反哺於親。行義淑茂，頗得人道。」曹操《短歌行》中有：「月明星稀，烏鵲南飛。繞樹三匝，何枝可依。山不厭高，水不厭深。周公吐哺，天下歸心。」之文獻，認為「烏」也有德性的象徵。〔註4〕

除了李銳之外，秦樺林也說：

> 從詩中「集于中梁」「集於中渚」「集於中濁」句推斷，此處的「烏」並非常見的烏鴉，似乎是一種棲息在水濱且善於鳴叫的鳥類。

秦樺林並認為從思想內容看，《交交鳴烏》的主題讚頌君子相好，互為楷式，使各種人際關係和諧，反映了貴族所推崇的禮樂精神與道德風貌。這和《雅》詩中的宴飲詩（如《鹿鳴》《桑扈》《頍弁》等）的主題非常接近。〔註5〕

但即使是鷟是「褐河烏」這類的烏鴉，但用來比擬「君子」，還是令人感到突

〔註3〕 李銳：〈讀上博（四）札記（一）〉，簡帛網2005年2月20日。清華大學簡帛研究網，2005年2月16日。
〔註4〕 李銳：〈上博簡《子羔》、《交交鳴烏》箚記二則〉，清華大學簡帛研究網，2006年10月2日。
〔註5〕 秦樺林：〈楚簡逸詩《交交鳴鷟》箚記〉，清華大學簡帛研究網，2005年2月18日。簡帛研究網，2005年2月20日。

兀。因此廖名春即認爲「鴬」爲「鳥」的繁文，試圖以釜底抽薪的方式解決這個問題：

> 馬承源先生以「鴬」爲「鳥」之古文，並没有進行論證。其實「鴬」可以視爲「鳥」之繁文，上部的「於」可看作是「羽」的假借。「於」古音爲魚部影母，「羽」爲魚部匣母，韻同聲近，是可以通假的。因此，從於從鳥的「鴬」，也可看作是從羽從鳥的「鴬」。這樣，「鳥」就多了一個「羽」的義符，就好像「翟」字一樣。
>
> 「鳴鳥」之稱不見於文獻，而「鳴鳥」在早期文獻中卻有記載。《書・君奭》：「者造德不降，我則鳴鳥不聞，矧曰其有能格？」孫星衍注引馬融曰：「鳴鳥，謂鳳凰也。」《山海經・大荒西經》：「有弇州之山，五采之鳥仰天，名曰鳴鳥。爰有百樂歌儛之風。」袁珂校注：「郝懿行曰：『鳴鳥，蓋鳳屬也。』……郝說是也。鳴鳥即《海内西經》之孟鳥，亦《爾雅・釋鳥》之『？鳥』〔註6〕，均鳳類也。」《文選・任昉〈天監三年策秀才文〉》：「鳴鳥萋聞，《子衿》不作。」呂延濟注：「鳴鳥，鳳也。」
>
> 以簡文「鳴鴬」爲「鳳凰」也有不利的一面。鳳凰是傳說中的神鳥，陸璣以其「非梧桐不棲，非竹實不食，非醴泉不飲」，許慎謂其「出於東方君子之國，翺翔則四海之外，過崑崙，飲砥柱，濯羽弱水，莫宿風穴，見則天下大安寧」，似乎與竹書逸詩「〔集于中〕梁」、「集于中渚」、「集于中瀨」的形象不協。但有利的一面也很明顯。〔註7〕

廖文認爲「以鳳凰來比興『若玉若英』、『若豹若虎』的『愷悌君子』，不但遠勝於『鳴鳥』，也較之一般性的『鳴鳥』爲嘉」，而且「《詩經・大雅・卷阿》也有以『鳳皇』比『豈弟君子』的成例」。廖名春將「鳴鴬」讀爲「鳴鳥」，引文獻爲證，謂「鳴鳥」即「鳳凰」，但在其文中亦指出鳳凰的形象似與「集於中梁」的形象不合。

林碧玲認爲棲息於水畔的「鴬」和一般的烏鴉習性並不相同，故謂：

> 李氏與秦氏之說取意相近，且切應詩文意象。綜合兩說，鴬應該是一種棲息在水濱，善於鳴叫，且多成對活動，喜群集的鴬類水鳥，或許即是河鳥科中的「褐河鳥」。〔註8〕

但林文中「綜合兩說」的論點，並沒有確切地說明「鴬」到底是「鳥」是「烏」，

〔註6〕 思婷案：原文即作「？」。

〔註7〕 廖名春：〈也說"交交鳴鴬"〉，清華大學簡帛研究網，2005年2月21日。

〔註8〕 林碧玲：〈《上博四・逸詩・交交鳴鴬》研究〉，《出土簡帛文獻與古代學術國際研討會論文集》，2005年12月2日～3日。

給人模稜兩可之感。

其後曹建國以廖說爲基礎修正補述，認爲鶿既不能讀爲「鳥」，也不能將其破讀爲「烏」，而應該讀爲「鷖」，而在《楚辭》和《山海經》中，「鷖」都被當作了鳳凰。曹建國從三方面來論證「烏」應讀爲「鷖」：

> 首先，從讀音上看，鶿所從之「於」古屬影母魚部，則「鶿」也當爲影母魚部字。而「鷖」則爲影母脂部字。陸德明《經典釋文》卷六：「鷖，烏兮反。」卷七：「鷖音於雞反，鳧屬也。」《龍龕手鑒》卷二：「鷖，於計反，鳥似鳳也。」可見「鷖」與「於」聲母完全相同，所以古人爲「鷖」注音常用「於」和「烏」作反切上字。同時古書中還有「殹」、「於」通假的例子，《爾雅・釋地》：「有醫無閭之珣玗琪焉。」其中的「醫無閭」爲山名，《楚辭・遠遊》引作「於微閭」。可見，「鶿」可通「鷖」，其中可能有方言因素。
>
> 其次，從意義上看，《大雅・鳧鷖》：「鳧鷖在涇。」毛傳：「鷖，鳧屬。」與《說文》同。郭璞注《爾雅》曰鳧「似鴨而小，長尾，背上有文，今江東亦呼爲鷗」值得注意的是，鳧背上有文，那麼鳧屬的鷖背上亦當有文，這或許是古人將「鷖」當作鳳凰類神鳥的原因。屈原《離騷》：「駟玉虯以乘鷖兮，溘埃風餘上征。」王逸注：「鷖，鳳凰別名也。《山海經》云：鷖身有五采，而文如鳳。鳳類也，以爲車飾。」洪興祖補注：「鷖，於計、烏雞二切。《山海經》云：九疑山有五彩之鳥，飛蔽一鄉。五彩之鳥，翳鳥也。又云：蛇山有鳥，五色，飛蔽日，名鷖鳥。」司馬相如《上林賦》：「遒孔鸞，促鵁鸘。拂鷖鳥，捎鳳皇。」其將鷖鳥與孔鸞、鵁鸘、鳳皇相並列，顯然也是將鷖鳥當作鳳凰類神鳥。鳳在古人心目中是祥瑞象徵，也常用來比擬君子，故與下文相協。同時值得注意的是，上引《楚辭》和《山海經》都是植根於楚文化的典籍。所以，把鷖鳥當作鳳凰，當與楚文化背景有關。
>
> 最後，我們來看看鳳凰有沒有「集於中梁（中渚、中溝）」的可能。作爲一種傳說中的神鳥，鳳凰與龍、麟相類，也是集眾物而生。《說文》：「鳳，神鳥也。天老曰：鳳之象也，鴻前麐後，蛇頸魚尾，鸛顙鴛思，龍文龜背，燕頷雞喙，五色備舉。」其既然有蛇、魚、龜的特徵，自然與水脫不了干係，而且鴻、鸛也都是喜歡在水邊生活的鳥。又《淮南子・覽冥訓》：「鳳凰之翔至德也，雷霆不作，風雨不興，川穀不澹，草木不搖，而燕雀佼之，以爲不能與之爭於宇宙之間。還至其曾逝萬仞之上，翱翔四海之外，過昆侖之疏圃，飲砥柱之湍瀨，遵回蒙汜之渚，尚佯冀州之際，徑蹑都廣，入

日抑節，羽翼弱水，暮宿風穴。」據王念孫考證，「羽翼弱水」為「濯羽弱水」之誤，說明鳳凰嬉戲弱水。而「飲砥柱之湍瀨」也類於《交交鳴鷩》之「集於中㵿」，「邅回蒙汜之渚」類于「集於中渚」。再看鷩，鷩有雙重的身份，一方面是鳧屬的水鳥，另一方面又是鳳屬神鳥。我猜想，鷩本為水鳥，因為身上有五彩文，故被神化為鳳凰。就如同鷿，《說文》：「鷿，鷿鷟，鳳屬神鳥也。江中有鷿鷟，似鳧而大，赤目。」段玉裁注：「此言江中鷿鷟，別是一物，非神鳥也。」不是神鳥自毋庸多言，但事實上可能因為此鳥「赤目斑嘴，毛紫紺色，如鸂鷘色」，讓人誤以為其即是鷿鷟（紫鳳）。同樣的還有焦明，焦明也是一種鳳凰，李善注司馬相如《上林賦》：「張揖曰：焦明，似鳳，西方之鳥也。《樂汁圖》：焦明，狀似鳳皇。宋衷曰：水鳥也。」看來，鳳凰與水鳥有著非常密切的關係，不僅鷩鳥、鷿鷟之類的鳳屬神鳥源自水鳥，焦明也被人解釋成了水鳥。既然這樣，詩以鷩鳥起興，且寫其「集于中梁（中渚、中㵿）」便是順理成章的事情了。又因為「鷩」是鳳凰，叫出「咬咬」好音，也在情理之中。《荀子‧解蔽》引詩曰「鳳凰秋秋」，「秋秋」即「交交」。〔註9〕

曹建國並引《論語‧微子》、《太平御覽》、《楚辭》等古籍，說明楚人慣以「鳳凰」對人加以讚美，又引江陵馬山一號墓出土二十一件楚國刺繡品上的龍鳳相爭圖案，說明在楚文化中，鳳凰扮演保護神的角色，因此本詩以「交交鳴鷩（鳳凰）」象徵君子，也就有意義可言。

季師旭昇則不由文字通假的角度來思考，而從原考釋『『鷩』從鳥、於聲，即『烏』之古文的說法，依然讀為「交交鳴烏」。季師〈交交鳴烏新詮〉指出李銳之說，並沒有解決「烏」不具備美德的問題；而廖名春以鳳凰比喻君子之說，雖然比較適合，但「鷩」字要釋為鳳凰，字形上還是無法說得通：

以上的問題，都出在把「鳴鷩」比擬為「豈弟君子」。我們如果換一個角度，把「交交鳴烏」比喻做心向君王的人民，那麼「比擬不倫」的困境也就解決了。把「交交鳴烏」比喻做心向君王的人民，有樂府詩〈白鳩篇〉的「交交鳴鳩」為佐證，詩文比興手法是有歷史傳承的。我們從〈白鳩篇〉的「交交鳴鳩」上推楚詩〈交交鳴烏〉的「交交鳴烏」，再從楚詩〈交交鳴烏〉的「交交鳴烏」上推《詩經‧秦風‧黃鳥》的「交交黃鳥」，看到其一脈相承的歷史蹤跡。因此，「交交鳴烏」喻人民心向君王，也就不是

〔註 9〕曹建國：〈楚簡逸詩《交交鳴鷩》考論〉，武漢大學簡帛網，2006 年 11 月 26 日。

憑空臆想的了。

第二個關鍵是「豈弟君子」。各家也許是受到原考釋把本詩釋爲「君子互相友好」的影響，因此對「豈弟君子」的意義都沒有進一步思考，僅僅是依照舊說釋爲「和樂平易的君子」。經過對先秦文獻的深入追蹤，我們指出先秦文獻中的「豈弟君子」都是指天子或諸侯，其數量，一國之中往往只有一人，也就是領導者。把這種意義放到〈交交鳴鳥〉，詮釋起來非常妥適，「交交鳴鳥」指人民，「豈弟君子」指領導者——應該就是楚王。那麼本詩不就是楚人歌頌楚王的作品嗎！

這兩個關鍵問題解決後，相關的詞語也就很容易判斷了。「君子相好」不得釋爲「君子互相友好」，其理自明。「若玉若英」、「若豹若虎」，應該比喻什麼，也很清楚。「若□若貝」應該補什麼字，自不有疑。「閒卯愳旬」釋爲「間關謀治」，也就很具有說服力了。「以自爲長」、「以自爲禦」、「以自爲戍」，自當均釋爲君子自然成爲人民的君長守護者。此外，我們更進一步把「皆上皆下」釋爲「和諧地事奉天上地下的神」、把「皆小皆大」釋爲「和諧地與小大友邦相處」，也就不會顯得推求太過了。〔註10〕

【思婷案】

鴬讀爲「鳥」，用以比興君子，的確存在著比擬不倫的問題；廖名春讀爲「鳥」，似乎又採取了迴避的態度，且誠如曹建國所云，「鴬」字應非泛指，必是特指某種鳥類，否則逕自寫「鳥」即可。

曹建國將「鴬」讀爲「鷖」，釋爲鳳凰，曹文引《爾雅‧釋地》之山名「醫無閭」，《楚辭‧遠遊》作「於微閭」，作爲「鷖」、「鴬（魚部）」可以通假的佐證。就聲韻而言，「醫（影／之）」、「於（影／魚）」，二者聲同韻近，故可通假，然而「鷖（影／脂）」和「於（影／魚）」在韻部上差距略大。曹文又謂「『鴬』可通『鷖』，其中可能有方言因素」，但並未舉出其他例證。而且將聯縣詞拆開而論通假，似乎並不恰當。除此之外，季師已指出先秦的「豈弟君子」都是指天子或諸侯，因此也不適合以「群鳳聚集」象徵「豈弟君子互相友好」。

故季師不採取聲音假借，讀鴬爲本字，把「交交鳴鳥」比喻做心向君王的人民的說法，在以上諸說中，最能無礙地分析〈交交鳴鴬〉的詩旨。

文學作品自有其傳承及慣用手法，如《詩經‧周南‧桃夭》以「桃之夭夭」來

〔註10〕季師旭昇：〈交交鳴鳥新詮〉，第一屆古文字與古代史學術研討會，中央研究院歷史語言所，2006 年 9 月 22 日～24 日。

映襯女子之貌，唐代崔護即化引爲「人面桃花相映紅」的詩句；杜甫「狐狸何足道，豺虎正縱橫」之語，正傳承了《詩經‧魏風‧碩鼠》以動物形象徵貪官污吏的筆法；〈衛風‧碩人〉寫莊姜之美，這樣細膩的白描手法亦見於曹植的〈洛神賦〉；宋玉〈九辯〉云「悲哉！秋之爲氣也，草木搖落而變衰」，使得後世文學作品中，「秋」成了悲傷的象徵；又如「登高抒懷」、「望月懷鄉（人）」，也都是文人吟詠不絕的主題。諸如此類的「母題」，即是「潛藏的文化底蘊，是作品中具有悠久文學傳統與歷史觀念的文本基因意涵」〔註11〕。

《詩經‧秦風‧黃鳥》以「交交黃鳥」興「誰從穆公，子車奄息」；〈交交鳴鵞〉以「交交鳴鵞」起興，用「烏鳥」喻人民，以群鳥「集於中梁（渚、屬）」象徵人民心向統治者；《樂府詩集‧白鳩篇》以「交交鳴鳩」，「興」人民「樂我君惠，振羽來翔」，〈黃鳥〉、〈交交鳴鵞〉、〈白鳩篇〉三詩所使用的比興手法乃一脈相承，正是文學母題傳承之例。

季師以群鳥「集於中梁（渚、屬）」象徵心向統治者的人民，解決了以「群鳥」喻君子的尷尬；同時指出先秦文獻中的「豈弟君子」都是指天子或諸侯，這又疏通了詩句中「君子相好」、「以自爲長」、「皆（諧）上皆（諧）下」的涵意。《詩經‧黃鳥》乃采風而來之秦地民謠，〈交交鳴鵞〉則是南方楚人仿《詩經》之作，樂府詩則是漢代樂府官署採集而來的民間歌謠，這三者創作的性質相近。筆者認爲季師之說，最能全面性地將本詩詩趣旨意完整說明，故本文中論述〈交交鳴鵞〉將採季師之說。

第二節　竹簡形制及編聯

根據原考釋的整理，〈交交鳴鵞〉第一簡上下端皆殘，長 24.7 釐米，現存 21 字。第二簡上端殘，下端完整，長 23.1 釐米，現存 22 字，其中重文 1。第三簡上端殘，下端平齊完整，現存 25 字，其中重文 1。第四簡上端殘，長 25.8 釐米，現存 26 字，其中重文 1〔註12〕。

由四支簡上端皆殘的狀況來看，斷裂之處大致相同，顯示當初保存的時候，這四簡的位置是接近的，然而除了這僅存的四簡之外，林碧玲認爲第四簡後，也許有

〔註11〕王力堅：《古典新詮：中國古典詩詞賞析文集》，（台北：台灣商務，2005 年），頁 10～11。

〔註12〕林碧玲已指出：「整理者謂第四簡「現存二十六字」，當包含「貝」上之殘字，至於謂「重文一」，則恐有誤，簡圖與釋文皆未見重文符號『＿』」。《〈上博四‧逸詩‧交交鳴鵞〉研究〉，《出土簡帛文獻與古代學術國際研討會論文集》，2005 年 12 月 2 日～3 日頁 216～217。

未完的詩句，還有其他竹簡可接續：

> 整理者以《交交鳴鷺》爲「完整詩章」，然細觀圖版，疑簡 4「偕少偕大」字下有墨丁符號「■」(28)，此符號不似常見的（橫跨簡寬兩端之粗橫線的）大段落或分篇的隔離符、結束符「▄」，在簡文資料中似多作爲分章符或句逗符。馮時先生也認爲作者的發現是可能的，因此是否原詩超過三章呢？果眞如是，則簡文便非「完整詩章」，且依《毛詩》文例，其起句或仍爲「交交鳴鷺」，或別有轉折，皆有可能。據此整理者所謂的「完整詩章」便當從寬理解，其意當爲「保存較爲完整的篇章」，而非「全篇完章」。〔註13〕

【思婷案】

　　第四簡末字「大」，其右下方有一塊墨跡。何琳儀謂「■」爲章節間符號，相當於句號，例如《郭店‧老甲》簡、《郭店‧緇衣》簡 2 皆有此符號〔註14〕。然而這塊墨跡究竟是標點符號，亦或是污損而造成，實難下一定論。至少我們目前可以掌握到〈交交鳴鷺〉至少有三章，每章十句，是一篇「保存較爲完整的篇章」。

第三節　〈交交鳴鷺〉簡文校釋

【原文】

　　第一章

　　交＝（交交）鳴鷺（烏）〔1〕，集于中�（梁）〔2〕，豈（豈）俤（弟）〔3〕君子，若玉若英〔4〕。君子相好〔5〕，以自爲㞢（長）〔6〕，豊（豈）敚（俟／嬉）是好？〔7〕【一】隹心是匡〔8〕，𨳿（間）卵（關）恩（謀）旬（治）〔9〕，皆（諧）芋（華）皆（諧）英〔10〕。

　　第二章

　　交＝（交交）鳴鷺（烏），集于中渚〔11〕，豊（豈）俤（弟）⺇⺇（君子？）〔12〕，若豹若虎〔13〕。君子【二】相好，以自爲禦〔14〕，豊（豈）敚（俟／嬉）是好？隹心是㒱〔15〕，𨳿（間）卵（關）恩（謀）旬（治），皆（諧）上皆（諧）下〔16〕■。

〔註13〕林碧玲：〈《上博四‧逸詩‧交交鳴鷺》研究〉，《出土簡帛文獻與古代學術國際研討會論文集》，2005 年 12 月 2 日～3 日頁 216～217。

〔註14〕何琳儀：《戰國文字通論（訂補）》，（江蘇教育出版社，第 1 版 2003 年），頁 256。

第三章

交＝（交交）鳴鷺（鳥），集于中溝（厲）〔17〕，譏（豈）【三】悌（弟）君子，若珠若貝〔18〕。君子相好，以自為戈（衛）〔19〕，鸚（豈）敊（俟／嬉）是好？隹心是萬（礪）〔20〕，闕（間）卯（關）惎（謀）兪（治），皆（諧）少皆（諧）大〔21〕。

【分章校釋】

第一章

交＝（交交）鳴鷺（鳥）〔1〕，集于中汲（梁）〔2〕，譏（豈）悌（弟）〔3〕君子，若玉若英〔4〕。君子相好〔5〕，以自為展（長）〔6〕，鸚（豈）敊（俟／嬉）是好？〔7〕【一】隹心是匚〔8〕，闕（間）卯（關）惎（謀）兪（治）〔9〕，皆（諧）芋（華）皆（諧）英〔10〕。

〔1〕交交鳴鷺：

【各家說法】

1. 李零讀「鷺」為「鳥」。〔註15〕
2. 馬承源：

   「交＝」，「交交」重文，形容鷺飛翔往來。《詩‧秦風‧黃鳥》：「交交黃鳥，止於棘」，「交交黃鳥，止于桑」，「交交黃鳥，止于楚」。《詩經集傳》：「交交，往來之貌。」《小雅‧小旻之什‧小宛》：「交交桑扈，率場啄粟。」《詩經集傳》：「交交，飛而往來之貌。」

   「鷺」，從鳥，於聲，即「鳥」之古文。《說文‧鳥部》：「鳥，孝鳥也，象形。孔子曰，鳥亏呼也，取其助氣。故以為鳥呼。」又云：「🦅，古文鳥，象形；🦅，象古文鳥省。」〔註16〕

3. 季師旭昇：

   交交鳴鳥，集于中梁：前七字原考釋據第二、三章補。並引《毛詩‧黃鳥》朱集傳，謂「交交」是「往來之貌」。可從。案：《詩經》「交交」，古來有三說，主「小貌」的，見《毛詩‧秦風‧黃鳥》毛傳；主「飛往來貌」的，

〔註15〕　李零：《簡帛古書與學術源流》，（北京：生活‧讀書‧新知三聯書店，2004年4月），334頁。

〔註16〕　馬承源主編：《上海博物館藏戰國楚竹書（四）》，（上海：上海古籍出版社，2004年），頁175～176。

見《毛詩‧小雅‧桑扈》鄭箋；主「鳥鳴聲」的，見馬瑞辰《毛詩傳箋通釋‧黃鳥》。近人多從馬瑞辰說。但是從「交交鳴鳥」來看，顯然鄭說最合適。因爲烏鴉的體積不小，鳴聲也不會是「交交」。〔註17〕

4. 廖名春：

廖名春於〈楚簡《逸詩‧交交鳴鳥》補釋〉一文中讀爲「交交鳴鳥」，語譯爲「鳥兒往來鳴叫」。

5. 李　銳：

有一種水鳥，是河烏科中的褐河烏，「褐河烏通體幾乎純黑褐色……棲息於山谷谿流間，多成對活動，也見於大江沿岸……能在水中游泳和潛水。」《交交鳴鳥》爲佚詩，考慮其詠「鳥」的特色，有可能是南方人作的詩。

〔註18〕

其後李銳又另撰一文補充曰：

最近搜尋有關文獻，發現古人由鳥之孝進而推重鳥到了非常高的地步，尹灣漢簡《神鳥傅》中說：「螺（？）飛之類，鳥最可貴。其性好仁，反哺於親。行義淑茂，頗得人道。」此種說法，當有其淵源。因此，即便在某些地區對於「鳥集」沒有好感，但是由對於鳥之德的推崇，不難體會南方人會由鳥來興賢人君子。甚至某些北方人也會如此。

一代梟雄曹操著名的《短歌行》中有：「月明星稀，烏鵲南飛。繞樹三匝，何枝可依。山不厭高，水不厭深。周公吐哺，天下歸心。」他就是自比周公，而以烏鵲比賢人，要使天下英雄皆爲之所用。〔註19〕

6. 秦樺林：

此字從鳥、於聲，「於」與「烏」同屬影母魚部，讀爲「烏」是合適的。《穆天子傳》卷三：「於鵲與處。」郭璞注：「於，讀曰烏。」然而從詩中「集于中梁」「集於中渚」「集於中澫」句推斷，此處的「烏」並非常見的烏鴉，似乎是一種棲息在水濱且善於鳴叫的鳥類。

「交交鳴鳥」，在架構上與之最類似的當屬《邶風‧匏有苦葉》：「雝雝鳴雁。」毛傳：「雝雝，雁聲和也。」故「交交鳴鳥」之「交交」亦當與鳴

〔註17〕李師旭昇：〈上博（四）《逸詩‧交交鳴鳥》補釋〉，簡帛研究網，2005年2月15日。

〔註18〕李銳：〈讀上博（四）札記（一）〉，簡帛研究網，2005年2月20日。清華大學簡帛研究網，2005年2月16日。

〔註19〕李銳：〈上博簡《子羔》、《交交鳴鳥》箚記二則〉，清華大學簡帛研究網，2006年10月2日。

叫聲有關。《秦風‧黃鳥》：「交交黃鳥。」馬瑞辰《毛詩傳箋通釋》：「交交，通作咬咬，鳥聲也。」〔註20〕

7. 廖名春：

……「鳥」可以視爲「鳥」之繁文，上部的「於」可看作是「羽」的假借。「於」古音爲魚部影母，「羽」爲魚部匣母，韻同聲近，是可以通假的。因此，從於從鳥的「鳥」，也可看作是從羽從鳥的「鳥」。這樣，「鳥」就多了一個「羽」的義符，就好像「翟」字一樣。……〔註21〕

廖說將「鳴鳥」讀爲「鳴鳥」，釋爲鳳凰。本文第一節已詳引其說，此不贅引。

8. 林碧玲認爲「鳥」「或應是一善鳴，且喜群集的水鳥」：

根據《中國鳥類志》對烏鴉的描述，烏鴉主要棲息於山地、森林和平原等各類生境中，喜集群。大多樹棲，營巢於樹上，樹洞或岩石洞穴中。雜食性，以昆蟲、小型動物爲食，也吃植物性食物。這和詩文棲息於水畔的鳥，顯然並不相侔，因此「鳥」應該不是指烏鴉。

李氏與秦氏之說取意相近，且切應詩文意象。綜合兩說，鳥應該是一種棲息在水濱，善於鳴叫，且多成對活動，喜群集的鳥類水鳥，或許即是河鳥科中的「褐河鳥」。〔註22〕

並釋「交交」謂：

馬瑞辰《毛詩傳箋通釋‧秦風‧黃鳥》謂：「交交通做佼佼，謂鳥聲也。……《毛詩》作交交者，省借字耳。」據此，今之學人或有讀「一ㄠˇ　一ㄠˇ（yao3）」者。實則交通咬，仍讀爲ㄐ一ㄠ。案咬有二讀，一讀ㄐ一ㄠ（jiao），作鳴解。一讀一ㄠˇ，同齩。作鳥鳴解，以「咬」爲本字，以「交」爲借字，故古詩歌之「交交」，讀爲「咬咬（ㄐ一ㄠ　ㄐ一ㄠ）」。

馬氏據《詩經集傳》所釋《詩經》之「交交」義，季氏則以烏鴉的形聲爲判準。秦氏則從比較語言形式的結構來解讀「交交」，似較具有整體性。而且《邶風‧匏有苦葉》：「雝雝鳴雁」，朱傳：「雝雝，聲之和也」。可見毛、朱兩家所強調的都是「聲之和」，而不只是「聲之狀」。

〔註20〕　秦樺林：〈楚簡逸詩《交交鳴鳥》箚記〉，清華大學簡帛研究網，2005 年 2 月 18 日。簡帛研究網，2005 年 2 月 20 日。
〔註21〕　廖名春：〈也說“交交鳴鳥”〉，清華大學簡帛研究網，2005 年 2 月 21 日。
〔註22〕　林碧玲：〈《上博四‧逸詩‧交交鳴鳥》研究〉，《出土簡帛文獻與古代學術國際研討會論文集》，2005 年 12 月 2 日～3 日。

據此以推，「交交」應不只是形容鷖叫聲的「狀聲詞」，而是對鷖「鳴聲相和」的形容。全詩即是藉此「鷖鳴之相和」起興，以抒發「君子相好」的情意。《詩經》中類此疊字擬聲而作「和聲」解，以表現和好情意的，所在多有，如：《周南‧關雎》：「關關雎鳩」，毛傳：「關關，和聲。」朱傳：「關關，雌雄相應之和聲也。」《周南‧葛覃》：「黃鳥于飛，集于灌木，其鳴喈喈。」毛傳、朱傳：「和聲之遠聞也。」《小雅‧鹿鳴》：「呦呦鹿鳴」，毛傳：「鳴而相呼。」朱傳：「呦呦，聲之和也。」《小雅‧伐木》：「鳥鳴嚶嚶」，毛傳：「嚶嚶，驚懼也。」然而箋云：「嚶嚶，兩鳥聲也。其鳴之志似於有友道然，故連言之。」朱傳：「鳥聲之和也。」《大雅‧卷阿》：「雝雝喈喈。」毛傳：「喻臣民和協。」朱傳：「鳳凰鳴之和也。」因此〈交交鳴鷖〉之「交交」，以爲當作「鷖鳴相和之聲」解，林啓屏先生也表同意。馮時先生曾提出，交交會不會是方言？如果這裡的方言有特指南方方言之義的話，從作爲北方文學代表的《詩經》已有「交交桑扈」（《小雅》〈小宛〉、〈桑扈〉）、「交交黃鳥」（《秦風‧黃鳥》）等詩句，則恐是沒有北方與南方方言的問題。〔註23〕

9. 季師旭昇：

鷖，馬承源原考釋謂即「烏」之古文。李銳先生〈讀上博（四）札記（一）〉謂一般人對烏鴉沒有什麼好印象，而且，說烏集在水渚，也比較少見；因而主張「鷖」即棲息於中國南方河烏科中的褐河烏，「通體幾乎純黑褐色……棲息於山谷谿流間，多成對活動，也見於大江沿岸……能在水中游泳和潛水」，可從。〔註24〕

10. 曹建國：

我們認爲，既不能將鷖讀爲「烏」，也不能將其破讀爲「烏」，而應該讀爲「鷖」。《說文》：「鷖，鳧屬。從鳥，殹聲。」但在《楚辭》和《山海經》中，「鷖」都被當作了鳳凰，所以詩中的「鷖」當爲鳳凰類的鳥。詩以鳳凰起興頌詠君子，與楚人鳳崇拜文化有關。〔註25〕

本文第一節已詳引曹說，於此不再贅引，請參照前文。

〔註23〕 林碧玲：〈《上博四‧逸詩‧交交鳴鷖》研究〉，《出土簡帛文獻與古代學術國際研討會論文集》，2005年12月2日～3日，頁218。

〔註24〕 季師旭昇：〈《上博四‧逸詩‧交交鳴鳥》新詮〉，第一屆古文字與古代史學術研討會，中央研究院歷史語言所，2006年9月22日～24日。

〔註25〕 曹建國：〈楚簡逸詩《交交鳴鷖》考論〉，武漢大學簡帛網，2006年11月26日。

【思婷案】

本簡簡首殘斷，原考釋據其餘兩章，補上「交交鳴鷺，在於中」七字，可從。

學者們對「交交鳴鷺」之解看法甚多，茲將諸說彙整成表格如下：

學　者	「交交」	「鷺」
李　零		讀為「烏」
馬承源	形容鷺飛翔往來	從「鳥」、「於」聲，即「烏」之古文
季師旭昇	往來之貌	讀為「烏」
廖名春	鳴叫聲	讀為「烏」，謂「鳴烏」即鳳
李　銳		讀為「烏」，即褐河烏
秦樺林	鳴叫聲	讀為「烏」
林碧玲	對鷺「鳴聲相和」的形容	綜合「烏」、「鳥」兩說，謂　為善鳴喜群居的水鳥，或即褐河烏。
曹建國	形容悅耳之鳥鳴聲	讀為「鷖」，為鳳凰類的鳥

案：「鷺」字從鳥於聲，乃「烏」之古文，應讀為「烏」。《安昌裡館璽存》收有一方古璽，作 ▨，蕭毅謂：

> 右上一字從鳥從於，可隸定作「鵜」。於，同「烏」，鳥名。《說文‧烏部》：「烏，孝鳥也。」又謂「於，象古文烏省。」《穆天子傳》卷三：「比徂西土，爰居其野。虎豹為群，於鵲與處。」郭璞注：「於，讀曰烏。」璽文「鵜」從「鳥」，或為「於」烏字之繁構。〔註26〕

上引璽文中從鳥於聲之字，即與本簡「鷺」同字。

「烏」的種類眾多，學者依據古籍記載與今之圖鑑比對，認為若以三千年前先民所生活的黃河流域而言，《詩經》所詠之「烏」應為「大嘴烏鴉」，其全身純黑，分佈於華北、華中及華南，經常結群活動，棲息於高大樹木或屋頂之上〔註27〕。大嘴烏鴉常在「田園及沙灘上覓食，也會跟在田裡翻土的農民後面，啄食土壤翻出的動物」〔註28〕；但鷺卻是聚集在水邊，因此這種大嘴烏鴉和〈交交鳴鷺〉所言之鷺，除了「群居性」之外，在其他特性上並不相近。

〔註26〕蕭毅：〈楚璽札記二則〉，《古文字研究》第25輯，（北京：中華書局，2004年），頁406。

〔註27〕顏重威：《詩經裡的鳥類》，（台北：鄉宇文化，2004年），頁184～187。

〔註28〕顏重威：《詩經裡的鳥類》，（台北：鄉宇文化，2004年），頁186。

　　相較之下，李銳提出鴬乃「河鳥」的說法較爲可信。經查河鳥乃分布在中低海拔溪流區域的留鳥，營巢於溪邊岩石隙間，巢呈碗狀，以苔蘚、雜草編織而成，性喜群居，「廣泛分布於中國大陸，北起烏蘇里江，南至廣東、福建，西達青海、甘肅⋯⋯，主要食物爲魚蝦及水生昆蟲，所以勢必要進入水中覓食」〔註29〕，河鳥的生物特性，十分貼近於〈交交鳴鴬〉一詩中鴬的形象。

　　除了由生物特性之外，由於一般所指稱的烏鴉（大嘴烏鴉），由於全身純黑〔註30〕且鳴叫聲單調粗啞、持續不斷，學者也指出烏鴉自古被視爲不吉之兆，因此若認爲鴬即烏鴉，用以指稱「君子群集」，自然是不倫之喻；但若用以象徵人民，以「烏合之眾」來說解，還是不甚適當。但若是河鳥則不然，首先牠的全身羽色爲暗褐色；又由於必須減低水中的阻力，因此河鳥的「軀體圓胖，頗爲討喜」，牠在水邊停棲時，又時常一上一下地擺動身體，好像在玩「蘿蔔蹲」的遊戲，故閩南人稱之「潭點仔」〔註31〕，可見一般人對河鳥並不似大嘴烏鴉那般排斥。且宋代彭乘《墨客揮犀》曰：「南人喜鵲聲而惡鴉聲」，此詩爲南方楚人所作，自然不會把楚國臣民比喻爲一般的大嘴烏鴉。故李說釋鴬爲河鳥，可從。

　　歷代一詞對「交交」有三種解釋：

　　1. 小貌：《詩經·秦風·黃鳥》：「交交黃鳥，止於棘。」毛傳：「交交，小貌。」

　　2. 飛往來貌：《詩經·小雅·桑扈》：「交交桑扈，有鶯其羽。」鄭玄箋：「猶佼佼，飛往來貌。」

　　3. 鳥鳴聲：《詩經·秦風·黃鳥》：「交交黃鳥，止於棘。」馬瑞辰《毛詩傳箋通釋》：「交交，通作咬咬，謂鳥聲也。」禰衡〈鸚鵡賦〉：「采采麗容，咬咬好音。」李善注引韻略：「咬咬，鳥鳴也。音交。」

　　〈秦風·黃鳥〉所言之黃鳥，一般人多以爲是黃鸝（又名倉庚），非也。黃鳥，《傳》曰「搏黍也」，即黃雀、黍雀，見裴普賢《詩經研讀指導》〔註32〕。黃鸝體型較大，其身長26公分；黃雀體型較小，身長12.5公分。故《毛傳》謂「交交」爲「小貌」，乃指黃雀而言。至於河鳥，成鳥身長約18～19公分，以這樣的體型而言，也不算小，所以釋爲「小貌」較不合適。

　　河鳥往往邊飛邊叫，鳴聲清脆而響亮，平時以單音的「居～」較常聽到，繁殖

〔註29〕陳加盛：《野鳥觀察事典》，（台北：晨星，2006年），頁274。
〔註30〕案：李時珍曾指出烏有四種，但其中數種或爲白頸、或爲紅嘴，並非純黑。詳參顏重威：《詩經裡的鳥類》，（台北：鄉宇文化，2004年），頁185。
〔註31〕陳加盛：《野鳥觀察事典》，（台北：晨星，2006年），頁275。
〔註32〕余師培林：《詩經正詁（上）》，（台北：三民，1993年），頁9。

期求偶聲十分婉轉〔註33〕，因此「交交黃鳥」之「交交」，從馬瑞辰之說釋為「鳥鳴聲」，亦無不可。然而由於本詩以群鷟相集，以喻人民心向君王，故「交交」應從季師所云，釋為「飛往來貌」最適切。

　　由於「豈弟君子」善待人民，能作人民的領導者（君子相好，以自為長……），因此人民紛紛來歸，有如群鷟不斷飛翔聚集一般，此正同於《論語・子路》所云：「葉公問政。子曰：『近者說，遠者來。』」故「交交鳴鷟」，乃指河鳥飛翔往來群聚一處，用以象徵人民願歸順於賢明的統治者。

〔2〕集於中汭（梁）

【各家說法】

1. 馬承源：

　　讀為「梁」。按第二、第三簡句「交交鳴鷟（烏），集於中渚」，「交交鳴鷟（烏），集於中漭」，首句所缺之文補足應為「交交鳴鷟（烏），集于中梁」，本簡端僅存「梁」字。《詩・邶風・谷風》「毋逝我梁」，《詩經集傳》：「梁，堰石障水而空其中，以通魚之往來者也。」《衛風・有狐》：「有狐綏綏，在彼淇梁。」〔註34〕

2. 林碧玲：即集於梁中，義為群棲於魚梁中。

　　集，群棲，應兼聚集與棲息二義。《詩經・唐風・鴇羽》：「肅肅鴇羽，集于苞栩。」毛傳與朱傳皆以「止」義釋「集」，然而衡諸「交交鳴鷟」之鳴聲相和義，則「集」字當有如《文選・張衡・西京賦》之「鳥集鱗萃」的「群集」之義。故釋為「群棲」，兼聚集與棲息二義。

　　中梁，即梁中。《詩經》例凡「中」字在地理名詞之上，則倒乙其字解之。如《國風・周南・葛覃》之「施于中谷」，《國風・周南・兔罝》之「倒于中逵」、「施于中林」，《小雅・菁菁者莪》之「在彼中阿」、「在彼中沚」、「在彼中陵」，《小雅・鴻雁》之「集于中澤」等皆如是，此亦為然。〔註35〕

3. 季師旭昇：

　　「梁」有二義：橋梁與魚梁。《上博五・鮑叔牙與隰朋之諫》簡1：「十月

〔註33〕河鳥的鳴聲，可於 http://archive.zo.ntu.edu.tw/bird/r_bird_sound.asp?bird_id=B0385 網頁（國立台灣大學生態學與演化生物學研究所製作）聆聽。

〔註34〕馬承源主編：《上海博物館藏戰國楚竹書（四）》，（上海：上海古籍出版社，2004年），頁174。

〔註35〕林碧玲：〈《上博四・逸詩・交交鳴鷟》研究〉，《出土簡帛文獻與古代學術國際研討會論文集》，2005年12月2日～3日，頁219。

而徒秾（梁）成，一之日而車秾（梁）成。」即是橋梁。人走的橋梁叫徒梁，簡單而原始的徒梁，只要堆放石頭，人履石而過就可以了，在石頭間放魚笱就可以捕魚，所以徒梁和魚梁構造差不多，本詩的「梁」應該類似這一種。〔註36〕

【思婷案】

〈葛覃〉曰：「施于中谷」，《正義》云：「中谷，谷中倒其言者，古人之語皆然，詩文如此類也。」故「集於中梁」意即「集於梁中」，此乃古人用語之習慣。

「梁」可指「橋梁」。《說文‧木部》：「梁，水橋也。」段玉裁注：「梁之字，用木跨水，則今之橋也。」《詩‧大雅‧大明》：「造舟爲梁，不顯其光。」

「梁」字除了有橋樑的含義之外，在古代還有「堤堰、魚堰」之意。爾雅‧釋地》：「梁，莫大於湨梁。」郭璞注：「湨，水名；梁，隄也。」邢昺疏：「《詩》傳云：『石絕水曰梁。』然則以土石爲隄障絕水者名梁，雖所在皆有，而無大於湨水之旁者。」《詩‧邶風‧谷風》：「無逝我梁，毋發我笱。」毛《傳》：「梁，魚梁。」《周禮‧天官冢宰》：「漁人：掌以時漁爲梁。」鄭玄注引鄭司農云：「梁，水偃也。偃水爲關空，以笱承其空。」地處河南黃河故道上的開封，古稱「大梁」，之所以這樣稱呼，並不是因爲這裏有大的橋樑，而是因爲那裏有許多大的矮壩堰，亦即「魚梁」，即在河邊築起的矮堰，站在矮堰邊，可以用竹子編織的笱，捕撈泥鰍之類的小魚。

配合本詩後二章的「集於中渚」、「集於中㴻」來看，「梁」釋爲人爲建造的「橋梁」似乎較不合適，應爲河水中所堆放的石頭，即徒梁或魚梁之類，且由於魚梁中的魚笱往往有許多漁獲，故群鴍聚集於此，有利覓食，比群集在「橋梁」上更有意義可言。

〔3〕戁（豈）俤（弟）君子

【各家說法】

1. 馬承源：

「戁」疑「剴」之或體。「戁俤」，通作「愷悌」或「豈弟」。《詩》中數見「豈弟君子」。《小雅‧南有嘉魚之什‧湛露》：「其桐其椅，其實離離。豈弟君子，莫不令儀。」《甫田之什‧青蠅》：「營營青蠅，止于樊。豈弟君子，無信讒言。」《大雅‧文王之什‧旱麓》：「豈弟君子，幹祿豈弟」，「豈

〔註36〕 季師旭昇：〈《上博四‧逸詩‧交交鳴鳥》新詮〉，第一屆古文字與古代史學術研討會，中央研究院歷史語言所，2006 年 9 月 22 日～24 日。

弟君子，福祿攸降」、「豈弟君子，遐不作人」、「豈弟君子，神所勞矣」、「豈
弟君子，求福不回」。在《詩》中，「豈弟」常用作對君子的美稱：「豈」，
樂；「弟」，易：即和樂平易的君子。《爾雅‧釋言》「愷悌」，郭璞注：「詩
曰齊子愷悌。」《詩‧齊風‧載驅》作「齊子豈弟」。同一辭有「愷俤」、「豈
弟」、「愷悌」等不盡相同的寫法。〔註37〕

2. **魏宜輝：**

△字寫作：a b

馬承源先生將字隸定作「愷」，疑「剴」之或體。「愷俤」，通作「愷悌」或
「豈弟」。馬先生的解釋基本上是正確的，但對於△字的構形，似乎沒解釋
清楚。我認爲△字當釋爲「譏」。《爾雅‧釋詁》：「譏，汽也。」郭璞注：「謂
相摩近」。「譏」是一個雙聲符字，其所從的「豈」和「幾」都是聲符。簡
文中的△乃是「譏」字的省體。「譏」字在簡文中讀作「愷」。〔註38〕

3. **林碧玲：**

在魏的註二中，又言明「△字的情況則是兩個聲旁都有所省簡（「豈」省
去了上部的「ㄐ」，「幾」省去了下部的「人」旁），以求形體的平衡」。
據上，則馬氏義解，學者率從，唯魏宜輝於構形自持一說。〔註39〕

4. **季師旭昇：**

魏宜輝〈讀上博楚簡（四）箚記〉以爲此字從「豈」、從「幾」共筆，爲
一兩聲字，隸定當作「譏」，讀爲「愷」。可從。「譏俤」，即「豈弟」，《詩
經》多見，它書或作「愷悌」，《上博二‧民之父母》作「幾俤」、《上博四‧
曹沫之陳》作「幾屖」，和樂平易貌。

原考釋指出，在《詩經》中，「豈弟」常用作對君子的美稱。「豈弟君子」
即和樂平易的君子。所釋本不誤，但是因爲原考釋在本篇的「說明」中說
本詩的内容是歌詠「君子」彼此交好。受到這樣的影響，各家都把「豈弟
君子」體會成「豈弟君子們」，視爲多數，其實恐怕是有問題的。

我們檢討一下《詩經》中的「豈弟君子」，可以發現：「豈弟君子」的地位
非常高，通常是指王者或諸侯，又可以跟「民之父母」結合，這樣的人在

〔註37〕馬承源主編：《上海博物館藏戰國楚竹書（四）》，（上海：上海古籍出版社，2004 年），
頁 174。
〔註38〕魏宜輝：〈讀上博楚簡（四）箚記〉，簡帛研究網，2005 年 3 月 10 日。
〔註39〕林碧玲：《〈上博四‧逸詩‧交交鳴鶩〉研究》，《出土簡帛文獻與古代學術國際研討
會論文集》，2005 年 12 月 2 日～3 日，頁 220。

諸侯國內不可能超過一個人。如：

《毛詩‧小雅‧湛露》：「豈弟君子，莫不令儀。」序：「湛露，天子燕諸侯也。」鄭箋以本章之「豈弟君子」爲「二王後也」。季案：即杞、宋國君。

《毛詩‧小雅‧青蠅》：「豈弟君子，無信讒言。」序：「青蠅，大夫刺幽王也。」季案：指幽王。

《毛詩‧大雅‧旱麓》：「豈弟君子，干祿豈弟。」序：「旱麓，受祖也。周之先祖世脩后稷公劉之業，大王、王季申以百福干祿焉。」鄭箋：「君子，謂大王、王季。」季案：指大王、王季。

《毛詩‧大雅‧洞酌》：「豈弟君子，民之父母。」序：「洞酌，召康公戒成王也。」季案：指成王。

《毛詩‧大雅‧卷阿》：「豈弟君子，俾爾彌爾性，似先公酋矣。」序：「卷阿，召康公戒成王也。」鄭箋：「樂易之君子來在位，乃使女終女之性命，無困病之憂，嗣先君之功而終成之。」屈萬里則逕謂此詩爲「蓋頌美來朝之諸侯。」季案：周代王朝往往由諸侯入朝佐政，如周初之周公、召公，春秋初之鄭公、虢公。本詩之「君子」屬之。

據此，我們主張〈交交鳴鳥〉的「豈弟君子」極有可能就是指楚王。〔註40〕

5. 程　燕：

魏說（引者案：魏宜輝：〈讀上博楚簡（四）箚記〉）甚確，△與《說文》「戲」本一字之異體，但因△左下從「豆」，爲忠實於原篆，我們將其隸作「戲」。……

傳抄古文中亦有一與上博楚竹書△形體相似，作

C　𤦲　《古文四聲韻》1.21b

其字收在「幾」條下。按，C本作「戲」，因音近借作「幾」。顯而易見，傳抄古文的「戲」從「豈」，不從「豆」。由此推知上博楚竹書△所從「豆」形乃「豈」形之省。……

……「豈」、「戲」形、音、義皆有關聯，二字同源。

首先，就目前所見材料，「豈」始見於西周中期，「戲」始見於戰國時期，故疑「戲」爲「豈」加注聲符「幾」形成的區別字，且「豈」與「（鼓）」音義皆有關聯。

<hr>

〔註40〕　季師旭昇：〈《上博四‧逸詩‧交交鳴鳥》新詮〉，第一屆古文字與古代學術研討會，中央研究院歷史語言所，2006年9月22日～24日。

其次，「譏」从「幾」聲。「豈」、「幾」相通之例，不僅見於傳世文獻，而且見於出土文獻。

最後，「豈」與「譏」音義上亦有關涉，「豈」爲「還師振旅樂」，「譏」「爲訖事之樂也」。二者皆與「樂」有關，「樂」蓋本文所論之鼓樂。

總而言之，「豈」、「譏」實乃一字之分化。〔註41〕

【思婷案】

魏宜輝謂「譏」字从豈、从幾，乃一兩聲字；程燕以魏說爲基礎，謂「豈」、「譏」乃一字分化，其說可從。「譏」讀爲「愷」，「俤」即「弟」之異體。「譏俤」即「豈弟」，常見於古籍或出土簡帛。其寫法衆多，皆爲音近假借，如：

1. 〈小雅・湛露〉作「豈弟君子」
2. 《左傳・僖十二年》作「愷悌君子」
3. 信陽簡作「敱（𢿧，信 1.011）弟君子」
4. 《上博（二）・民之父母》第 1 簡作「𢿧（幾）俤君子」
5. 《上博（四）・曹沫之陳》第 21-22 簡作「幾犀君子」〔註42〕

「豈弟」即和樂平易之貌。根據季師統計：

《詩經》中的「君子」約 183 見，除了少數的例子，如「百爾君子」（邶風・雄雉）、「大夫君子」（衛風・載馳）、「凡百君子」（小雅・雨無正、小雅・巷伯）、「大夫君子」（大雅・雲漢）等明顯爲多數外，其餘的「君子」都是單數特指，尤其是稱「豈弟君子」，沒有指稱多數的。〔註43〕

「豈弟君子」可從師說，所指稱者應爲楚國之國君。

〔4〕若玉若英

【各家說法】

1. 馬承源：

形容男女皆可，此指「君子」。《詩・召南・野有死麕》：「野有死鹿，白茅純束，有女如玉。」《魏風・汾沮洳》：「取汾一曲，言采其藚。彼其之子，美如玉；美如玉，殊異乎公族。」《小雅・鴻鴈之什・白駒》：「生芻一束，

〔註41〕程燕：〈「豈」、「譏」同源考〉，《古文字研究》第二十六輯，（北京：中華書局，2006年 11 月），頁 461～463。

〔註42〕从犀得聲的「遲」，古音在定紐脂部，與「弟」古音相同。

〔註43〕季師旭昇主編：《上海博物館藏戰國楚竹書（四）讀本》，（台北：萬卷樓，2007 年 3 月），頁 34。

其人如玉。」注者以爲此乃詠歎「伊人」之德美如玉。又《汾沮洳》:「彼汾一方,言采其桑,彼其之子,美如英,殊異乎公行。」《集解》引李樗注:「美如英,萬人爲英,言其美如萬人之英也。」〔註44〕

2. 廖名春:

君子們的品德,象美玉、鮮花一樣。〔註45〕

3. 季師旭昇:

和樂平易的君子,像玉像英(似玉的美石)一樣堅貞美好〔註46〕

4. 林碧玲:英,以協韻故,當讀一ㄤ(yang)。

需討論的問題在「英」字的解釋。毛傳:「萬人爲英。」孔疏:「《禮運》注云:『英,俊選者之尤者。』則英是賢才絕異之稱。」亦即菁英。朱傳:「英,華也。」廖氏之解屬此路。而季氏解爲「似玉的美石」,則當是「瑛」字省形符。據此,則「英」象賢能菁英,殆無疑義,然其字義解釋究竟應取「美石」義或「華」義呢?

《詩經》中確有以「玉」和「花」並用以稱讚賢德女子的例子,如《鄭風‧有女同車》:「有女同車,顏如舜華。將翱將翔,佩玉瓊琚。彼美孟姜,洵美且都。有女同車,顏如舜英。將翱將翔,佩玉將將。彼美孟姜,德音不忘。」范處義謂:「舜華舜英,德之見於容也。瓊琚將將,德之稱其服也。」即是以花和玉稱美人德。因此若採此義,則「若玉若英」應是強調君子之德有如玉似花般的光華。據此則「英」當取朱傳「華」義,而歸於廖氏之解。

然若就此詩二、三章分別以「若豹若虎」、「若□若貝」形容愷悌君子,不僅以物喻人,而且從「若豹若虎」以觀之,還有以同類物喻人的傾向,則「英」宜取如季氏之解爲「美石義」。且如《衛風‧淇奧》以「如金如錫,如圭如璧」形容君子,也是以同類物爲句取譬,前句以質地堅韌的金屬爲譬,後句以質地溫潤堅實的美石爲譬,今〈交交鳴鷟〉之「英」。若取「美石義」,則於義於例兩合。因此「若玉若英」之義,似當爲(君子的美德)如美玉般溫潤堅實,亦即君子具有剛潤輝光的德澤,所以能

〔註44〕馬承源主編:《上海博物館藏戰國楚竹書(四)》,(上海:上海古籍出版社,2004 年),頁 174～175。

〔註45〕廖名春:〈楚簡《逸詩‧交交鳴鳥》補釋〉,簡帛研究網,2005 年 2 月 12 日。清華大學簡帛研究網,2005 年 2 月 13 日。

〔註46〕季師旭昇:〈上博(四)《逸詩‧交交鳴鳥》補釋〉,簡帛研究網,2005 年 2 月 15 日。

「以自爲長」，即下文所釋的「使各自成爲教誨不倦的師長」。〔註47〕

5. 季師旭昇：

《詩經》以「玉」比喻君子，甚至於諸侯，如《衛風‧淇奧》「如金如錫，如圭如璧」，序：「淇奧，美（衛）武公之德也。」《秦風‧小戎》「言念君子，溫其如玉」，序：「小戎，美（秦）襄公也。」〈交交鳴烏〉「如玉如英」自當讀爲「如玉如瑛」，美楚王也。《毛詩‧齊風‧著》「尚之以瓊英乎而」，傳：「瓊英，美石似玉者。」陳奐《詩毛氏傳疏》：「英者，瑛之假借字。《說文》：『瑛，玉光也。』瑛本爲玉光，引申爲石之次玉。」〔註48〕

6. 曹建國：

詩曰「愷俤君子，若玉若英」，其中的「英」當爲「瑛」的借字，意爲「玉的光采」，詩中的「玉」也是取其潔白之義。「若玉若瑛」是說君子之德如玉如瑛，晶瑩有光采。〔註49〕

【思婷案】

師說可從。據第二章「若豹若虎」來看，「虎」與「豹」皆爲猛獸，性質相近，故本章「若玉若英」之「玉」、「英」應該也是同類之物。

《說文‧艸部》謂：「英，艸榮而不實者。」「英」之本義爲「花」，然而花與玉石實不相類，故季師提出「英」乃「瑛」之假借的說法後，學者咸從此說。

「英」通「瑛」。朱駿聲《說文通訓定聲》曰：「英，假借爲瑛。」《玉篇‧玉部》：「瑛，美石，似玉。」故此句「若玉若英」，乃以玉及瑛二種品類相似之物，來比擬「豈弟君子」──亦即國君之德。

《禮記‧聘義》云：

子貢問於孔子曰：「敢問君子貴玉而賤珉者何也？爲玉之寡而珉之多與？」孔子曰：「非爲珉之多故賤之也、玉之寡故貴之也。夫昔者君子比德於玉焉：溫潤而澤，仁也；縝密以栗，知也；廉而不劌，義也；垂之如隊，禮也；叩之其聲清越以長，其終詘然，樂也；瑕不揜瑜、瑜不揜瑕，忠也；孚尹旁達，信也；氣如白虹，天也；精神見於山川，地也；圭璋特達，德也。天下莫不貴者，道也。《詩》云：『言念君子，溫其如玉。』故君子貴

〔註47〕 林碧玲：〈《上博四‧逸詩‧交交鳴鶩》研究〉，《出土簡帛文獻與古代學術國際研討會論文集》，2005 年 12 月 2 日～3 日，頁 220。

〔註48〕 季師旭昇：〈《上博四‧逸詩‧交交鳴烏》新詮〉，第一屆古文字與古代史學術研討會，中央研究院歷史語言所，2006 年 9 月 22 日～24 日。

〔註49〕 曹建國：〈楚簡逸詩《交交鳴鶩》考論〉，武漢大學簡帛網，2006 年 11 月 26 日。

之也。

孔子將君子比德於玉，要求君子要像玉一般具備各種美德並付諸實施，像玉那樣在品性和儀表上的都要溫和。《禮記·玉藻》曰：「君子無故，玉不去身，君子於玉比德焉」，君子佩戴玉石的目地是時時警醒自己的道德修養與品格應像玉石一樣。儒家認為君子應當是外帶恭順，內具堅韌，光華內斂，不彰不顯，故玉的品質是與君子的品質最為近似的，因此古人往往以美石美玉喻君子之德，這樣的例子，在《詩經》中亦十分常見，如《衛風·淇奧》「如金如錫，如圭如璧」，《秦風·小戎》「言念君子，溫其如玉」。

〔5〕君子相好

【各家說法】

1. 馬承源：

   《詩·小雅·鴻鴈之什·斯干》：「兄及弟矣，式相好矣，無相猶矣。」「相好」言兄弟不相疑。〔註50〕

2. 廖名春：

   案：「兄弟不相疑」是「相好」在《詩·斯幹》一詩裡的具體義，這是從反面定義。其一般義就是交好。如《詩·邶風·日月》：「日居月諸，下土是冒。乃如之人兮，逝不相好。胡能有定？」《左傳·成公十三年》：「昔逮我獻公及穆公相好，戮力同心，申之以盟誓，重之以婚姻。」《公羊傳·宣公十二年》：「吾兩君不相好，百姓何罪？」《管子·輕重丁》：「途旁之樹未沐之時，五衢之民，男女相好往來之市者，罷市，相睹樹下，論議互語，終日不歸。」這裡的「相好」都是互相友好的意思。簡文「君子相好」也當是交好、互相友好義。〔註51〕

3. 季師旭昇：

   相好，對我們很好，《毛詩·邶風·日月》：「乃如之人兮，逝不相好。」

   〔註52〕

4. 林碧玲：

   上述學者之釋「相好」皆不離「親愛友好義」，不過季氏特別強調這是君

〔註50〕 馬承源主編：《上海博物藏戰國楚竹書（四）》，（上海：上海古籍出版社，2004 年），頁 175。

〔註51〕 廖名春：〈楚簡《逸詩·交交鳴鳥》補釋〉，簡帛網 2005 年 2 月 12 日。清華大學簡帛研究網，2005 年 2 月 13 日。亦載於《中國文化研究》2005 年第 1 期，頁 9〜5。

〔註52〕 季師旭昇：〈上博（四）《逸詩·交交鳴鳥》補釋〉，簡帛研究網，2005 年 2 月 15 日。

子對臣民的友好，則頗值得深究。

季文之書證爲《邶風‧日月》：「逝不相好。」毛傳：「不及我以相好。」
箋云：「其所以接及我者，不以相好之恩情，其於已薄也。」據此「相好」
應是以相好之恩情相接與，即相親愛友好以待。而「逝不相好」是妻子訴
說丈夫變心不再相好以待，因此理解爲「對我不好」，這是從做爲親愛之
情的受納者而言的。準此以釋〈交交鳴鳥〉，則詩歌的作者就應該也是友
好之情的受惠者，如此這詩就會成爲臣民對人君之德的稱頌。本來人君親
愛臣民，臣民歌頌人君修德有道，乃是極符合周文之尚德精神的。然而如
此解釋，卻與起興的簡文首句「交交鳴鳥」不合，此句有君子和樂相聚之
義，因而藉此下起和樂君子親愛友好而相勉以德之義。

而且周朝行宗法制度，具有政治與宗族之倫理相綰爲一的特色，政治倫
理乃宗族倫理之延伸、推擴。因此擁有政治身份的君子，彼此間多有血
緣或婚姻之親的關係，再加上有鑑於周初的三監之亂，《詩經》中便多有
勉兄弟相好勿遠之詩，如《小雅‧常棣》：「常棣之華，鄂不韡韡，凡今
之人，莫如兄弟。」《小雅‧頍弁》：「豈伊異人？兄弟匪他。蔦與女蘿，
施于松柏。」《小雅‧角弓》：「騂騂角弓，翩其反矣。兄弟婚姻，無胥遠
矣。爾之遠矣，民胥然矣。爾之教矣，民胥傚矣。」凡此可見，在周文
的價值觀裡，兄弟友愛、宗族和樂，乃是君子安治天下的基礎，因此「君
子相好」，似乎也可認爲是「兄弟無遠」之情意理致，延續在政治面向上
的表達。

據此，則「君子是好」似應是對愷悌君子宜相互親愛的讚美及期勉，而
非指君子對受惠者（依理是臣民）很好。而且若依下文所論，〈交交鳴鳥〉
淵源於《雅》，且其作者或爲楚國之貴族，則「君子相好」爲勉君子間應
該要互相親愛友好，也是十分合理的，這是本詩作者對君子的勸勉，並
即此進而申說君子的親愛，理當落實在相勉以德，亦即本詩下文之義。
〔註53〕

5. 季師旭昇：

在本句中，「相」字可能有兩種解釋，其一釋爲「互相」；其一釋爲詞頭，
無意義。前者如《毛詩‧鄭風‧溱洧》「維士與女，伊其相謔」，後者如《毛
詩‧邶風‧日月》「乃如之人兮，逝不相好」、《毛詩‧大雅‧雲漢》「胡不

〔註53〕林碧玲：〈《上博四‧逸詩‧交交鳴鳥》研究〉，《出土簡帛文獻與古代學術國際研討
會論文集》，2005 年 12 月 2 日～3 日，頁 221～222。

相畏，先祖于摧」。二説在詩文中都可以説得通，但是透過對全篇詩旨的考察，本詩的「豈弟君子」既然是一人，則「相」字自以釋爲詞頭較妥，「君子相好」，謂「君子對我們很好」。〔註54〕

6. 曹建國：

「君子相好」的「相」解爲「一方對另一方的態度」，「相好」是説君子對百姓友善，且能力超群，能「爲之長」、「爲之禦」、「爲之衛」，是眾人的保護神。〔註55〕

【思婷案】

師説可從。由於本詩「豈弟君子」乃指國君一人，故「君子相好」便不能釋爲許多君子互相友好，「相」字不能釋爲「相互」之意，應該釋爲代詞性助詞，表示一方對另一方有所動作。如《列子・湯問》：「吾與汝畢力平險，指通豫南，達于漢陰可乎？雜然相許」、《史記・鄒陽列傳》：「臣聞明月之珠，夜光之璧，以闇投人於道路，人無不按劍相眄者」的用法。「君子相好」乃指國君對待臣民十分良善。

〔6〕以自為展

【各家說法】

1. 馬承源：

「展」，從厂，從長，字書所無，讀爲「長」《廣雅・釋詁》云「長」有「善」、「常」、「老」、「久」等義，此當取「善」義。《論語・述而》：「擇其善者而從之，其不善者而改之。」〔註56〕

2. 廖名春：

案：馬説是。但「以自爲長」之句意仍欠清楚。早期文獻裡類似的句子頗多，如：

夏，齊姜薨。初，穆姜使擇美槚，以自爲櫬與頌琴。季文子取以葬。（《左傳・襄公二年》）

是故內聖外王之道，闇而不明，鬱而不發，天下之人各爲其所欲焉以自爲方。（《莊子・天下》）

〔註54〕 季師旭昇：〈《上博四・逸詩・交交鳴烏》新詮〉，第一屆古文字與古代史學術研討會，中央研究院歷史語言所，2006 年 9 月 22 日～24 日。

〔註55〕 曹建國：〈楚簡逸詩《交交鳴鷖》考論〉，武漢大學簡帛網，2006 年 11 月 26 日。

〔註56〕 馬承源主編：《上海博物藏戰國楚竹書（四）》，（上海：上海古籍出版社，2004 年），頁 175。

察民所惡，以自爲戒。（《管子・桓公問》）

善說者若巧士，因人之力以自爲力；因其來而與來，因其往而與往：不設形象，與生與長，而言之與響。（《呂氏春秋・慎大覽・順說》）

當今之世，醜必托善以自爲解，邪必蒙正以自爲辟。（《淮南・泰族》）

古之帝者，地不過千里，諸侯各守其封域，或朝或否，相侵暴亂，殘伐不止，猶刻金石，以自爲紀。（《史記・秦始皇本紀》）

所謂「以自爲櫬與頌琴」，即「爲自己製作了內棺和頌琴」；所謂「以自爲方」，即「自己以爲這就是道」；所謂「以自爲戒」，即「自以爲戒」，作爲自己的警戒；所謂「以自爲力」，即「以爲自力」，把它當作自己的力量；所謂「以自爲解」，即爲自己作解釋；所謂「以自爲辟」，即給自己作辯護；所謂「以自爲紀」，即爲自己作紀念。而簡文「以自爲長」與上述例句意思頗爲不同。「以」，猶「使」或「令」。《書・君奭》：「我不以後人迷。」《戰國策・秦策一》：「向欲以齊事王攻宋也。」高誘注：「以猶使也。」「爲」，可訓爲「趨」或「求」。《孟子・盡心上》：「雞鳴而起，孳孳爲利者，蹠之徒也。」《荀子・王霸》：「將以爲樂，乃得憂焉；將以爲安，乃得危焉；將以爲福，乃得死亡焉，豈不哀哉！」「爲利」，趨利，求利。「爲樂」，求樂，取樂。「爲安」，求安，取安。「爲福」，求福，取福。而簡文「以自爲長」即「以自爲善」，使自己求善、趨於善。與《論語・學而》篇比較，簡文「君子相好」，相當於「有朋自遠方來，不亦樂乎」；簡文「以自爲長」，相當於「人不知而不慍，不亦君子乎」。君子之間相互往來交好，可謂「不亦樂乎」；大家各自向善、求善，所以「人不知」也能做到「不慍」。〔註57〕

3. 季師旭昇：

辰，通長，領導。原考釋解爲「善」，與「君子相好」的意思比較沒有關係。〔註58〕

4. 秦樺林：

按：「以自爲長」，即「自以之爲長」，自己以對方爲師長。《大雅・皇矣》：「克長克君。」毛傳：「教誨不倦曰長。」屈原《橘頌》：「年歲雖少，可

〔註57〕廖名春：〈楚簡《逸詩・交交鳴鳥》補釋〉，簡帛研究網，2005 年 2 月 12 日。清華大學簡帛研究網，2005 年 2 月 13 日。亦載於《中國文化研究》2005 年第 1 期，頁9～5。

〔註58〕季師旭昇：〈上博（四）《逸詩・交交鳴鳥》補釋〉，簡帛研究網，2005 年 2 月 15 日。

師長兮。」「以自爲長」是說君子之間相師，《小雅‧鹿鳴》:「君子是則是效。」上博簡《詩傳》:「以道交，見善而效。」《論語‧里仁》:「子曰:『見賢思齊焉。』」君子之交在於互相學習對方的優點。〔註59〕

5. 董　珊:

「以自爲庀（長）」。「庀」字寫法與《說文》「長」字下所錄古文二體「夫」、「庀」相類。古文字材料裏的「夫」字，從前已見戰國趙十一年庫嗇夫鼎:「賈氏夫（張）師所爲」（《殷周金文集成》02608）。長，正長。《左傳》昭公二十八年「教誨不倦曰長」。上博簡逸詩「間關悔（誨）辭」之「悔」讀爲「教誨」之「誨」，說的就是正長對詩人的教誨。〔註60〕

6. 林碧玲:使各自都能成爲教誨不倦的師長。

馬氏與廖氏主「以自爲長」，其意作從善、趨善解，於詩意亦無不通，只可惜未能有出自《詩經》的直接例證，而《詩經》卻有「長」釋爲「師」之例。《大雅‧皇矣》:「克長克君」，鄭箋:「教誨不倦曰長，」孔疏:「長即師也。《學記》曰『能爲師然後能爲長，能爲長然後能爲君，故先長後君也，』」而且爲君爲師以安保民命與故作新民，乃周文化所強調的君子之德治責任，這既是天命的終極關懷與最後目的，也是君子長保天命的究竟之道。《周易‧臨‧象》曰:「澤上有地，臨;君子以教思無窮，容保民無疆。」《周易‧觀‧象》曰:「風行地上，觀;先王以省方觀民教設。」都是在闡發此義。

在「師長」的訓義下，要如何解釋「以自爲長」呢?秦氏「自以之爲長」──自己以對方爲師長──的說法，似有增字解經之嫌，且若依秦氏之意，簡文何不逕作「以爲已長」呢?在此若參考廖氏的句例解釋，則「以自爲長」有「以自爲師長」之義，也就是「自我要求使自己成爲師長」。此義承接前句「君子相好」，而落實在每位君子身上，其義則爲和樂的君子們，應該彼此相互勉勵，使各自都能成爲教誨不倦的師長。這既是本詩作者對君子的期勉，也是君子應該要自我要求以完成「繼德繼孝」的世代義務;身爲君子就應該自覺的擔當起德治責任，培養「儀刑文王」的德性情意，效法文王「敬勤交修」的德教啓發，這可說完全切合周文的生命觀與價值觀。

〔註59〕 秦樺林:〈楚簡逸詩《交交鳴鷺》箚記〉，清華大學簡帛研究網，2005 年 2 月 18 日。簡帛研究網，2005 年 2 月 20 日。

〔註60〕 董珊:〈讀上博藏戰國楚竹書（四）雜記〉，簡帛研究網，2005 年 2 月 20 日。

因此「釋長爲師」之義，與君子貴謙之訓並沒有衝突，因爲「以自爲長」，並非意指貴爲君子，便可驕矜的「自以爲是師長」而廢德不修。相反的，所強調的義旨乃是，正因爲貴爲君子，才更需要自我要求名實，以顯豁德治擔當的責任自覺，唯有如此，才能實現「克長克君」的德治責任與理想。孔子不也說過：「必也正名乎！」（《論語・子路》），又說：「當仁，不讓於師」（《論語・衛靈公》）的嗎？因此，「以自爲長」可說是，本詩作者對於君子最懇切而正大的期許。所以本文將「以自爲長」。解釋爲「各自都能（自我責求）成爲教誨不倦的師長」。

不過馮時先生曾指教，不一定讀爲長ㄓㄤˇ（zhang 3）說成「師長」這麼明確。讀爲ㄔㄤˊ（chang 2），意爲長久。這樣「衛」就當動詞（案：「衛」即指「以自爲戒」）。推考其意，則「長」似亦當爲動詞，但「長」作動詞用，並不當「長久」解釋；若當「長久」解，不就是作形容詞了嗎？便何況「以自爲衛」的「衛」也不一定得解爲動詞，當長作爲名詞的「師長」解時，「衛」也可作爲名詞的「護衛」解，下文就對此有所詳述。

此外，周文與儒家確實都強調長久的價值，所謂「文子孫子，本支百世」（《詩經・大雅・文王》），「於斯萬年，受天之祜」（〈下武〉），「欲至于萬年惟王，子子孫孫永保民」（《尚書・周書・梓材》）。這都是最足以代表周文追求長久的價值取向，一言以蔽之，就是永保天命，所謂「王其德之用，祈天永命。……欲王，以小民受天永命。」（《尚書・周書・召誥》）然而也正因此，周文同時大力宣揚永保天命之道，乃在世德代修，強調子孫之繼德是謂能孝，所謂「繼德繼孝」正是此義。這成爲《詩經・周頌》與《大雅・文王之什》中，非常濃厚突出的德性情意基調，因而有謂「念茲戎功，繼序其皇之。」（〈烈文〉），「繼序思不忘」、「永世克孝」（〈閔予小子〉），「繼猶判渙」（〈訪落〉），「永言配命，自求多福」（〈文王〉），「王配于京，世德作求，永言配命，成王之孚」、「永言孝思，孝思維則」、永言孝思，昭哉嗣服」（〈下武〉）等言。而「克長克君」也可說就是君子繼德的具體內涵之一，因此解釋爲「師長」將更能顯豁所以能長久的實質與根據。

同時，若解釋爲長長久久，雖可承前句「君子相好」，而言君子們自我期勉親愛友好之情要能長長久久。然則如此順情作解，似乎較彰顯不出周文與儒家的人文思想，並不只是在珍惜「情長」，而是更深具「情長德延」的道德理想性，正所謂「天不可信，我道惟寧王德延，天不庸釋于文王受

命。」(《尚書·周書·君奭》)。〔註 61〕

7. 季師旭昇：

各家的不同，來自對「以自」、以及「㝵」的解釋不一樣。各家以本句主體爲「君子們」，則釋「以自」爲「使自己成爲」或「以自己」；「㝵」則或釋爲「師長」、「正長」。旭昇案：本句的主體既然不是「君子們」，而是一位「豈弟君子」，而「豈弟君子」本來就是王者或諸侯，則各家之說便不能成立。「以」當釋爲「因而」，向熹《詩經詞典（修訂本）》「以」字條下第 18 義項云：「連詞。連接兩個前後相承的詞組。可譯爲『於是』、『因而』。……《小雅·天保》一章『俾爾多益，以莫不庶』。鄭箋：『使女每物益多，以是故無不眾也。』」〔註 62〕「自」則當釋爲「自然」，如《老子》57 章：「我無爲而民自化，我好靜而民自正。」據此，「以自爲長」當釋爲「因而自然成爲我們的君長」。「君」與「長」同類，見《毛詩·大雅·皇矣》「維此王季，帝度其心，貊其德音，其德克明，克明克類，克君克長」，毛傳：「教誨不倦曰長，賞慶刑威曰君。」屈萬里《詩經詮釋》：「言堪爲長上，堪爲君王也。」〔註 63〕

8. 曹建國：

長，做首領，爲長官。《戰國策·楚策一》：「狐曰：『子無敢食我也。天敵使我長百獸，今子食我，是逆天命也。』」〔註 64〕

【思婷案】

甲骨文「長」字作(後·1.19.6)，象長髮人手持杖之形，引伸爲一切事物之「長」〔註 65〕。楚系「長」字或作(曾 164)、(曾 166)，杖形訛似「匕」形；或省略杖形作(包 54)、(包 78)、(包 268)、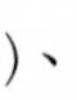(郭·性 10)，與本簡()字形相近。《說文》「長」之古文、應即由第二形訛變。《說文》謂「，久遠也。从兀从匕。兀者，高遠意也。久則變化。亾聲。𠂣者，倒亾也。」其釋形全誤。

〔註 61〕林碧玲：〈《上博四·逸詩·交交鳴鶩》研究〉，《出土簡帛文獻與古代學術國際研討會論文集》，2005 年 12 月 2 日～3 日，頁 223～224。

〔註 62〕向熹：《詩經詞典（修訂本）》，（成都：四川人民出版社，1997 年），793 頁。

〔註 63〕季師旭昇：〈《上博四·逸詩·交交鳴鳥》新詮〉，第一屆古文字與古代史學術研討會，中央研究院歷史語言所，2006 年 9 月 22 日～24 日。

〔註 64〕曹建國：〈楚簡逸詩《交交鳴鷖》考論〉，武漢大學簡帛網，2006 年 11 月 26 日。

〔註 65〕季師旭昇：《說文新證（下）》，（台北：藝文印書館，2004 年），頁 88。何琳儀：《戰國古文字典（上）》，（北京：中華書局，1998 年），頁 684。

長，意指天子、方伯、諸侯。《廣雅‧釋詁一》：「長，君也。」《書‧益稷》：「外薄四海，咸建五長。」孔傳：「諸侯五國立賢者一人爲方伯，謂之五長。」《周禮‧天官‧大宰》：「二曰長，以貴得民。」鄭玄注：「長，諸侯也。」《孟子‧梁惠王下》：「君行仁政，斯民親其上，死其長矣。」「以」字應從季師所釋，視爲表示因果關係的連詞，相當於「因此」之意，如《正字通‧人部》謂：「以，因也。」《韓非子‧姦劫弒臣》：「孝公得商君，地以廣，兵以強。」

「以自爲長」承上文「豈弟君子，若玉若瑛，君子相好」而來，由於國君品德美如玉石，對人民和善，「因而自然成爲我們的君長」。

〔7〕戲（豈）敆（傒／嬉）是好？

【各家說法】

1. 馬承源：

讀爲「愷豫」。「敆」，從糸、從女得聲，「女」、「豫」疊韻通假。《荀子‧禮論》：「說豫娩澤」，楊倞注：「豫，樂也。」《孟子‧公孫丑下》：「夫子若不豫色然」，趙岐注：「顏色故不悦也。」《宋書‧樂志四‧朱路篇》「人心惟愷豫。」「愷豫」，亦和樂之意。對照第三簡、第四簡詩句，其下應殘損八個字，按行文規則，末句連接第二簡首句：「皆竽皆英。」〔註66〕

2. 季師旭昇：

幾敆是好：「幾△1」，原考釋讀爲「愷豫」，和樂之意。案：「幾△1是好」應是「好是幾△1」的意思，「幾△1」應該是個修身或施政的動作，「好是和樂」比較不切。「幾△1」也好、「愷豫」也好，都不是個常見的詞（原考釋舉《宋書‧樂志》有「人心惟愷豫」句，但時代究竟太晚），「幾△1」應該是個聯綿詞，疑有「相好」義，以聲音求之，《爾雅‧釋草》有「藆藅」，郭璞注云：「似芹可食，子大如麥，兩兩相合。」《爾雅‧釋地》有「岠虛」，又作「駏驉」：「西方有比肩獸焉，與邛邛岠虛比，爲邛邛岠虛齧甘草，即有難，邛邛岠虛負而走，其名謂之蟨。」「藆藅」、「岠虛」都有兩兩相合、比肩等意義，與「幾△1」前雙聲後疊韻，應是一音之轉，疑「幾△1」也應該與「兩兩相合」、「比肩」等意義相近，放在本詩中，則可以解釋爲「相好」、「和善」、「親善」。〔註67〕

〔註66〕馬承源主編：《上海博物館藏戰國楚竹書（四）》，（上海：上海古籍出版社，2004年），頁175。

〔註67〕季師旭昇：〈《上博四‧逸詩‧交交鳴鳥》新詮〉，第一屆古文字與古代史學術研討會，

3. 孟蓬生：

孟蓬生認爲本簡「戲」和上博簡（四）《內豊》簡八的「劃」字，皆當讀爲「豈」，作爲「反詰副詞」：

> 「戲紋是好，隹（唯）心是萬」一句話中，「好」和「萬」均用作動詞，「紋」、「心」分別是「好」和「萬」的賓語。簡 4 語意當爲，難道是喜好「紋」嗎，只是勉勵心志而已。「劃必又（有）益，君子呂（以）成其孝道。」義爲「（父母有病時舉行，兒子舉行各種祭祀祈禱活動）難道一定對事情有所補益嗎，君子是借此來成全他的孝道呀。」〔註68〕

4. 孟蓬生：

> 今按：「戲」當讀「豈」，筆者前已論及，但未對該字構形進行分析。從構形來看，此字當即「譏」字省文。《説文‧豈部》：「譏，蠻也。訖事之樂也。從豈，幾聲。」楚簡中「幾」字作「䊹」，左上部之「乡」與「豈」（小篆作「豈」）字的上部「乚」相近。本書《內豊》簡八：「劃必又（有）益，君子呂（以）成其孝道。」（226 頁）李朝遠先生以爲「『劃』即『劃』」（227 頁），其説可從。由此可見，楚簡的「豈」字確實可從「幺」作「豈」。這樣，「幺」字就可以看作「豈」和「幾」字的共用部分，而「戲」字的結構就可以分析爲：從豈，從幾省聲。「豈」和「幾」古音相同或十分相近，所以戲（譏）字實際上是個雙聲字。《説文》對該字字義的説解未必可信，但其字形確實淵源有自。〔註69〕

5. 秦樺林：

> 按：當讀爲「豈譽是好」。即「豈好譽」，意爲：難道（只是）喜愛好名聲？《管子‧任法》：「舍法而任智，故民舍事而好譽。」君子相交，必求有令名者，《大雅‧思齊》：「古之人無斁，譽髦斯士。」毛傳：「古之人無斁於有名譽之俊士。」鄭箋：「令此士皆有名節于天下，成其俊乂之美也。」「豈譽是好？唯心是萬。」相仿的句式有《左傳‧僖公四年》：「豈不穀是爲？先君之好是繼。」〔註70〕

6. 董　珊：

中央研究院歷史語言研究所，2006 年 9 月 22 日～24 日。

〔註68〕 孟蓬生：〈上博竹書（四）閒詁〉，簡帛研究網，2005 月 2 月 15 日。

〔註69〕 孟蓬生：〈上博竹書（四）閒詁續〉，簡帛研究網，2005 年 3 月 6 日。

〔註70〕 秦樺林：〈楚簡逸詩《交交鳴鴬》箚記〉，清華大學簡帛研究網，2005 年 2 月 18 日。簡帛研究網，2005 年 2 月 20 日。

「豈嫐（美）是好？」之「嫐」字原作：

整理者以爲從「糸」、「女」聲，並將該句釋讀爲「愷豫是好」。今按此釋誤。該字實當分析爲從「女」、「岂」聲，隸定爲「娞」，即「嫐」字之省，讀爲「美」。

「岂」字上半寫法跟常見「敚」所從小異，而近似「豈」字上半。《説文》分析「敚」字爲「從人、從攴，豈省聲」，微、豈聲相近。據此，這可能是聲化的結果。〔註71〕

7. 陳斯鵬：

「嫐」字爲董珊先生釋（文見簡帛研究網），甚是。〔註72〕

8. 林碧玲：

首論「![字]」字的構形與隸定。孟氏之構形解説似可從之，前文引魏氏之説，亦釋「戠」之構形爲「戠」。「戠」在此讀爲「豈」，秦氏、董氏亦以爲是，如此則意爲「難道」。

次論「![字]」字的隸定。董氏隸定爲「娞」，陳氏從之。爲從「女」、「岂」聲，即「嫐」字之省，讀爲「美」。然而馮時先生以爲隸定爲「紋」是對的，但怎麼讀則可重新考慮。季氏甚至未隸定此字，可見考釋此字的困難。

今謹從整理者所考釋，隸定爲「紋」，讀「豫」，作「樂」解，然並非馬氏所謂的「愷豫和樂」之意，而是「逸豫」、「逸樂」之意。

再論「戠紋是好」的意義。「好」，各家都釋爲「喜好」、「愛好」，動詞。馬氏「和樂是好」，季氏「好是幾△1」，聯綿詞，釋爲「相好」、「和善」、「親善」。兩家解釋的意思接近。雖然呼應文旨，但文意略嫌重複，而且與下文「唯心是□」，即「唯□心」，在語氣上似較不能銜接。

如果戠讀爲「豈」可從，則此句爲「豈……（賓詞）是好」，即「豈好……」，意爲「難道喜好……嗎？」，與下一句「唯……（動詞）心」，在語氣上似乎更爲通順。而且秦氏已指出，《左傳・僖公四年》：「豈不穀是爲？先君之好是繼」爲相仿的句式。

然則此句究竟説「愛好」什麼呢？和樂、親善之意既是重覆，而秦氏意爲

〔註71〕董珊：〈讀上博藏戰國楚竹書（四）雜記〉，簡帛研究網，2005 年 2 月 20 日。
〔註72〕陳斯鵬：〈初讀上博竹書（四）文字小記〉，簡帛研究網，2005 年 3 月 6 日。

「喜愛好名聲」的「好譽説」，又未説明何以隸定爲「譽」。至於董氏雖別釋爲「好嫩」，卻未説明「好美」的實義。如果董氏的解説可從，則「美」本有「泛指好的德性、事物等」之意，但是衡諸此詩之意，恐怕不會是泛指，而只能是特指與「君子」有關之美。「君子之美」就其實而言，乃在「君子之德」，但是解釋爲「難道是喜好君子的美德嗎」，於義不通。因而便需轉向「君子之名」加以思考，如此則本句讀爲「豈嫩是好？」意思就成「難道是喜好君子的美名嗎？」如此作解，與上句「以自爲長」的自我責求，恰爲一正面肯定與反詰逼顯的相互呼應，似乎也無不可。作者最初研讀之際，即曾如此作解。

然而姑且不論董氏之字形隸定是否可信，如果肯定《逸詩》與《詩經》的思想之關係，便不能不慎重考慮到，足以作爲周文尚德精神代青文獻的《詩經》、《周易》與《尚書・周書》，似乎都沒有反思「美名」的例證，相反的《詩經》中經常肯定「德音」的重要性，如《鄭風・有女同車》之「德音不忘」，范處義即謂：「美名不可忘也」，這也是作者覺得有必要重新理解「戠紋是好」的原因。

如果可以接受孟氏之讀「戠」爲「豈」，又接受將馬氏所隸定的「紋」讀爲「豫」，但解爲作者所提出的「樂」義，即「逸豫」、「逸樂」之意，所謂「謙輕而豫怠」（《周易・雜卦傳》），則此句便作「豈豫是好？」其中「是」作爲句中助詞，因而整句的意思便是「難道要貪圖、耽溺於逸豫嗎？」如此便文順理通了。〔註73〕

9. 季師旭昇：

孟讀「戠」爲「豈」，可從。但是原考釋所釋「紋」字，並以爲從「女」得聲，恐怕是有問題的。各家都接受這個隸定，只是從不同的通假去解釋。〈交交鳴烏〉此字三見，簡 1 作「⿰　」（⿰　），右旁從「女」，左旁實從「癸」（象編髮罪隸之人，于省吾以爲即「癸」字，見《甲骨文字釋林・釋癸》64～66 頁。已往楚系文字所從「癸」，爪下多作「糸」），隸定當作「䄔」，寬式隸定可作「嫛」，《説文・卷十二下・女部》：「嫛，女隸也。」當與「僕」同字。於本詩則可讀爲「戲」。「嫛」從「癸」聲，上古音當在匣紐支部，「戲」在曉紐歌部，二字聲韻俱近，可以通假。《毛

〔註73〕 林碧玲：〈《上博四・逸詩・交交鳴鸞》研究〉，《出土簡帛文獻與古代學術國際研討會論文集》，2005 年 12 月 2 日～3 日，頁 226～227。

詩‧大雅‧板》「敬天之怒，無敢戲豫」，傳：「戲豫，逸豫也，馳驅自恣也。」「譏敚是好」即「豈戲是好」、「豈好戲」，那裡敢喜好逸豫嬉遊呢？〔註74〕

【思婷案】

「譏」爲「豈」加注聲符「幾」形成的兩聲字，〔註75〕故可讀爲「豈」。，原考釋隸定爲「紞」，季師指出左半部件並非「糸」旁，應从「羑」。

甲骨（甲783）字，于省吾釋「奚」，謂此字从爪、从羑（象編髮罪隸之人），意爲「奚奴、罪隸」；「奚」或作（甲1134）、（明藏529）、（粹1341）等形，故「羑」應爲「奚」之初形。〔註76〕之左旁下方作四筆，並非如「糸」只有三筆，此字應依季師隸定爲「敚（嫛）」，可讀爲「戲」。

「豈敚是好」的「是」字，應爲表賓語提至謂語之前的助詞，表示確指之意，如：「惟你是問」、「惟命是聽」、「唯利是圖」等用法，又如《詩‧大雅‧崧高》云：「于邑于謝，南國是式。」故「豈敚是好」可還原爲「豈好敚（戲）」，意即「難道喜好嬉戲嗎？」此爲一激問語氣，答案在問題的反面，換句話說，即是豈弟君子（國君）不會耽溺於逸樂。

〔8〕佳心是匡：

【各家說法】

由於本簡上端殘斷，此四字本無，可據其下二章補出「佳心是□」，諸位學者對第四字則有不同的擬補。

1. 廖名春：

從第二章「唯心是蒦。間關愿司」和第三章「唯心是萬。間關愿司」來看，殘損的兩句可補出「唯心是□。間關愿司」七字，剩下的一字如何補，值得研究。

從用韻來看，逸詩的每章都是句尾隔句押韻，一韻到底。如第二章第二句句尾「渚」、第四句句尾「虎」、第八句句尾「蒦」、第十句句尾「下」爲韻，上古音皆爲魚部。

〔註74〕季師旭昇：〈《上博四‧逸詩‧交交鳴鳥》新詮〉第一屆古文字與古代史學術研討會，中央研究院歷史語言所，2006年9月22日～24日。

〔註75〕程燕：〈「豈」、「譏」同源考〉，《古文字研究》第二十六輯，（北京：中華書局，2006年11月），頁461～463。

〔註76〕季師旭昇：《說文新證（下）》，（台北：藝文，2004年），頁130。

第三章第二句句尾「滿」、第四句句尾「貝」、第六句尾「慧」、第八句句尾「萬」、第十句句尾「大」爲韻,「滿」、「萬」爲元部字,其餘皆爲月部字,屬於月元通韻。

而第一章第二句句尾「梁」、第四句句尾「英」、第六句句尾「長」、第十句句尾「英」爲韻,皆爲陽部字。因此,所殘損的第八句句尾字也當爲陽部字。從句式上看,「惟心是□」是強調句,即「惟□心」,所殘字爲動詞無疑。而「向」、「行」皆爲陽部字。文獻有如下的記載可以參考:

夫善惡不空作,禍福不濫生,唯心之所向,志之所行而已矣。(《新語‧思務》)

夫能理三苗,朝羽民,徒裸國,納肅慎,未發號施令而移風易俗者,其唯心行者乎!(《淮南子‧原道》)

未發號施令而移風易俗,其唯心行也。(《文子‧道原》)

從「君子相好」等文句看,似乎選擇「向」字更好。「惟心是向」與《新語‧思務》的「唯心之所向」也義近。因此,第一章所殘的兩句八字可補爲「惟心是向。間關悤司」。〔註77〕

2. 季師旭昇:

　　隹心是匡:據二、三章擬補。即「惟匡是心」,君子時時匡正自己的內心。
　　〔註78〕

3. 秦樺林:

　　按:試補爲「養」。「惟心是養」,意即「養心」。郭店楚簡《性自命出》:「養性者,習也」。《荀子‧不苟》:「君子養心莫善於誠。」郭店楚簡《尊德義》:「行矣而無違,養心於子諒,忠信日益而不自知也。」「惟心是養」是說君子之間交好、相師,是爲了涵養心性。〔註79〕

4. 林碧玲:

　　補文【惟心是□】有二問題待解。一、殘字之補?二、補上殘字後的【唯心是□】,其意爲何?

　　殘字之補,現有三說,於韻於義都可通,而其方法,皆不出協韻與詞性判斷。然而三說卻有共同的遺憾,就是所舉書證都非出自《詩經》的君子之

〔註77〕廖名春:〈楚簡《逸詩‧交交鳴鳥》補釋〉,簡帛研究網,2005年2月12日。
〔註78〕季師旭昇:〈上博(四)《逸詩‧交交鳴鳥》補釋〉,簡帛研究網,2005年2月15日。
〔註79〕秦樺林:〈楚簡逸詩《交交鳴鷟》箚記〉,清華大學簡帛研究網,2005年2月18日。簡帛研究網,2005年2月20日。

道。今爲書理兩全，依相同之法試補一「廣」字。

「廣」字光聲，古韻爲陽部，合乎此章之韻，且《詩經‧魯頌‧泮水》有言：「明明魯侯，克明其德。……濟濟多士，克廣德心。」因此從〈泮水〉對僖公君臣的讚美，可知君子修德之要。所謂「克廣德心」，孔疏：「謂心德寬弘，並無褊躁。」也就是度量寬大不狹小，性情舒展不急躁。朱傳：「廣，推而大之也。德心，善意也。」據此可將「唯心是廣」，解釋爲「實在應該弘廣德性心志啊!」〔註80〕

5. 季師旭昇：

廖名春〈楚簡《逸詩‧多薪》補釋〉補「隹心是向」，拙作〈上博（四）《逸詩‧交交鳴烏》補釋〉補「隹心是匡」，秦樺林〈楚簡逸詩《交交鳴鷺》箚記〉補「隹心是養」，林碧玲〈《上博四‧逸詩‧交交鳴鷺》研究〉補「隹心是廣」。後三說皆可通，本句當與上句「豈戲是好」相對，不好「逸豫嬉遊」，則當時時匡正己心。用「匡」字之相對性較強。〔註81〕

6. 曹建國：

第一節「惟心是□」，廖名春補「向」，季旭昇補「匡」，秦樺林補「養」。但我認爲參考第二節「惟心是蕼」，蕼，美貌，爲一形容詞，則此處的殘文也應該補上一形容詞，比如「良」。〔註82〕

【思婷案】

此句可據二、三章補爲「唯心是□」，至於□中之字應如何擬補，學者提出了不少意見。由於「唯心是蕼」的「蕼」字是動詞性質（詳〔註15〕），因此□字也應該是動詞，此外，由押韻的要求來看，本章韻腳有「梁、英、長」等字，押陽部韻，由這兩個條件來看，各家所補之字，意皆可通，然而此句承「豈戲是好」而來，「豈戲是好」爲反詰語氣，表示君子不沉湎於逸豫，且對照二、三章「唯心是蕼」、「唯心是厲」，本句應是在否定「沉湎逸豫」之上，更進一步強調修身礪行的重要，季師補「匡」字，則指出了人心易流於荒嬉的弊端，《孟子》謂「動心」、「陷溺其心」，《荀子》謂「邪心」、《詩經》謂「褊心」，可見人心時有不定，須時時加以「匡正」。故本文依季師之說，補爲「唯心是匡」，用以強調豈弟君子在砥

〔註80〕 林碧玲：〈《上博四‧逸詩‧交交鳴鷺》研究〉，《出土簡帛文獻與古代學術國際研討會論文集》，2005 年 12 月 2 日～3 日。頁 229。

〔註81〕 季師旭昇：〈《上博四‧逸詩‧交交鳴烏》新詮〉，第一屆古文字與古代史學術研討會，中央研究院歷史語言所，2006 年 9 月 22 日～24 日。

〔註82〕 曹建國：〈楚簡逸詩《交交鳴鷺》考論〉，武漢大學簡帛網，2006 年 11 月 26 日。

志礪行上的用心。

〔9〕鬭（間）卯（關）愍（謀）旬（治）

【各家說法】

1. 馬承源：

> 「鬭」，《說文》所無，《篇海類編》載有「鬭」字：「呼計切，音系，門扇
> 也。」與「間」通。「卯」也作「卍」，《集韻》：「卍，束髮兒，詩總角卍分。」
> 以絲貫杅爲「卍」，讀作「關」。《詩‧小雅‧甫田之什‧車舝》：「間關車之
> 舝兮」，《詩經集傳》：「間關，設舝聲。」「間關」，車聲。《後漢書‧鄧寇列
> 傳》：「使者間關詣闕。」李賢注：「間關，猶崎嶇也。」唐人詩中以此形容
> 鳥之飛鳴。白居易《琵琶行》：「間關鶯語花底滑。」「愍司」，待考。〔註83〕

2. 廖名春：

> 案：《說文‧門部》：「鬭，古文閒。」疑當訓爲安閒。「卍」，疑可讀爲「燕」。
> 《詩‧衛風‧氓》：「總角之晏。」《釋文》：「宴，本或作卍者，非。」《周
> 禮‧夏官‧序官》賈疏引「晏」作「卍」。而「燕」常與「宴」通，也有
> 安閒義。因此，「鬭卍」即「閒燕」，複辭同義，義皆爲安閒。「愍」，疑讀
> 爲「慔」。《說文‧言部》：「謀，古文作譬。」《爾雅‧釋詁下》：「慔，愛
> 也。」《說文‧心部》：「慔，慔撫也。」徐鍇《系傳》：「撫愛之也。」「司」，
> 疑讀爲「怡」。義爲和悅。「鬭卍愍司」即「閒燕慔怡」，是說君子們大家
> 安閒和悅，互相愛惜。又疑「鬭卍」可讀爲「簡觀」，檢查觀察；「愍司」
> 可讀爲「謀治」。但與下文詩意不協，故不取。〔註84〕

3. 季師旭昇：

> 原考釋讀爲「間關」，可從。其意義則舉了三種說法，但是沒有確定要用
> 那一種。案：前兩種是《詩經‧車舝》釋爲「車聲」、唐人詩中以此形容
> 鳥之飛鳴，於本詩都不合用。第三種說法是《後漢書‧鄧寇列傳》「使者
> 間關詣闕」，李賢注：「間關，猶崎嶇也。」此義較合本詩。「間關」應該
> 也是個聯綿詞，舊釋爲崎嶇，於本詩則可釋爲「不斷努力」。「△2 司」似

〔註83〕馬承源主編：《上海博物藏戰國楚竹書（四）》，（上海：上海古籍出版社，2004年），
頁 176。

〔註84〕廖名春：〈楚簡《逸詩‧交交鳴鳥》補釋〉，簡帛研究網，2005 年 2 月 12 日。清華
大學簡帛研究網，2005 年 2 月 13 日。亦載於《中國文化研究》2005 年第 1 期，頁
9～5。

可讀爲「謀治」，全句的意思是：君子不斷地努力謀求把施政做好。〔註85〕

4. 秦樺林：

按：馬先生讀爲「間」是正確的。但對於鬩的字形及其來源，有待補充。《説文・門部》所收「閒」的古文與簡文鬩字形稍異，前者從門從外，後者從門從列，所以二者不能直接等同。

郭店楚簡《老子》甲第 23 簡有「列」字，與鬩所從部件形體相同。與今本《老子》對照，「列」即「間」字。故鬩亦「間」字。鬩，大概是從門，列聲。閒，爲會意字。凡象形、會意之字往往有後起之形聲字予以替代。《説文》所錄閒的古文，段玉裁已指出其字形各本皆誤，今似可據楚文字以正之。

「愁司」，季旭昇先生讀爲「謀治」。按：疑讀爲「謀始」，《周易・訟卦》：「君子以作事謀始。」孔疏：「凡欲興作其事，先須謀慮其始。」〔註86〕

5. 董 珊：

間北，「北」字即《説文》所錄「礦」字古文，「關」字從此聲。整理者已經指出「間北」讀爲「間關」，詞見《詩・小雅・車舝》「間關之車舝兮」，毛傳：「間關，設舝（貌）也」。舝即轄，是車軸兩端的金屬鍵，用以擋住車輪，不使脱落。車行則設轄，無事則脱。此以「間關」形容「悔（誨）辭（原從台、司）」，是以轄制車輪的車轄譬喻君子的教誨。《書・酒誥》「乃不用我教辭」，誨辭即教辭。〔註87〕

6. 孟蓬生：

今按：「愁司」，馬承源先生無説。季旭昇先生讀爲「謀治」，秦樺林先生讀爲「謀始」，當以季説爲善。《禮記・中庸》：「哀公問政。子曰：『文武之政，布在方策。其人存則其政舉，其人亡則其政息。人道敏政，地道敏樹。』」鄭注：「敏猶勉也。樹謂殖草木也。人之無政，若地無草木矣。敏或爲謀。」《中庸》之「敏」，各家均從鄭注訓「勉」，其實改訓爲「謀」，其義亦十分順暢。《淮南子・氾論訓》：「周公繼文王之業，履天子之籍，聽天下之政。」高注：「政，治也。」是「謀政」即「謀治」也。

「間關」，馬承源先生於其確切取義則似舉棋不定（176 頁）。季旭昇先生

〔註85〕 季師旭昇：〈上博（四）《逸詩・交交鳴鳥》補釋〉，簡帛研究網，2005 年 2 月 15 日。

〔註86〕 秦樺林：〈楚簡逸詩《交交鳴鵻》箚記〉，清華大學簡帛研究網，2005 年 2 月 18 日。簡帛研究網，2005 年 2 月 20 日。

〔註87〕 董珊：〈讀上博藏戰國楚竹書（四）雜記〉，簡帛研究網，2005 年 2 月 20 日。

以爲當從「崎嶇」之義引申爲「努力」之義，其說大致可從而義有未盡，今爲補苴如下：

「間關」一詞，古今多以爲象聲詞，其實不然。間關，作爲一個聯綿詞，其基本意思是「輾轉曲折」。《漢書》：「士死傷略盡，馳入宮，間關至漸臺。」師古曰：「間關，猶言崎嶇展轉也。」《後漢書・荀彧傳論》：「荀君乃越河冀，間關以從曹氏。」李賢注：「間關，猶輾轉也。」《後漢書・鄧寇列傳》：「使者間關詣闕。」李賢注：「間關，猶崎嶇也。」所謂「輾轉」或「崎嶇」意思相同，即「曲折迂迴」之義。庾信《詠畫屏風詩二十四首》：「出沒看樓殿，間關望綺羅。」蘇軾《贈眼醫王生彥》：「若鍼頭如麥芒，氣出如車軸。間關絡脈中，性命寄毛粟。」其中的「間關」仍然是「蜿蜒曲折」之義。「間關」用於描寫車聲（《詩・小雅・車舝》：「間關車之舝兮。」）或鳥聲（白居易《琵琶行》：「間關鶯語花底滑。」），亦言其聲之「婉轉有致」或「曲折有致」。本詩之「間關愳司」，當指曲盡其道、千方百計地謀求治國之法。〔註88〕

7. 林碧玲：

補文「開丱愳司」，需處理「開丱」、「愳司」、「開丱愳司」三者的解釋問題。首先「開丱」的考釋，整理者讀爲「間關」，可從，只是「開」字構形，馬氏作「從門從外」，秦氏以爲當作「從門從列」，值得考慮。李氏認爲「間關」爲聯綿詞，在整理者所舉出的三義中，認爲第三種說法，舊釋爲「崎嶇」之義的，較合本詩，亦可從。孟氏在李氏「不斷努力」的取義方向上，提出「間關」的基本意思爲「輾轉曲折」，在本詩中「當指苗盡其道，千方百計地謀求治國之法」，如果暫且不論其中所涉及的對「愳司」的解釋，孟氏釋爲「曲盡（委曲詳盡）其道」之意，確實是更能豁顯此句的意義而可從。

「愳司」，馬氏無說。《郭店・老甲25》隸定爲「愳」字者，釋爲同「謀」。馮時先生也認爲「愳」就是「謀」，沒有錯。李氏以爲「愳司」似可讀爲「謀治」，其取義方向可從，孟氏即從之。然而馮氏認爲「謀」本身已經有謀治的意思，「司」當句末語氣詞，似亦可通。不過如果將「司」字讀如本字，且當作實詞，解釋爲「事」，意爲「所主之事」，指所負責的職事，於理似更暢達。一則古司、事二字通用，《周書・康誥》：「汝陳時臬司」。屈萬里先生即引王國維〈與友人論詩書中成語書二〉云：「則司臬

〔註88〕孟蓬生：〈上博竹書（四）閒詁續〉，簡帛研究網，2005年3月6日。

即臯事」。再則觀《周書・立政》所列的各種職官，百司庶府，常事司牧等，莫不爲「克俊有德」的君子，亦莫不各有其職司。據此，「謀司」就可解釋爲《謀事》，「間關謀司」的意思，就是「在所負責的職事上盡心盡力的圖謀」。

但是馮時先生以爲「開卝愸司」讀爲「閑曠謀司」。「開卝」應是「閑曠」，「卝」就是「曠」字，是形聲字，代表謀事的態度，指都能包容，兼容上下、少（年輕的）大（功高年長的）。「開卝」確是指謀事的態度，君子也的確應有涵容寬厚的美德，《周易・師・象》云：「君子以容民容眾」，《臨・象》云：「君子以教思無窮，容保民無疆」，《論語・子張》云：「君子尊賢而容眾」，都可爲證明。

只不過這是就「對人」的態度而言的，就「謀事」的態度而言，敬勤交修、敬慎不敗，恐怕才是君子修德的基調。《尚書・康誥》屢言「敬哉」，且在告誡「無康好逸豫」時，前又明言：「小人難保；往盡乃心」，只有「盡心」與「無逸」才能「乃其乂民」。「盡心」就是實踐「敬」德，「無逸」就是實踐「勤」，只有如此才能安治人民而永保天命。因此《詩經・周頌・我將》甚至高詠：「我其夙夜，畏天之威，于時保之。」這不正是君子「豈豫是好？」與「間關愸司」的寫照嗎？因此取「盡心竭力爲民謀事」之義解釋「間關愸司」，正是本源於周文與〈詩經〉的德教精神與民本傳統，而順洽簡文「唯心是廣」、「唯心是冀」、「唯心是萬」之意。〔註89〕

7. 季師旭昇：

「開」、「開」均爲「閒」之異體，今作「間」；原考釋所隸「卝」，字作「$\mathcal{H}$」實當隸「卵」。「閒卵」讀爲「間關」，當爲聯綿詞，意爲「曲盡其道、千方百計」，即曲盡其道，不斷努力。「旬」爲從「台」、從「司」之兩聲字，此當讀爲「治」。「間關謀治」，猶《毛詩・周頌・我將》「我其夙夜畏天之威，于時保之」、〈閔予小子〉「維予小子，夙夜敬止」。〔註90〕

8. 曹建國：

「間關愸司，皆華皆英」、「皆上皆下」、「皆少皆大」，「間關愸司」即「間

〔註89〕 林碧玲：〈《上博四・逸詩・交交鳴鴬》研究〉，《出土簡帛文獻與古代學術國際研討會論文集》，2005 年 12 月 2 日～3 日。頁 231～232。

〔註90〕 季師旭昇：〈《上博四・逸詩・交交鳴鳥》新詮〉，第一屆古文字與古代史學術研討會，中央研究院歷史語言所，2006 年 9 月 22 日～24 日。

關謀治」，間關，諸家囿於《小雅‧車轄》「間關車之轄兮」，而曲爲之說。實際上「間關」義同於「黽勉」，乃勉力、努力之義，《邶‧穀風》：「黽勉同心，不宜有怒。」毛傳：「言黽勉者，思與君子同心也。」「慜司」當從季旭昇說，讀爲「謀治」。所以「間關慜司」即「黽勉謀治」，而「皆華皆英」、「皆上皆下」、「皆少皆大」則是君子謀治的結果。〔註91〕

【思婷案】

本簡殘斷，故第一章此句「鬫卵慜司」乃據第二章、第三章所補。

「慜司」應從季師讀爲「謀治」。（豊／慜）字常見於楚系簡帛，或解作「悔」，或解作「謀」。何琳儀先生的《戰國古文字典》中指出：「慜，從心，母聲。謀之異文。見《說文》謀古文作慜。」〔註92〕《集韻‧侯韻》：「謀，或作慜。」慜從母得聲，謀從某得聲，某、謀均屬明母之部。例如《郭店‧老甲》第25簡：「其未兆也，易（謀）也。」《郭店‧語四》第13簡：「早與智（謀）」，此形應即《說文》「謀」古文之來源。（与／訇）字乃司、台之合文，〔註93〕楚系簡帛中用作「司」或「台」，或與「司、台」諧聲之字。

楚系「間」字有許多異體，如（天卜）、（璽0183）、（郭‧語三29）、（郭‧老甲23）。〔註94〕本簡（鬫）字與（天卜）相近，唯部件「刀」、「刃」互作。原考釋釋「間」，可從，然而當隸定爲「鬫」。

（卵），原考釋釋「丱」，「丱」字見於戰國燕系、晉系文字，〔註95〕然而「丱」字兩豎筆之外側未有填實者。此字應從季師釋「卵」，其字形與（包265）、（上博（二）‧子羔‧11）相近。「卵（來紐／元部）」、關（見紐／元部），音近可通。

「鬫」、「鬩」皆爲「間」之異體，「間關」二字皆爲見紐元部，爲聯緜詞。根據符定一編著之《聯緜字典》，收錄有「鬩關」一詞，共有三義：「設礊也。一曰好貌。或曰，猶崎嶇，展轉也。」〔註96〕此處「間關」修飾「謀治」一詞，自然以「展轉」釋之較爲適切。

〔註91〕曹建國：〈楚簡逸詩《交交鳴鶩》考論〉，武漢大學簡帛網，2006年11月26日。

〔註92〕何琳儀：《戰國古文字典（上）》，（北京：中華書局，1998年），頁128。

〔註93〕何琳儀：《戰國古文字典（上）》，（北京：中華書局，1998年），頁113。

〔註94〕李守奎：《楚文字編》，（上海：華東師範大學出版社，2003年），頁669。

〔註95〕何琳儀：《戰國古文字典（上）》，（北京：中華書局，1998年），頁1001～1002。

〔註96〕符定一：《聯緜字典》，（台北：中華書局，1964年），頁4295。

《詩‧小雅‧車舝》：「閒關車之舝兮」，《傳》：「閒關，設舝也。」馬瑞辰曰：

> 按：舝轄古通用。《左傳》叔孫賦車轄，即此詩。《說文》：「轄，車聲也。」三家詩必有作轄，訓爲車聲者，爲《說文》所本。然以轄爲車聲，不以閒關爲車聲也。閒關二字疊韻。《後漢書‧荀彧傳》：「荀君乃越河、冀，閒關以從曹氏。」注：「閒關猶展轉也。」阮氏福曰：車之設舝，則婉轉如意，亦猶人之周流四方，動而不息。故論以爲閒關以從曹氏。注以爲猶展轉也。閒關言貌而不言聲，當從毛傳爲是。詩無以疊韻省聲之例。宋儒以爲設舝聲，失之。後漢書馬援傳：「閒關跋涉。」章懷注以爲崎嶇，亦非。〔註97〕

古籍中「間關」用爲崎嶇、展轉之意者，如《漢書‧王莽傳下》：「王邑晝夜戰，罷極，士死傷略盡，馳入宮，間關至漸臺。」顏師古曰：「間關猶言崎嶇展轉也。」間關即爲崎嶇而辛苦、輾轉到達之貌。季師謂「閜卵愍司」乃「曲盡其道，不斷努力」地謀求治國之方，可從。

〔10〕皆芌皆英

【各家說法】

1. 馬承源：

> 讀爲「諧華諧英」。首字從虍，皆聲，字書所無，讀爲「諧」。「說文‧言部」：「諧，詥也。從言，皆聲」，「詥，諧也。從言，合聲」。是「諧」、「詥」互訓。又《龠部》：「龤，樂和龤也。從龠，皆聲。」「諧」字也包涵這層意思。「芌」讀作「華」。「芌」，從艸，于聲。《上海博物館藏戰國楚竹書（一）‧孔子詩論》：「棠棠者芌」，今本作「裳裳者華」，「華」、「芌」皆以于爲聲符，故「芌」可讀作「華」。〔註98〕

2. 廖名春：

> 案：「虘」、「皆」讀爲「諧」，則簡文不辭，文獻中沒有這種「諧華諧英」的用法。其實，不但「皆」要讀如本字，「虘」也要讀爲「皆」。其義當爲嘉、美。《廣雅‧釋言》：「皆，嘉也。」王念孫《疏証》：「嘉、皆一聲之轉，字通作偕。《小雅‧魚麗》曰：『維其嘉矣。』又曰：『維其偕矣。』《賓之初筵》曰：『飲酒孔嘉。』又曰：『飲酒孔偕。』『偕』亦『嘉』也。

〔註97〕符定一：《聯緜字典》，（台北：中華書局，1964 年），頁 4295～4296。
〔註98〕馬承源主編：《上海博物館藏戰國楚竹書（四）》，（上海：上海古籍出版社，2004 年），頁 175。

解者多失之。」王説是。「皆華皆英」又作「偕華偕英」，即「嘉華嘉英」。《國語‧晉語二》：「後出同走，不免於罪。且夫偕出偕入難，聚居異情惡，不若走梁。」此「偕出偕入」與簡文「皆華皆英」用法並不盡同。《禮記‧檀弓下》：「晉獻文子成室，晉大夫發焉。張老曰：『美哉輪焉！美哉奐焉！歌於斯，哭於斯，聚國族於斯。』」後人概括爲成語「美輪美奐」。此用法則與簡文「皆華皆英」同。簡三的「皆上皆下」、簡四的「皆少皆大」，馬注皆讀「皆」爲「偕」，但並沒有解釋。其實，這些「皆」也都應訓爲嘉、美。所謂「皆華皆英」即「嘉華嘉英」，「皆上皆下」即「嘉上嘉下」，「皆少皆大」即「嘉小嘉大」。也就是説華、英都嘉，上、下都嘉，小、大都嘉。〔註99〕

3. 季師旭昇：

皆芌皆英：原考釋讀爲「諧華諧英」，可從。意思是：和社會的精英相處得很和諧。〔註100〕

4. 秦樺林：

按：拙文曾指出楚簡中的「芌」，從艸，粵省聲，爲「華」之簡體。從「皆小皆大」，「皆上皆下」判斷，詩中的「華」、「英」當爲由形容詞轉化來的名詞。「華」有「玉有光華」義，「英」有「玉光」義，這裡引申指英才，優秀的人物。《禮記‧禮運》：「大道之行也，與三代之英。」鄭玄注：「英，俊選之尤者。」「諧華諧英」爲使動用法，指使英才之間關係和諧。〔註101〕

5. 林碧玲：

如據簡3和簡4文例，「皆芌皆英」可作「偕芌偕英」。因此不必然如馬氏讀爲「諧」，而取和諧之義，也可直接讀作隸定的「偕」字，意爲「偕同」。至於「芌」字，前述學者多承馬氏讀爲「華」，以「華」、「英」皆爲菁英秀異之士，作者初亦如此。

然而馮時先生順著「閑曠謀司」之解，認爲「芌」不必然讀爲「華」，讀如本字即可，而理解爲「英」與「次一等的」。顯然馮氏區辨「芌」與「英」

〔註99〕廖名春：〈楚簡《逸詩‧交交鳴鳥》補釋〉，簡帛研究網，2005年2月12日。清華大學簡帛研究網，2005年2月13日。亦載於"中國文化研究"2005年第1期，頁9～5。

〔註100〕季師旭昇：〈上博（四）《逸詩‧交交鳴鳥》補釋〉，簡帛研究網，2005年2月15日。

〔註101〕秦樺林：〈楚簡逸詩《交交鳴鷿》箚記〉，清華大學簡帛研究網，2005年2月18日。簡帛研究網，2005年2月20日。

當有異義，更能切合簡 3「皆（偕）上皆（下）」與簡 4「皆（偕）少皆（偕）大」的句式。簡 3 之「上」與「下」，簡 4 之「少」與「大」，顯然是同類而有別，順此則簡 2 之「芋」與「英」亦當如是，因而若將「芋」讀爲「華」，則「芋」與「英」皆作「花」義，就無法彰顯其中的區別，若讀爲「芋」便無此問題。

只是讀爲「偕芋偕英」，是否就要將「英」解釋爲「菁英」，「芋」解釋爲次一等的」，恐又未必然。考察簡 2 之「上」與「下」，以及簡 4 之「少」與「大」，都沒有定然的價值分判意味，只是客觀的存在差異，「上」與「下」說的是社會地位的尊卑，「少」與「大」指的是年齡層的差別，而其重點乃在強調，不管居處何位？身爲何齡？只要是君子，就都該當「間關謀司」，一起依其職責而盡心竭力的爲民謀事。順此，或許「芋」與「英」乃在表示各種不同的君子人才，「間關謀司，偕芋偕英」就是期勉君子應偕同各類人才，一起爲民盡心謀事，這不也合乎因才任事以設官分職的立政之道嗎？〔註 102〕

6. 季師旭昇：

「皆芋皆英」需與二章「皆上皆下」、三章「皆小皆大」並看。本詩爲贊美楚王，本句謂楚王「間關謀治，皆芋皆英」，則「皆芋皆英」以讀爲「諧華諧英」最爲妥適。「芋」讀爲「華」，楚簡常見，毋庸贅引。「華」與「英」字義近而有別，但舊說相當混亂。《說文解字・卷一下・艸部》：「英，艸榮而不實者。」《說文・卷六下・華部》：「華，榮也。」段注：「見《釋艸》。……按《釋艸》曰：『蕍、芛、葟、華，榮也。』渾言之也。又曰：『木謂之華，艸謂之榮。榮而實者謂之秀，榮而不實者謂之英。』析言之也。」精細地說，樹木開的花叫「華」，草開的不結果子的花叫「英」；籠統地說，都是「花」，草木的精華，引伸爲人類的精華。「諧華諧英」，意謂和諧地與國內的精英相處。〔註 103〕

【思婷案】

學者多從原考釋之說，將「皆英皆華」之「英」、「華」釋爲優秀的人物，然而說法略有差異

〔註 102〕 林碧玲：〈《上博四・逸詩・交交鳴鴬》研究〉，《出土簡帛文獻與古代學術國際研討會論文集》，2005 年 12 月 2 日～3 日。頁 233。

〔註 103〕 季師旭昇：〈《上博四・逸詩・交交鳴鳥》新詮〉，第一屆古文字與古代史學術研討會，中央研究院歷史語言所，2006 年 9 月 22～24

原考釋	讀　為　「　諧　華　諧　英　」
廖名春	將「皆芋皆英」釋爲「嘉華嘉英」，語譯爲「他們是值得讚美、嘉獎的精華與精英。」〔註104〕
秦樺林	「華」有「玉有光華」義，「英」有「玉光」義，引申爲英才。「諧華諧英」爲使動用法，指「使英才之間關係和諧」。
馮　時	「芋」讀如本字，認爲「芋」次於「英」
林碧玲	將「皆芋皆英」釋爲「偕芋偕英」，語譯爲「偕同各種人才」
季師旭昇	樹木開的花叫「華」，草開的不結果子的花叫「英」；籠統地說，都是「花」，草木的精華，引伸爲人類的精華。「諧華諧英」，意謂和諧地與國內的精英相處。

　　馮時將「芋」讀如本字，解爲「比英次一等」，林碧玲從馮時之說，但更進一步以簡三「皆上皆下」、簡四「皆少皆大」，說明「芋、英」、「上、下」、「小、大」並無價值判別意味，只是描述客觀存在差異。

　　首先，林說謂「芋、英」、「上、下」、「小、大」只是描述客觀存在差異，可從。其次，釋「英」爲「精英」亦無疑問，但是問題在於文中並沒有說明「芋」爲何有「精英」的含意。

　　《說文‧艸部》：「芋，大葉實根駭人，故謂之芋也」，甲、金文未見「芋」字，戰國文字則見於楚、晉二系，讀如本字時多用爲姓氏，〔註105〕文獻中也未見以「芋」字來象徵「優秀精英」的用法。因此讀爲「芋」，並無所取義。

　　「芋」當從原考釋讀爲「華」。上博簡中，另有「芋」假借爲「華」之例，如《上博（一）‧孔子詩論》簡九「棠棠者芋」讀爲「裳裳者華」，胡平生謂：

　　　　「芋」當爲「華」之假借字，並非詩句之本義字。「芋」從「于」得聲，
　　　　上古音爲匣母魚部字。「華」，朱駿聲《說文通訓定聲》、段玉裁注皆說：「琴
　　　　亦聲」，是「華」從「琴」得聲。「琴」，《說文》：「艸木華也，从爰，亏聲」。
　　　　「華」，上古音亦爲匣部魚母字。是簡文作「芋」者，乃「華」（今通作「花」）
　　　　字之同音假借。〔註106〕

　　劉信芳謂：

〔註104〕廖名春：〈楚簡《逸詩‧交交鳴鳥》補釋〉，簡帛研究網，2005 年 2 月 12 日。清華大學簡帛研究網，2005 年 2 月 13 日。亦載於"中國文化研究"2005 年第 1 期，頁9～5。

〔註105〕何琳儀：《戰國古文字典（上）》，（北京：中華書局，1998 年 9 月），頁 460。

〔註106〕胡平生：〈讀上博藏戰國楚竹書《詩論》箚記〉，上海大學古代文明研究中心／清華大學思想文化研究所編：《上海博館藏戰國楚竹書研究》，（上海：上海書店出版社，2002 年 3 月），頁 280。

胡平生説是。淅川下寺春秋楚墓出土的鎛銘有標準「華」字（河南省文物考古研究所：《淅川下寺春秋楚墓》，北京，文物出版社，19941 年），其字從「于」聲，知《詩論》之「芋」乃「華」之假借字。〔註107〕

《上博（五）・三德》簡8云「邦四益，是謂方芋，雖盈必虛。」蘇建洲謂：

〈三德〉簡 8「邦四益，是謂方芋，雖盈必虛。」李零先生説「方芋」待考。何有祖先生則認爲：「『方』後一字原釋「芋」，頗不辭，疑當改釋爲「華」，形近而誤（原注：郭店《語叢二》46 號簡「嘩」作 ，可資參考。）。《詩・小雅・采薇》：「昔我往矣，黍稷方華。今我來思，雨雪載塗。」「邦四益，是謂方華」大意指迅速開疆拓土，國勢就象花兒剛開一樣生機旺盛。「雖盈必虛」指較快充起來的盛勢，如花兒雕謝一樣，會變成虛無。」

建洲案：何先生之説很有道理。但是認爲「芋」與「華」的關係是形近而誤，並舉郭店《語叢二》46 號簡「嘩」作 爲例則似可商。《上博（一）・孔子詩論》簡 9「棠棠者芋」。即「棠棠者華」，學者指出「芋」、「華」的關係是聲近通假，二者皆爲匣紐魚部。文獻中亦有「于」、「華」互通之例。《呂氏春秋・有始覽》：「秦之陽華。」《淮南子・地形》陽華作陽紆。《山海經・中山經》：「又西九十里曰陽華之山。」《穆天子傳》陽華作陽紆。《説文・木部》：「樗讀若華。」或認爲「芋」從艸，雩省聲，是「華」的簡體。總之，以目前的資料來看，「芋」與「華」的關係不應是形近而誤。〔註108〕

「芋」與「華」古音皆屬匣紐魚部，二字可因聲韻相同而通假。「皆芋皆英」之「芋」應從原考釋讀爲「華」。

秦樺林謂「華」有「玉有光華」義，「英」有「玉光」義，引申爲英才。此説應是受上文「若玉若英（瑛）」的影響。實際上，「英」的本義就是「花」，《爾雅・釋草》：「榮而不實者謂之英。」《詩・鄭風・有女同車》：「有女同行，顏如舜英。」毛傳：「英猶華也。」《古詩十九首・冉冉孤生竹》：「傷彼蕙蘭花，含英揚光輝。」

在古籍中，「英」與「華」經常並用，如《禮記・樂記》：「和順積中，而英華發外。」「英華」指人丰采優美。唐韓愈《進學解》：「含英咀華。」「華、英」由草木的精華，引伸爲人類的精華，如《荀子・正論》曰：「堯舜者，天下之英也」，「英」即指傑出的人物。故此句「皆芋（華）皆英」應從季師所釋，意爲「和諧地與國家

〔註107〕劉信芳：《孔子詩論述學》，（合肥：安徽大學出版社，2003 年 1 月），頁 169。

〔註108〕蘇建洲：〈上博五補釋（五則）〉，武漢大學簡帛研究網站，2006 年 3 月 29 日。

菁英相處」。

第二章

交＝（交交）鳴鵻（鳥），集于中渚〔11〕，豈（豈）俤（弟）〰〰（君子？）〔12〕，若豹若虎〔13〕。君子【二】 相好，以自為禦〔14〕 ，豔（豈）敆（傒／嬉）是好？隹心是萛〔15〕，閖（間）卵（關）慇（謀）㕣（治），皆（諧）上皆（諧）下〔16〕 ▋ 。

〔11〕集於中渚

【各家說法】：

1. 馬承源：

> 《爾雅‧釋丘》：「如陼者陼丘」，郭璞注：「水中小洲爲陼。」《詩‧召南‧江有汜》：「江有渚，之子歸，不我與」，《詩經集傳》：「渚，小洲也，水歧成渚。」「陼」、「渚」通假。《小雅‧鴻鴈之什‧鴻鴈》：「鴻鴈于飛，集于中澤。」《毛亨傳》：「中澤，澤中也。」「中渚」亦爲「渚中」。〔註109〕

【思婷案】

原考釋之說可從。渚，或可指水邊，如《楚辭‧屈原‧九歌‧湘君》謂：「夕弭節兮北渚」，注：「渚，水涯」。然而此處言「中渚」，亦即「渚中」，「渚」若釋爲「水邊」，則文意不通順。

故「渚」字應指小洲，即水中的小陸地。《說文》釋「渚」曰：《爾雅》曰：『小洲曰渚。』」如《莊子‧秋水》：「兩涘渚崖之間，不辨牛馬」，《釋文》曰：「水中可居者曰渚」；《國語‧齊語》：「渠弭於有渚。」

「集于中渚」即「集於渚中」，謂群鵻聚集於水中小洲之中。

〔12〕豈俤〰〰（豈弟君子？）

【各家說法】

1. 馬承源：

> 「〰〰」二字待考。〔註110〕

2. 廖名春：

〔註109〕馬承源主編：《上海博物館藏戰國楚竹書（四）》，（上海：上海古籍出版社，2004年），頁176。

〔註110〕馬承源主編：《上海博物館藏戰國楚竹書（四）》，（上海：上海古籍出版社，2004年），頁176。

由於第二章第三句的「⿰⿰」兩字尚未釋出，第三章第三句的三、四兩字就難以推測。但早期文獻「豈弟」或「愷悌」一般用來形容「君子」，很少挪作他用。據筆者的初步統計，先秦文獻裡「豈弟君子」十七見，「愷悌君子」十見。此外，《詩‧齊風‧載驅》「齊子豈弟」一見，《詩‧小雅‧蓼蕭》「孔燕豈弟」一見，《詩‧大雅‧旱麓》「幹祿豈弟」一見，《國語‧周語下》引《詩‧大雅‧旱麓》「幹祿愷悌」一見，《左傳‧襄公十四年》有「成愷悌」說，《呂氏春秋‧不屈》有「愷悌新婦」說。這全部的三十三例中，「豈弟」或「愷悌」修飾「君子」的有二十七例，其他有四例是形容詞活用爲動詞，如「齊子豈弟」、「孔燕豈弟」、「幹祿豈弟」、「幹祿愷悌」，一例是形容詞活用爲名詞，如「成愷悌」。這些，都可以存而不論。惟一的例外是「愷悌新婦」說。我們可以看看《呂氏春秋‧審應覽‧不屈》的原文：

白圭新與惠子相見也，惠子說之以強，白圭無以應。惠子出。白圭告人曰：「人有新取婦者，婦至宜安矜煙視媚行。豎子操蕉火而巨，新婦曰：『蕉火大巨。』入於門，門中有斂陷，新婦曰：『塞之，將傷人之足。』此非不便之家氏也，然而有大甚者。今惠子之遇我尚新，其說我有大甚者。」惠子聞之曰：「不然。《詩》曰：『愷悌君子，民之父母』。愷者，大也；悌者，長也。君子之德長且大者，則爲民父母。父母之教子也，豈待久哉？何事比我於新婦乎？《詩》豈曰『愷悌新婦』哉？」誹汙因汙，誹辟因辟，是誹者與所非同也。白圭曰：「惠子之遇我尚新，其說我有大甚者。」惠子聞而誹之，因自以爲爲之父母，其非有甚于白圭亦有大甚者。

惠施批評白圭「新婦」的譬喻，認爲《詩》只有「愷悌君子」說，沒有「愷悌新婦」說。這說明「愷悌新婦」說是不能成立的。由此看來，上古文獻習慣用「豈弟」或「愷悌」來修飾「君子」，目前尚難找出其他的反例。因此，筆者懷疑簡文「⿰⿰」也還是「君子」的異文。如果這一推測能坐實，那第三章第三句的三、四兩字也還當補爲「君子」。〔註111〕

3. 楊澤生：

《逸詩‧交交鳴鷺》2號簡「交交鳴鷺，集於中渚。馘（愷）俤⿰⿰，若豹若虎」，其中「俤」後兩字整理者不釋，論者或以爲是「君子」二字。我們懷疑應該是「牙爪」二字。「牙」字原文不是很清晰，似乎與《說文》

〔註111〕廖名春：〈楚簡《逸詩‧交交鳴鳥》補釋〉，簡帛研究網，2005 年 2 月 12 日。

「牙」字的古文相近，「爪」字反轉過來作 ，即與常見的「爪」形相同。《藝文類聚》卷四十七引後漢杜篤大司馬吳漢誄曰：「朝失鯁臣，國喪牙爪，天子潛悼」。「牙爪」即「爪牙」。《詩・小雅・祈父》：「祈父！予王之爪牙。」《國語・越語上》：「夫雖無四方之憂，然謀臣與爪牙之士，不可不養而擇也。」簡文「牙爪」不作「爪牙」或與避免上引四句每一句句末都押魚部韻有關，跟吳漢誄爲與「天子潛悼」押韻而作「牙爪」可謂「異曲同工」。〔註112〕

4. 林碧玲：

「」的隸定不易，除了楊氏釋爲「牙爪」之外，其餘學者都未直接隸定，馮時先生説不易看得出來。就楊氏對「牙爪」的解釋而言，似不無道理。牙爪，意爲勇士，指得力的勇士或部將，與下文「若豹若虎」實能文義相應。《詩經・魯頌・泮水》也云：「穆穆魯侯，敬明其德。敬慎威儀，維民之則。允文允武，昭假烈祖。靡有不孝，自求伊祜」，由此可知理想的君子形象當允文允武，是以本詩下文亦云《若豹若虎》。但是誠如廖氏所言，在《詩經》中以愷悌形容人格，都是指君子，因此本文姑從馬氏「待考」之説，但在整篇的通釋和語譯上，先假借第一章、第三章，而權作「君子」理解，而暫將此句理解爲「愷悌君子」。〔註113〕

5. 季師旭昇：

隸定爲「爪牙」，字形不像。本詩首章同部位的句子剛好殘缺，三章作「豈弟君子」，二章作「豈弟 」，因此並沒有百分之百的證據説這兩個字一定是「君子」，只能説應該等同「君子」。〔註114〕

6. 曹建國釋爲「愷俤君子」。〔註115〕

【思婷案】

二字有所缺損，楊澤生釋爲「牙爪」，但由於字跡模糊不清，無法肯定，且第二字若爲「爪」字，爲何要採取反書的方式，也頗令人不解。故此二字存疑待考，僅能由第一章與之對應的「豈弟『君子』」，藉以推測此二字與「君子」義近。

〔註112〕楊澤生：〈讀上博（四）劄記〉，簡帛研究網，2005年3月24日。又載於《古文字研究》第二十六輯，（北京：中華書局，2006年），頁336。

〔註113〕林碧玲：〈《上博四・逸詩・交交鳴鷟》研究〉，《出土簡帛文獻與古代學術國際研討會論文集》，2005年12月2日～3日。頁234～235。

〔註114〕季師旭昇：〈《上博四・逸詩・交交鳴鳥》新詮〉，第一屆古文字與古代史學術研討會，中央研究院歷史語言所，2006年9月22日～24日。

〔註115〕曹建國：〈楚簡逸詩《交交鳴鷟》考論〉，武漢大學簡帛網，2006年11月26日。

〔13〕若豹若虎

【各家說法】

1. 馬承源：

形容君子的勇武。《書・牧誓》：「如虎如貔，如熊如羆。」《藝文類聚》引郭璞《貔贊》曰：「書稱猛士，如虎如貔，貔蓋豹屬。」「豹」、「虎」君子稱美之辭。〔註116〕

2. 秦樺林：

按：「若」讀爲「如」，更合乎《詩經》的通例，如《衛風・淇奧》：「有匪君子，如金如錫，如圭如璧。」《小雅・天保》：「如山如阜，如岡如陵。」〔註117〕

3. 林碧玲：

「豹」、「虎」之釋從馬氏，爲威武勇猛之意，「若豹若虎」釋爲如豹似虎般勇猛。《詩經・魯頌・泮水》有云：「矯矯虎臣，在泮獻馘。」不過，「若」在此爲副詞，意爲「似」、「好像」，讀如本字即可。雖然《詩經》中表示此意的，確實多用「如」字，而「若」則多用爲形容詞或副詞詞尾的助詞如「其葉沃若」（《詩經・衛風・氓》）、「六轡沃若」（《詩經・小雅・皇皇者華》）。然而《楚辭》中西漢之前的作品，表「似」、「好像」之意乃「如」和「若」並用，同「若」似乎還較多。如果考慮到簡文乃南方楚地作品，也許以「若」代「如」，正是一個證明與特色。〔註118〕

4. 季師旭昇：

原考釋謂「形容君子的勇武」。可從。但諸家把「君子」解爲多數，則不可從。豹、虎都是獸類中最凶猛的動物，比喻楚王，自極妥適。特別要說明的是，豹、虎除了繁殖育幼時期有短暫的家族式棲聚外，基本上都是以獨居爲主。很難想像詩人會形容一群豹、虎群居，互相友愛。〔註119〕

5. 曹建國：

〔註116〕馬承源主編：《上海博物館藏戰國楚竹書（四）》，（上海：上海古籍出版社，2004年），頁176。

〔註117〕秦樺林：〈楚簡逸詩《交交鳴鳥》箚記〉，清華大學簡帛研究網，2005年2月18日。簡帛研究網，2005年2月20日。

〔註118〕林碧玲：〈《上博四・逸詩・交交鳴鳥》研究〉，《出土簡帛文獻與古代學術國際研討會論文集》，2005年12月2日～3日。頁235。

〔註119〕季師旭昇：〈《上博四・逸詩・交交鳴鳥》新詮〉，第一屆古文字與古代史學術研討會，中央研究院歷史語言所，2006年9月22日～24日。

詩曰「愷俤君子，若豹若虎」，此「虎豹」也取其有文飾之義，是說君子有文采。《論語‧顏淵》：「棘子成曰：『君子質而已矣，何以文爲？』子貢曰：『惜乎，夫子之說君子也。駟不及舌。文猶質也，質猶文也，虎豹之鞟猶犬羊之鞟。』」子貢之言，正可爲簡文「若虎若豹」之注腳。〔註120〕

【思婷案】

卜辭「豸」字作 𤞤（前 4.53.1），但未見於楚系文字，凡从「豸」旁者於楚系文字皆从「鼠」旁，如「貂」作 鼦（曾 5）、「貉」作 貉（包 87）、「貘」作 貘（包271）。

「豸」、「鼠」二形旁混用的痕跡，在字書、古籍中仍可循，如「貉」字之異體爲「貊」、「貊」，見於《集韻‧平聲‧蕭韻》、《字彙‧鼠部》、《類篇‧鼠部》；《史記‧貨殖列傳》「狐貂裘千皮」，「貂」字《漢書‧地理志》即作「貂」；《隸釋》收錄魏三體石經《春秋‧宣三年》「叔孫豹」，「豹」字古文書作「貊」。

楚系「豹」字从鼠从勺，作 鼩（包 277）、貃（望 1 卜）等形，或於「勺」形末端加對稱之飾筆〔註121〕作 貃（包 268）、貃（包 277）。本簡「」（下文以△稱之）字，左旁从「鼠」，右旁並不十分清晰，似與「勺」形略有差異，原考釋釋「豹」，學者咸從之。

目前所見从「豸」之字，皆爲獸名，但古人用來對人加以稱美的並不多，約只有「豹、貔、貙」三者。例如「豹」，《易‧革》謂「君子豹變」，以鮮明的豹紋，喻人轉趨顯達；〈文苑英華‧盧思道‧爲北齊檄陳文〉謂「虎夫萬隊，豹騎千群」，即以「豹騎」形容驍勇的士兵；庾信〈從駕觀講武詩〉謂「豹略推全勝，龍圖揖所長」，《新唐書‧朱滔傳》云「左右將軍謂虎牙、豹略，軍使曰鷹揚、龍驤」，以「豹略」指人善於用兵。

又如同爲豹屬的「貔」（或稱「貔貅」），由於是一種兇猛的野獸，因此古人亦常用以比喻勇猛的武士或軍隊，如《書‧牧誓》云「勗哉夫子尚桓桓，如虎、如貔、如熊、如羆于商郊」，《後漢書‧光武帝紀贊》曰「尋邑百萬，貔虎爲群」。

「貙」，又名「貙獌」，《爾雅‧釋獸》：「貙獌似狼」，韓愈〈與鄂州柳中丞書〉謂「握兵之將，熊羆貙虎之士」。

〔註120〕曹建國：〈楚簡逸詩《交交鳴鷺》考論〉，武漢大學簡帛網，2006 年 11 月 26 日。
〔註121〕陳嘉凌：《楚系簡帛字根研究》，國立台灣師範大學國文研究所碩士論文，2002 年），頁 494。

以上例子，都是將「豹、貔、貙」與「虎、龍、鷹」等勇猛吉祥之物並提，原考釋釋△爲豹，就文義而言，以「若豹若虎」形容君子，有書證可循。《易經‧革卦》謂「大人虎變」、「君子豹變」，即以「虎、豹」作爲讚揚之意。

至於簡文「若豹若虎」之「若」字，秦樺林讀爲「如」較符合《詩經》的通例，林碧玲則認爲讀如本字即可，且更切合南方作品特色。案：「如」與「若」在古籍中通假之例常見，〔註122〕茲將可以南、北方作品對照者，擇例表列於下：

《易‧萃‧六三》：萃如，嗟如	漢帛書本「如」作「若」
《易‧既濟‧九五》：東鄰殺牛不如西鄰之禴祭。	漢帛書本「如」作「若」
《詩‧小雅‧都人士》：垂帶如厲	《淮南子‧氾論》高注引「如」作「若」
《老子》二十章：眾人熙熙，如享太牢。	漢帛書甲本、乙本「如」作「若」
《易‧夬‧九三》：遇雨若濡	漢帛書本「若」作「如」
《左傳‧襄公十五年》：不若人有其寶。	《淮南子‧精神》高注引「若」作「如」
《老子》八章：上善若水	漢帛書乙本「若」作「如」
《老子》四十一章：明道若昧	漢帛書乙本作「如」

可見南方欲表示「如同、像」的意義時，或用「若」，或用「如」，並無一定。故此句「若豹若虎」之「若」字，讀爲本字即可。

〔14〕君子[相好，以自爲□]

【各家說法】

1. 馬承源：

   簡文「君子」下缺字，對照第一簡可補六字：「〔君子〕相好，以自爲□。」末一字則未可知。〔註123〕

2. 廖名春：

   現存第二章句尾的押韻字皆爲魚部字，殘損的第六句句尾字也當屬魚部字。馬先生又認爲第二章歌詠「君子」「若虎若豹」的威儀。據此，我們可以試補爲「雅」字。從「威儀」的角度而言，「君子相好，以自爲雅」，就是各自都要求自己遵禮而行，文質彬彬。也即《論語‧雍也》篇「子曰」所謂「文質彬彬，然後君子」。〔註124〕

〔註122〕高亨：《古文通假會典》，（濟南：濟魯書社，1989年），頁888～889。
〔註123〕馬承源主編：《上海博物館藏戰國楚竹書（四）》，（上海：上海古籍出版社，2004年），頁186。
〔註124〕廖名春：〈楚簡《逸詩‧交交鳴鳥》補釋〉，簡帛研究網，2005年2月12日。

3. 季師旭昇：

以自爲禦：原簡殘，據第一、三章擬補。禦，防禦，在此當名詞用，意思
是：自然成爲我們的防禦者。〔註125〕

4. 秦樺林：

「以自爲□」缺佚一魚部字，廖名春先生補爲「雅」，季旭昇先生補爲
「禦」。筆者認爲，當補爲「武」。《管子‧形勢解》：「虎、豹，獸之猛者
也。」《大雅‧常武》：「進厥虎臣。」《魯頌‧泮水》：「矯矯虎臣。」孔
疏：「矯矯然有威武如虎之臣。」《鄭風‧羔裘》：「羔裘豹飾，孔武有力。」
鄭箋：「甚勇武而且有力。」可見，把君子比做虎豹，是說君子有「威武、
勇武」之貌。「以自爲武」之「武」，其用法、含義類似於《鄭風‧叔于
田》：「洵美且武。」王先謙詩三家義集疏：「武者，謂有武容也。」〔註
126〕

5. 林碧玲：

補文從整理者。未知之字，學者咸據協韻與通理兩法並運而補之，若廖氏
之補爲「雅」字，則同取「威儀」、「文質彬彬」之義。《詩經》的確肯定
君子當有威儀，《小雅‧湛露》即歌詠：「豈弟君子，莫不令儀。」然而若
可補一「雅」字，則似乎也可補一「都」字。因爲《詩經》中唯一的「雅」
字，爲《小雅‧鼓鐘》：「以雅以南，以籥不僭」，說的是詩樂之極盛，並
無廖氏所主之義。反之，「都」在《詩經》中，作爲形容詞則有關乎威儀
的優雅、閒雅之義，如《鄭風‧有女同車》：「彼美孟姜，洵美且都」，范
處義謂：「信美而且閒雅也。」不過補「都」字，在本章文脈與意義的呼
應上，似仍不如補「武」字好，因而本文從秦氏作「以自爲武」，意指「使
各自成爲威武猛健的勇士」。〔註127〕

6. 季師旭昇：

原考釋以本詩爲詠君子互相友好，又釋首章「辰」爲「善」、三章「戈」
爲「慧」，各家受此影響，多從此一角度來補字。今知本詩既爲贊美楚王，
則「豈弟君子，爲民父母」，作之君、作之師，「辰」當釋爲「君長」，本

〔註125〕季師旭昇：〈上博（四）《逸詩‧交交鳴鳥》補釋〉，簡帛研究網，2005 年 2 月 15
日。

〔註126〕秦樺林：〈楚簡逸詩《交交鳴鷟》箚記〉，清華大學簡帛研究網，2005 年 2 月 18 日。
簡帛研究網，2005 年 2 月 20 日。

〔註127〕林碧玲：〈《上博四‧逸詩‧交交鳴鷟》研究〉，《出土簡帛文獻與古代學術國際研討
會論文集》，2005 年 12 月 2 日～3 日。頁 236。

章此字與之類似，比照三章「戔」釋爲「衛」，則本章補「禦」字，動詞轉名詞，全句譯爲「君子對我們很好，所以自然是我們的守禦者」，當屬可從。〔註128〕

7. 曹建國：

第二節「以自爲□」，我贊成季旭昇說法，可以補上「禦」。一者合韻，二者與上下文相同位置的字意義也較吻合。

禦，治理，統領。《尚書‧大禹謨》：「臨下以簡，禦眾以寬。」〔註129〕

【思婷案】

茲將上引諸說表列於下：

學　者	補　字	釋　　　　義
廖名春	雅	各自都要求自己遵禮而行，文質彬彬。
季師旭昇	禦	禦，防禦，在此當名詞用
秦樺林	武	君子有「威武、勇武」之貌
林碧玲	武	使各自成爲威武猛健的勇士
曹建國	禦	禦，治理，統領。

關於以上諸說，季師旭昇謂：

各家受到原考釋首章釋「長」爲「善」、及「君子相好」爲「互相友好」的影響，所以補的是德行修養的形容詞。其實，君子互相友好，怎麼就能產生首章「長（善）」、末章「戔（衛）」的結果呢？二者並沒有因果關係，如前所述，「君子相好」是指君子對人民很好，所以自然成爲人民的守護者，《詩經‧大雅‧泂酌》云：「豈弟君子，民之父母。」同樣的句子又見《禮記‧孔子閒居》、《上博二‧民之父母》、《上博四‧曹沬之陳》，可見豈弟君子在人民心目中如同父母般是一保護者的角色，因此，詩此處似應釋爲類似政治保者的名詞，茲補爲「以自爲禦」。禦，防禦，與第三章「戔（衛）」同爲動詞作名詞用。指防禦者。〔註130〕

師說可從。《左傳‧隱公九年》曰：「北戎侵鄭。鄭伯禦之。」《左傳‧定公十四

〔註128〕季師旭昇：〈《上博四‧逸詩‧交交鳴鳥》新詮〉，第一屆古文字與古代史學術研討會，中央研究院歷史語言所，2006 年 9 月 22 日～24 日。

〔註129〕曹建國：〈楚簡逸詩《交交鳴鷺》考論〉，武漢大學簡帛網，2006 年 11 月 26 日。

〔註130〕季師旭昇主編：《上海博物館藏戰國楚竹書（四）讀本》，（台北：萬卷樓，2007 年 3 月），頁39。

年》曰：「吳伐越，越子句踐禦之。」當國家面臨敵國外患的威脅時，一國之君必須挺身抵禦，成為人民的守護者。由押韻的考量來看，本章韻腳為「鴛、渚、虎、藇、下」等字，押魚部韻，「禦」亦屬魚部字，故此句補為「以自為禦」，不但合韻，同時也彰顯了豈弟君子（國君）保衛人民的重要性。

〔15〕隹心是藇

【各家說法】

1. 馬承源：

　　《詩‧小雅‧鹿鳴之什‧伐木》：「伐木許許，釃酒有藇。」《詩經集傳》：「藇，美貌。」此指心境。〔註131〕

2. 廖名春：

　　案：「藇」當讀為「與」。「隹心是藇」即「唯心是與」，也就是「唯與心」。簡四的「隹心是萬」即「唯心是勵」，也就是「唯勵心」。「與心」與「勵心」用法及其意思當接近。因此，「與」當訓為交。《韓非子‧姦劫弒臣》：「君臣之相與也，非有父子之親也。」《論衡‧雷虛》：「且天地相與，夫婦也，其即民父母也。」「相與」就是相交。「唯心是與」即「唯心是交」，也就是「唯交心」。簡文「君子相好」，所以強調要「交心」、心意相通而同心。〔註132〕

3. 季師旭昇：

　　藇：原考釋引《毛詩‧小雅‧伐木》「釃酒有藇」，《詩集傳》：「藇，美貌。」謂「此指心境」。案：比照第三章「惟心是萬」，此處應該是一個修身動詞，「藇」似可釋為「修美」，意思是：君子努力地修美內心。〔註133〕

4. 林碧玲

　　「藇」，可從季說，釋為「修美」，「唯心是藇！」意為「應該修美德性心志啊！」〔註134〕

【思婷案】

〔註131〕馬承源主編：《上海博物館藏戰國楚竹書（四）》，（上海：上海古籍出版社，2004年），頁176。

〔註132〕廖名春：〈楚簡《逸詩‧交交鳴烏》補釋〉，簡帛研究網，2005年2月12日。清華大學簡帛研究網，2005年2月13日。亦載於《中國文化研究》2005年第1期，頁9～5。

〔註133〕季師旭昇：〈上博（四）《逸詩‧交交鳴烏》補釋〉，簡帛研究網，2005年2月15日。

〔註134〕林碧玲：〈《上博四‧逸詩‧交交鳴鴛》研究〉，《出土簡帛文獻與古代學術國際研討會論文集》，2005年12月2日～3日。頁236。

旨，通「醹」，《集韻》：「旨，美也。《詩》：醹酒有旨。或作醹。」《毛詩‧小雅‧伐木》「醹酒有旨」，《詩集傳》：「旨，美貌。」《玉篇》引《詩》作「醹」。

此句「唯心是旨」，句型如同「唯命是聽」〔註135〕、「南國是式」〔註136〕一類，「是」為表示賓語提前的助詞，「唯心是旨」亦即「唯旨心」，「旨」當視為動詞，可從季師之說，釋為「修美」。本句承上句「豈戲是好」而來，謂君子不會沉湎於逸豫中，而只是努力地修美心志。

〔16〕十六、皆上皆下

【各家說法】

1. 馬承源：

> 皆（偕）上皆（偕）下。〔註137〕

2. 秦樺林：

> 按：「上下」一般指君臣。《周禮‧訓方氏》：「與其上下之志」。鄭玄注：「上下，君臣也。」不過這裡似特指指卿大夫，《禮記‧曲禮》：「君臣上下。」陸德明釋文：「上，謂公卿。下，謂大夫士。」首章言「華英」，指賢人，次章言「上下」指友僚，末章言「小大」，指上下級，層次分明。〔註138〕

3. 林碧玲：

> 「上下」在這裡似可從秦氏之說，非指君臣，而是指群臣職秩的上下。《詩經‧周頌‧訪落》：「紹庭上下，陟降厥家。」鄭箋：「上下，群臣之職以次序者。」即客觀職秩位次的尊卑。如此「皆（偕）上皆（偕）下」，即「偕同尊卑僚友」，而「間關思司，偕上偕下」，意即「偕同尊卑僚友，盡心竭力為民謀事。」〔註139〕

4. 季師旭昇：

> 「上下」是一個很籠統的詞，先秦文獻中的「上下」，除了秦文所指出的「君臣」、「友僚」外，還有很多是指「天上地下」，如：

〔註135〕《左傳‧宣公十二年》：「鄭伯肉袒牽羊以逆，曰：『孤不天，不能事君，使君懷怒，以及敝邑，孤之罪也。敢不唯命是聽。』」

〔註136〕《詩‧大雅‧崧高》：「于邑于謝，南國是式。」

〔註137〕馬承源主編：《上海博物館藏戰國楚竹書（四）》，（上海：上海古籍出版社，2004年），頁176。

〔註138〕秦樺林：〈楚簡逸詩《交交鳴鷟箚記》，清華大學簡帛研究網，2005年2月18日。簡帛研究網，2005年2月20日。

〔註139〕林碧玲：〈《上博四‧逸詩‧交交鳴鷟》研究〉，《出土簡帛文獻與古代學術國際研討會論文集》，2005年12月2日～3日。頁237。

《詩經・大雅・大明》「明明在下，赫赫在上」，傳：「文王之德明明於下，故赫赫然著見於天。」

《大雅・雲漢》「上下奠瘞」，傳：「上祭天，下祭地。」

《周頌・訪落》「紹庭上下，陟降厥家」，箋：「紹，繼也。厥家，謂群臣也。繼文王陟降庭止之道、上下群臣之職以次序者。」屈萬里《詩經詮釋》：「紹，疑昭之假借。紹庭上下，謂神昭然上下於庭也。」

《殷周金文集成》143號《鮮鐘》：「用作朕皇考林鐘，用侃喜上下，用樂好賓，用祈多福，子孫永寶。」

《殷周金文集成》358號《五祀𪊽鐘》：「余小子肇嗣先王，配上下，作厥王大寶，用喜侃前文人。」

《殷周金文集成》2836號《大克鼎》：「穆穆朕文祖師華父悤襄厥心，寧靜于猷，淑慎厥德，肆克恭保厥辟恭王，諫辥王家，惠于萬民，柔遠能邇，肆克智（？）于皇天，頊于上下。」

《殷周金文集成》6010號：《蔡侯𧊁尊》：「蔡侯𧊁虔共大命，上下陟配，敫敬不惕，肇佐天子。」

《殷周金文集成》10175號《史墻盤》：「曰古文王，初𪓊龢于政，上帝降懿德大甹，匍有上下，迨受萬邦。」

金文中「上下」釋爲「君、臣」或「公卿、大夫士」的僅一見，中山王𦥑方壺：「遂定君臣之位，上下之體。」（《殷周金文集成》9735）。由此看來，「上下」之義，先秦以用爲「天上地下」較爲常見。〈交交鳴烏〉「諧上諧下」採用此義，應該是比較妥當的。古代「國之大事，在祀與戎」，古人相信天命，因此要「小心翼翼，昭事上帝」（《毛詩・大雅・大明》），而神明或先祖陟降於天上人間，掌握著人間的禍福。民之父母要好好事奉天上的神明，使之與人間關係良好，此即「諧上諧下」。相反地，若釋「上下」爲「友僚」，首章釋「華英」爲「菁英」，末章又釋「小大」「尊卑（或老少）友僚」，均爲統治階層之官吏，文義重複太甚，並不是很好的解釋。〔註140〕

【思婷案】

林碧玲謂「上下」乃指「群臣職秩的上下」，然而本詩的「豈弟君子」意爲國君，

〔註140〕季師旭昇：〈《上博四・逸詩・交交鳴烏》新詮〉，第一屆古文字與古代史學術研討會，中央研究院歷史語言所，2006年9月22日～24日。

並非「一群君子」，故此說較不妥。秦樺林謂「上下」乃指「君臣」，可爲一說，「諧上諧下」即君臣上下和諧相處，然誠如季師所言，其義太淺，文義略嫌緟複。

本句可從季師釋爲「和諧地事奉天地神明」。先秦常以「上下」一詞指稱「天地」，如《書‧堯》：「格于上下。」孔傳：「至于天地」；《書‧文侯之命》：「昭升于上，敷聞在下。」馬融注：「上，謂天」；《楚辭‧天問》：「上下未形，何由考之？」王逸注：「言天地未分，潤沌無垠，誰考定而知之也。」

《禮記‧曲禮下》：「天子祭天地」，古代君主自認其權力來源爲天，因此國君自然成爲天地神明的代言者，故釋本句爲「和諧地事奉天地神明」，將「上下」釋爲「天地」，更突顯出「豈弟君子」──國君的獨特地位。

第三章

交＝（交交）鳴鴬（烏），集于中滿（廣）〔17〕，戲（豈）【三】佋（弟）君子，若珠若貝〔18〕。君子相好，以自爲戏（衛）〔19〕，轡（豈）敘（傒／嬉）是好？隹心是萬（礪）〔20〕，隙（間）卵（關）愿（謀）台（治），皆（諧）少皆（諧）大〔21〕。

〔17〕集於中滿

【各家說法】

1. 李零：讀爲「集於中瀨」。

楚簡中的詩賦，目前所見，只有上博楚簡中的發現。這些材料尚未正式公布，……一篇與《詩經》風格類似，但語句不見於《詩經》，……每個本子都以「交交鳴鳥，集於□□（如『中渚』、『中瀨』、『河梁』之屬）起興。

〔註141〕

2. 馬承源：

「滿」，《說文》所無，吾丘衍《周秦刻石釋音‧石鼓文五》「君子濬之滿滿」。讀爲「漫」。《楚地釋名‧春秋分記》：滿木之下（莊四年），「邵國志云，武陵山亦曰楠木山，傳謂楚武王卒於楠木之下，即此今郢州」。〔註142〕

3. 廖名春：

「漫」爲大水貌，引申爲長貌、邃遠貌。而詩首章「集于中梁」、第二章

〔註141〕 李零：《簡帛古書與學術源流》，（北京：生活‧讀書‧新知三聯書店，2004 年 4 月），頁 334。

〔註142〕 馬承源主編：《上海博物館藏戰國楚竹書（四）》，（上海：上海古籍出版社，2004 年），頁 176～177。

「集於中渚」之「梁」、「渚」都是可供鳥聚集歇息的落腳地。因此,將「漹」訓爲「漫」與上文顯然不協。疑「漹」當讀爲「隅」,字亦作「渦」。《廣韻・虞韻》:「渦,齊藪名。也作『隅』。《爾雅》曰:『齊有海渦。』」今《爾雅・釋地》作「海隅」。郭璞注:「海濱廣斥。」《書・益稷》:「帝光天之下,至於海隅蒼生。」如此,「渦」當爲水濱、水邊。這樣,方與上文「梁」、「渚」之義相協。〔註143〕

3. 孟蓬生:

今按:按《石鼓》原文,「漹漹有薰」連讀,前人皆讀爲「漫」,並無實據,亦聊備一說而已。細繹詩意,「漹」字與第一簡之「汈」及第二簡之「渚」字一樣,均與水相關,而且皆係泛指,似與楠木山無關。「萬」古音可讀入月部,「勱邁」等字從萬聲而讀入月部可證。萬聲與賴聲相通。《史記・范雎傳》「漆身爲厲。」司馬貞《索隱》云:「厲音賴。言以漆塗身而生瘡爲病癩。」「《漢書・地理志》:「厲鄉,故厲國也。」師古注:「厲讀曰賴。」以音求之,此簡「漹」字當讀爲「瀨」,義爲淺水。《說文・水部》:「瀨,水流沙上也。從水,賴聲。」《楚辭・九歌》:「石瀨兮淺淺,飛龍兮翩翩。」〔註144〕

4. 季師旭昇釋「漹」爲「水邊」。〔註145〕

5. 秦樺林:

「漹」,馬承源先生讀爲「漫」,廖明春先生讀爲「渦」,李零先生、孟蓬生先生讀爲「瀨」。

按:《交交鳴鳥》之第三章,當押月部。「漹」讀爲「瀨」,可備一說。

筆者認爲,簡文「漹」即「厲」之加旁字。《說文・厂部》謂「厲」:「從厂、蠆省聲。」則「萬」亦可視爲「厲」之簡省聲符,郭店楚簡《性自命出》第11簡「萬性者」,「萬」即讀爲「厲」。「漹」所從水,與「谷」寫作「浴」一樣,都是累增形旁。《衛風・有狐》:「在彼淇梁。」「在彼淇厲。」《交交鳴鳥》:「集于中梁。」「集於中厲。」二者文例相同。《廣雅・釋詁》:「厲,方也。」王念孫疏証:「厲謂水厓也。」馬瑞辰《毛詩傳箋通釋》:

〔註143〕廖名春:〈楚簡《逸詩・交交鳴鳥》補釋〉,簡帛研究網,2005年2月12日。清華大學簡帛研究網,2005年2月13日。亦載於《中國文化研究》,2005年第1期,頁9〜5。

〔註144〕孟蓬生:〈上博竹書(四)閒詁〉,簡帛研究網,2005年2月15日。

〔註145〕季師旭昇:《上博四・逸詩・交交鳴鳥》補釋,簡帛研究網,2005年2月15日。

「淇厲謂淇水之旁，正與河側同義耳。」〔註145〕

6. 陳偉武：

當以秦説近是，「澫」字不必破讀。……簡3之「澫」應是「砅」字異構。與「渚」、「梁」當屬類義詞，均是水中鳥類可以駐足休憩之處，《説文》：「砅，履石渡水也。从水，从石。《詩》曰：『深則砅。』濿，砅或从厲。」「礪」爲「澫」之繁體，均爲形聲結構，「砅」爲會意字。「澫」已見於甲骨文，羅振玉指出：「澫，从水从萬。石鼓文：『澫有小魚。』殆即許書之『砅』字，砅或作澫。考勉勵之勵、粗糲之糲、蚌蠣之蠣，許書皆从萬作勴、糲、蠇。以此例之，知澫即濿矣。」羅引石鼓文見於《汧沔》篇。『澫』作動詞用，指履石涉水；作名詞用，則指可以踐履渡水之石磴。戴震説：「《説文》『砅（字又作濿，省用厲），履石渡水也。』……《水經注》云：段國《沙洲記》：『吐谷渾於河上作橋，謂之河厲。』此可證橋有厲之名。《衛詩》『淇梁』、『淇厲』並舉，厲固梁厲也。」〔註147〕

【思婷案】

澫，《字彙‧水部》曰：「見周宣王石鼓文。鄭云：澫即漫字。」但由於「漫」或指水大無涯際貌，〔註148〕或指彌漫、滿遍之意，〔註149〕未有釋爲名詞者。相較於前二章「集於中梁」、「集於中渚」之「梁、堵」，皆指水中可棲之地，故「澫」不宜釋「漫」。

「澫」字之釋，學者多從「水畔之地」這層意義出發，由聲音假借、韻腳考量，或釋爲「隅（水濱）」、「瀨（淺水）」、「厲（水厓）」，以上諸説中，當以釋「厲」較勝，不但字形相關，且《衛風‧有狐》「在彼淇厲」之書證，故可從秦氏、季師之説。

〔18〕豈（豈）俤（弟）君子，若珠若貝

【各家説法】

1. 廖名春：

〔註145〕秦樺林：〈楚簡逸詩《交交鳴鷽》劄記〉，清華大學簡帛研究網，2005年2月18日。〈上博四‧逸詩‧交交鳴鳥〉補釋〉，簡帛研究網，2005年2月20日。

〔註147〕陳偉武：〈讀上博藏簡第四冊零札〉，《古文字研究》第二十六輯，（北京：中華書局，2006年），頁275～276。

〔註148〕如《玉篇‧水部》：「漫，水漫漫平遠貌。」

〔註149〕如《左傳‧定公十五年》：「鼷鼠食郊牛，牛死，改卜牛。曷爲不言其所食？漫也。」

第三章第四句的第二字，從第二章的「豹」「虎」並稱來看，也當與「貝」
義近。可試補爲「珠」。

這樣，第三章的三、四兩句，就是「愷悌君子，若珠若貝」了。〔註150〕

2. 季師旭昇：

據第一、二章擬補。《詩經》喜歡用「如金如錫、如圭如璧」來形容君子
（《毛詩‧衛風‧淇奧》），因此這兒我們以「若金」來和「若貝」湊成一
句。〔註151〕

3. 秦樺林：

按：所補之字應與「貝」構成語義上的並列。《衛風‧淇奧》：「如金如錫。」
《大雅‧棫樸》：「金玉其相。」則「金」與「貝」不相並稱。廖名春先生
所補「珠」，可備一說。然釋「貝」爲「寶貝」，似可商。「貝」當指玉，《文
選‧宋玉〈登徒子好色賦〉》：「齒如含貝。」張銑注：「貝，玉也。」「珠
貝」可以並舉，《莊子‧盜跖》：「齒如齊貝。」成玄英疏：「貝，珠也。」
《釋名‧釋喪製》：「含，以珠貝含其口中。」「珠貝」猶言「珠玉」。

不過，此詩第一章已言「如玉如英」，把君子比作玉石，第三章又言「如
珠如貝」，有重複之嫌。「貝」似可釋爲「錦」，《尚書‧禹貢》：「厥篚織貝。」
孔疏引鄭玄曰：「貝，錦名。」《小雅‧巷伯》：「萋兮斐兮，成是貝錦。」
毛傳：「貝錦，錦文也。」鄭箋：「錦文者，文如余泉餘蚔之貝文。」「如
貝」謂君子文采斐然，恰與下文「以自爲慧」相應。則「若□若貝」所補
之字或爲絲織品的名稱。〔註152〕

4. 林碧玲：

誠如秦氏所言，補字應與「貝」字構成語義上的並列，且若據前文釋「若
玉若英」之義，強調此句式有以同類物喻人的傾向，則所補之字便宜與「貝」
同類，因而「貝」的釋義成爲補字的關鍵。若如秦文之釋「貝」爲「珠」
爲「玉」，則「珠」與「貝」雖屬同類，但亦如秦文所言，將與「若玉若
英」重覆。若若將「貝」釋爲「錦」，雖然文字解釋可通，不過在意義上
卻不理想。因爲《詩經》中並不以錦文象徵君子之德，相反的，《小雅‧

〔註150〕廖名春：〈楚簡《逸詩‧交交鳴鳥》補釋〉，簡帛研究網，2005 年 2 月 12 日）。

〔註151〕季師旭昇：〈上博（四）《逸詩‧交交鳴鳥》補釋〉，簡帛研究網，2005 年 2 月 15
日。

〔註152〕秦樺林：〈楚簡逸詩《交交鳴鷟》箚記〉，清華大學簡帛研究網，2005 年 2 月 18 日。
簡帛研究網，2005 年 2 月 20 日。

巷伯》：「萋兮斐兮，成是貝錦」，是比喻讒人巧佞過甚，譖人而羅織讒言，有如貝文之織錦，絢爛奪人而混淆視聽。而作爲南方與楚文學代表的《楚辭》，並沒有「錦」字，可見也還不曾藉此字來象徵正面人格。因此，重新解釋「貝」字，便似有必要。

《小雅・菁菁者莪》：「既見居子，錫我百朋。」鄭箋、朱傳：「古者貨貝，五貝爲朋」，因此「朋」與「貝」爲同類物，都是古代的貨幣。《周易・損》六五和《益》六二，都有「或益之十朋之龜」之語，以「十朋」表示靈龜的貴重不凡，而「錫我百朋」者，乃言人君既見賢者，油然而生如獲重寶的喜樂之情。可見《詩經》有以「朋貝」推崇君子之例，且君子之於靈龜，其貴重更甚於十倍。因此或可試補一「朋」字，而作「若朋若貝」，意爲「如朋似貝般的寶貴」。〔註153〕

5. 季師旭昇：

以地域而言，廖補「珠」字似頗合適，蓋「珠」字應有二種，其一爲玉石類，商周考古所見玉珠屬之。其一爲蚌珠，南方多見，楚人甚爲重視，《國語・楚語》：「珠足以禦火災，則寶之。」《荀子・勸學》：「玉在山而草木潤，淵生珠而崖不枯。」以此而言，廖補「珠」字，似較可從。珠與貝皆水產，性質亦最接近。珠可以禦火災，也可以和「豈弟君子，以自爲筬」的意義相呼應。〔註154〕

6. 曹建國：

第三節「若□若貝」，我同意秦樺林的意見，將「貝」釋爲「錦文」，且將此句補爲「若錦若貝」。

詩曰「愷悌君子，若錦若貝」。錦乃是用彩色經緯絲織出各種圖案花紋的絲織品，貝則是錦上的貝形花紋，《小雅・巷伯》：「萋兮斐兮，成是貝錦。」毛傳：「貝錦，錦文也。」可見，詩頌揚君子首先著眼于外在的文飾，稱讚其彬彬有禮、溫文爾雅的態度。〔註155〕

【思婷案】

關於「若□若貝」當補之字，表列以上學者諸說如下：

〔註153〕林碧玲：〈《上博四・逸詩・交交鳴鴬》研究〉，《出土簡帛文獻與古代學術國際研討會論文集》，2005 年 12 月 2 日～3 日。頁 239。

〔註154〕季師旭昇：〈《上博四・逸詩・交交鳴鳥》新詮〉，第一屆古文字與古代史學術研討會，中央研究院歷史語言所，2006 年 9 月 22 日～24 日。

〔註155〕曹建國：〈楚簡逸詩《交交鳴鴬》考論〉，武漢大學簡帛網，2006 年 11 月 26 日。

廖名春	若珠若貝
季師旭昇	若珠若貝（後從廖說）
秦樺林	若錦若貝
林碧玲	若朋若貝
曹建國	若錦若貝（從秦說）

　　案：參照第二章之「若虎若豹」一句，此處應補之字，正如秦樺林所云，「所補之字應與『貝』構成語義上的並列」。

　　林碧玲補爲「朋」。王國維《說珏朋》謂：「殷時玉與貝皆貨幣也……其用爲貨幣及服御者，皆小玉小貝而有物爲以系之。所系之貝、玉，於玉則謂之珏，於貝則謂之朋。」「朋」爲古代貨幣單位，五貝爲一朋。《廣韻・登韻》：「五貝曰朋。」《書》云武王悅箕子之對，賜十朋也。」《詩・小雅・菁菁者莪》：「既見君子，錫我百朋。」鄭玄箋：「古者貨貝，五貝爲朋。」季師已指出「『朋』字文獻多作單位詞，少用爲名詞」。〔註156〕故林說恐不妥。

　　其次秦樺林補爲「錦」，引《書・禹貢》：「厥篚織貝。」孔穎達疏引鄭玄云：「貝，錦名」，將「貝」字釋爲錦上的貝形花紋。然而此說較迂曲，林說並指出「《詩經》中並不以錦文象徵君子之德」。故本句依廖說補爲「若珠若貝」較佳。

　　秦樺林引〈登徒子好色賦〉，認爲「貝當指玉」，謂「第一章已言『如玉如英』，把君子比作玉石，第三章又言『如珠如貝』，有重複之嫌」，故不贊同廖說。

　　然而「貝」不必解爲「玉石」。「貝」之本意爲「海介蟲」，《說文・貝部》云：「貝，古者貨貝而寶龜，周而有泉，至秦廢貝行錢」，古代以貝的介殼爲貨幣，或用爲裝飾品，「貝」在古代自然是珍貴之物。同時，「珠」雖可指似珠的寶石，〔註157〕但大多指蚌殼體內所生的珍珠，《說文・玉部》曰：「珠，蚌之陰精也」，珠亦爲珍貴的裝飾品。此句補爲「若珠若貝」，不但「珠、貝」二者同類、不與前二章之「玉、瑛」、「虎、豹」文義重複，同時在句義上，誠如季師所引《國語・楚語》：「珠足以禦火災，則寶之。」《荀子・勸學》：「玉在山而草木潤，淵生珠而崖不枯」之書證，對產生於楚地、歌詠水濱鳴鷖的這首詩而言十分妥切。

〔註156〕季師旭昇主編：《上海博物館藏戰國楚竹書（四）讀本》，（台北：萬卷樓，2007年），頁41。

〔註157〕《正字通・玉部》：「珠，歷山楚水多白珠；蜀郡平澤出青珠，左思云『青珠黃環』；西國琅玕碧珠；皆寶石名之以珠者也。」《書・禹貢》：「厥貢惟球琳琅玕。」孔傳：「琅玕，石而似珠。」

〔19〕吕自為弐（衛）

【各家說法】

1. 馬承源：

> 「弐」，從爻、從戈，《說文》所無，《上海博物館藏戰國楚竹書（三）・周易・大坴（畜）》：「曰班車弐」句中亦有此字，今本之對應字作「曰閑輿衛」。故此字當與「衛」音同，假借字讀作「慧」，「衛」、「慧」乃雙聲疊韻字，敏、智之義。〔註158〕

2. 季師旭昇：

> 以自為弐：原考釋指出「弐」字又見《上博三・周易・大畜》，相當於今本的「衛」。可從。但是，以為此字假借讀作「慧」，為敏、智之義，則可以討論。此字似可直接讀「衛」，即保衛之意。〔註159〕

3. 秦樺林：

> 馬承源先生讀為「以自為慧」，可從。
>
> 按：拙文曾指出，弐實乃「歲」字，這是一個從「戉」省，從二「止」的訛變字。「歲」古音屬匣母月部，與「慧」「衛」皆屬同音通假。慧，才智也。「以自為慧」是說自己以對方為有才智之人。〔註160〕

4. 陳斯鵬：

> 「弐」字從戈、爻聲，實為表衛護義之「衛」的專字，別有說。馬承源先生讀「慧」，恐不若直接作「衛」解為妥。〔註161〕

5. 林碧玲：

> 「弐」，從馬說為「衛」字，但似不必讀作「慧」，而可如季氏、陳氏之讀如本字，馮時先生也以為如是。「衛」在此作為名詞，意指「藩屏、護衛社稷的人」。君子本來就有屏障、保護社稷的責任，《左傳》定公四年載子魚曰：「以先王觀之，則尚德也。昔武王克商，成王定之，選建明德，以蕃屏周。故周公相王室，以尹天下，於周為睦。」宣公十二年載：「林父之事君也，進思盡忠，退思補過，社稷之衛也。」凡此可見君子就應是社稷的護衛，因

〔註158〕馬承源主編：《上海博物館藏戰國楚竹書（四）》，（上海：上海古籍出版社，2004年），頁177。

〔註159〕季師旭昇：〈上博（四）《逸詩・交交鳴鳥》補釋〉，簡帛研究網，2005年2月15日。

〔註160〕秦樺林：〈楚簡逸詩《交交鳴鷟》箚記〉，清華大學簡帛研究網，2005年2月18日。簡帛研究網，2005年2月20日。

〔註161〕陳斯鵬：〈初讀上博竹書（四）文字小記〉，簡帛研究網，2005年3月6日。

此「以自爲戔」，可意爲「使各自成爲藩屏社稷的護衛。」〔註162〕

6. 季師旭昇：

此字疑从歲、从乂，歲、乂亦聲，歲、乂均有殺伐義，「歲」上古音在心紐月部，但從歲得聲的劌則在見紐月部；「乂」在疑紐月部、「衛」在匣紐月部，三字韻同聲近。「戔」與「衛」聲義俱近，可以互用。比照一、二章，此處逕讀「衛」即可，不必假爲「慧」。衛，動詞轉名詞，指保衛者。〔註163〕

7. 曹建國：

衛，衛護，防衛。承接上文稱讚君子之彬彬有禮的風度，詩又讚美君子能力。〔註164〕

【思婷案】

戔字見於《上博（三）・周易・大畜卦》：「曰班車戔（衛）」，原考釋謂：「戔字待考」。

由於對照馬王堆帛書本、今本《周易》，「戔」的意義等同於「衛」。學者們對戔字的討論眾多，廖名春以爲「戔」从「乂」得聲，「乂（疑／月）、衛（匣／月）」，韻部相同，喉牙音近可通，且「戈」、「刀」乃形符義近互換，疑「戔」即爲「刈」之或體。〔註165〕

黃錫全謂戔乃「从戈、爻聲」之字，或爲「效」之異體，當讀爲「較」或「較」，認爲「車較，泛指『車』。班車較，當謂閒置車馬」。〔註166〕

何琳儀、程燕亦認爲戔字「从戈、爻聲」：

「爻」，匣紐；「衛」匣紐。二字雙聲可通。子彈庫楚帛書「山陵不△」，「以爲其△」，似均應讀△爲「毀」。又甲骨文亦有一字（《類纂》2421），疑爲滬簡之初文。〔註167〕

秦樺林認爲「戔」即「歲」：

「歲」字甲骨文作△，乃戌之象形字，後演變爲△，從步從戌，戌亦聲，

〔註162〕林碧玲：〈《上博四・逸詩・交交鳴鴬》研究〉，《出土簡帛文獻與古代學術國際研討會論文集》，2005 年 12 月 2 日～3 日，頁 240。

〔註163〕季師旭昇：〈《上博四・逸詩・交交鳴鳥》新詮〉，第一屆古文字與古代史學術研討會，中央研究院歷史語言所，2006 年 9 月 22 日～24 日。

〔註164〕曹建國：〈楚簡逸詩《交交鳴鴬》考論〉，武漢大學簡帛網，2006 年 11 月 26 日。

〔註165〕廖名春：〈楚簡《周易・大畜》卦再釋〉，清華大學簡帛研究網站，2004 年 4 月 24 日。

〔註166〕黃錫全：〈讀上博《戰國楚竹書（三）》箚記六則〉，清華大學簡帛研究網站，2004 年 4 月 29 日。

〔註167〕何琳儀、程燕：〈滬簡《周易》選釋〉，清華大學簡帛研究網站，2004 年 5 月 16 日。

會意字。

戰國古文中，「歲」字所從「戌」多省作「戈」形，所從「步」之二「止」亦發生訛變。其中上「止」有作「╳」者，字見郑陵君鑑、郑陵君豆；下「止」作「╳」者，見《古璽文編》4427、4428。因此，簡文「戔」實際上是從「戌」省，從二「止」的訛變字。〔註168〕

季師旭昇謂：

> 「戔」字似可考慮爲從「歲」從「乂」聲會意，「歲」「乂」皆兼聲。包山楚簡「歲」多作「𣥑」，省「月」形，加上「乂」聲，即成「戔」字。「歲」在甲骨文是一種用牲法，後世從「歲」的「劌」字義爲「刺傷」；「乂」，即「刈」之初文，義爲「斷也」、「殺也」，見《爾雅‧釋詁》，「戔」字當兼有這些意思，則「戔」字當與「劌」、「刈」字意義相近，未必與「衛」完全同字。「歲」（心/月。從歲得聲的劌則在見紐月部），「乂」（疑/月）、衛（匣/月）聲，三字韻同聲近，因此「戔」可以與「衛」互作。
>
> 〔註169〕

【思婷案】

由於《上博（三）‧周易‧大畜卦》：「日班車戔」之戔字，可與今本「衛」字作對照，故學者多由形聲字推求，廖說謂戔从乂得聲，爲「刈」之異體，乃形符「戈」、「刀」互換。案：「刈（疑／月）、衛（匣／月）」二字音近可通，且《字彙補‧刀部》收錄「刈」之異體「刐」，謂《戰國策注》有刐字，《龍龕手鑑》云：「刐，古刈字。」故釋戔爲刈，可備一說。

黃錫全認爲戔从戈爻聲，讀爲「衛」；何琳儀、程燕認爲戔从戈爻聲，讀爲「殺」，秦樺林指出：

> 「戔」字構造的特殊之處：二「乂」分別置於「戈」之上下，被短橫隔開。凡從「爻」之「迩」「較」，從「㸚」之「爾」「爽」等字均無是例，因此簡文「戔」斷不從「爻」。〔註170〕

查楚系簡帛中从「爻」之字，如𤕦（效（教），郭‧唐5）、𤕦（𩰎（教），郭‧尊

〔註168〕秦樺林：〈釋「戔」「𢿣」〉，清華大學簡帛研究網站，2004年8月17日。簡帛研究網，2005年9月4日。

〔註169〕季師旭昇主編：《上海博物館藏戰國楚竹書（三）讀本》，（台北：萬卷樓，2005年10月），頁63。

〔註170〕秦樺林：〈釋「戔」「𢿣」〉，清華大學簡帛研究網站，2004年8月17日。簡帛研究網，2005年9月4日。

18)、![字]（畚（教），郭‧緇18）、![字]（駁，包247），「爻」的寫法，或作上下之形「![字]」，或筆畫交疊作「![字]」形，皆未有其中被其他筆畫隔斷者，秦說有理。另就聲韻關係而言，「爻、殽（匣／宵）」、「衛（匣／月）」彼此韻部相距略遠，故黃、何之說似有可商。

秦樺林認為「伐」乃歲字，「歲、衛」古音皆為匣母月部，然而在字形上證據尚不夠充分。秦樺林謂「步」形上半有作「×」者，並無疑問，然而其文中所舉之《古璽文編》4427字形作![字]、4428字形作![字]，二者皆為晉系「歲」字，且下方未如秦氏所言，寫為「×」形。各楚系文字編中，亦未見楚系「歲」字「步」形下方寫作「×」形者。

季師謂包山楚簡歲字多作「![字]」，省去其下「月」形，加上「乂」聲即為「伐」字，可從。甲骨「歲」字假借「戉」形，加點成為分化字，後加「步」為義符，春秋以後，「戉」形訛變為「戈」或「戌」形。楚系「歲」字把「步」形的下半改換為義符「月」，[註171]作![字]（包2.2）、![字]（包2.7）、![字]（包2.199）等形，亦有改換為義符「日」作![字]（望M2.1），或有義符從「夕」作![字]者[註172]可見楚系「伐」形，已經是「步」形的上半以及「戈」形的結合，為「歲」的固定部件，其下可以更換義符。《上博（三）‧周易》「伐」字可對應今本「衛」字，「歲（心／月）」，「乂（疑／月）」、「衛（匣／月）」，三字韻同聲近。

〈交交鳴鷲〉此句「以自為伐」，學者或讀「衛」，或由聲音通假讀為「慧」。案：配合前兩章的「以自為長」、「以自為禦」，此處應讀為「衛」，這三句皆有以國君為人民守護者的意味。若讀為「以自為慧」，則文意不順矣。

〔20〕隹心是萬

【各家說法】

1. 馬承源：

> 「萬」讀為「勱」。《書‧立政》：「其惟起士，用勱相我國家」，孔安國傳：
> 「立政之臣，惟其起士，用勉治我國家。」[註173]

2. 季師旭昇：

〔註171〕季師旭昇：《說文新證（上）》，（台北：藝文印書館，2002年），頁106。

〔註172〕李守奎：「楚之歲字有從月、從日、從夕之或體。」參《楚文字編》，（上海：東華師範大學出版社，2003年12月），頁89。

〔註173〕馬承源主編：《上海博物館藏戰國楚竹書（四）》，（上海：上海古籍出版社，2004年），頁177。

隹心是萬：原考釋讀「萬」爲「勱」，意爲勉治。可從。但也可以讀爲「勵」，砥礪之意。〔註174〕

3. 秦樺林：

按：此字讀爲「厲」。《說文・厂部》「厲」段注：「俗以義異，異其形。凡砥厲字作礪，凡勉勵字作勵，惟嚴厲字作厲，而古引申假借之法隱矣。」「惟心是厲」，意即「厲心」。郭店楚簡《性自命出》：「厲性者，義也。」《左傳・僖公二十七年》：「詩書，義之府也。」《說苑・建本》：「詩書辟立，非我也，而可以厲心。」〔註175〕

4. 陳斯鵬：

「萬」，馬先生讀「勱」，季旭昇、廖名春等先生讀「勵」，於義均可通。然私意以爲或當讀爲「賴」。郭店《緇衣》13「萬民贎之」，《柬大王泊旱》16「邦蔿之」，「贎」、「蔿」並當讀爲「賴」，可爲佐證。〔註176〕

5. 林碧玲：

可從秦氏讀爲「厲」，但似可有別於秦氏之取例「厲心」——摩厲其心之意，而作「惕厲」解。「唯心是厲」，是指君子「實在應該惕厲德性心志啊！」《周易・乾》：「九三曰：君子終日乾乾，夕惕若，厲無咎。」《乾・文言》：「君子進德修業。……故乾乾因其時而惕，雖危無咎矣。」此表心存危懼而警惕德性心志，不敢稍加懈怠。《周易》中亦多有「厲吉」之語，表能憂危而敬慎則吉之意，如〈頤〉：「上九，由頤，厲吉，利涉大川」，因此「惕厲」心志乃君子修德的基本功夫，而這完全切合周文「憂患意識」與「創生意識」交相爲用的尚德精神。〔註177〕

6. 曹建國：

「萬」應讀爲「亶」，忠厚、誠實之義。《書・盤庚》：「誕告用亶其有眾。」孔穎達疏：「用誠心於其所有之眾人。」《國語・周語下》：「於，緝熙！亶厥心肆其靖之。」韋昭注：「亶，厚也。……言二君能光明其德，厚其心，

〔註174〕季師旭昇：〈上博（四）《逸詩・交交鳴鳥》補釋〉，簡帛研究網，2005 年 2 月 15 日。

〔註175〕秦樺林：〈楚簡逸詩《交交鳴鷽》箚記〉，清華大學簡帛研究網，2005 年 2 月 18 日。簡帛研究網，2005 年 2 月 20 日。

〔註176〕陳斯鵬：〈初讀上博竹書（四）文字小記〉，簡帛研究網，2005 年 3 月 5 日。

〔註177〕林碧玲：〈《上博四・逸詩・交交鳴鷽》研究〉，《出土簡帛文獻與古代學術國際研討會論文集》，2005 年 12 月 2 日～3 日，頁 241。

以固和天下也。」〔註178〕

【思婷案】

「萬」，原考釋讀爲「勘（勉治）」；秦樺林讀爲「厲」；季師讀爲「勵（砥勵）」；陳斯鵬、孟蓬生讀爲「賴」，但無說明取義爲何，參照《廣韻》：「賴，利也。」《尚書》：「一人有慶，兆民賴之。」疏：「天子一人有善事，則億兆之民蒙賴之」之語，似可釋爲「利」；林碧玲讀爲「厲（惕厲）」。

參照第二章「唯心是蘍」，此處若讀爲「賴」，釋爲「利」，在文義上並不一致。《說文‧厂部》：「厲，旱石也。」《詩‧大雅‧公劉》：「篤公劉，于豳斯館。涉渭爲亂，取厲取鍛。」陸德明釋文：「厲，本又作礪。」孔穎達疏：「取其礪石，取其鍛具，所以鍛礪斧斤，利其器用，伐取材木，乃爲宮室。」厲即磨刀石，後作「礪」，引伸有「勉勵、激勵」之意，如清徐灝《說文解字注箋‧厂部》曰：「因磨厲之義，又爲勉厲，激厲之義。別作勵。」此處應如第二章「唯心是蘍」，仍是稱美君子能修養內心，故讀爲「厲」、「勵」，釋爲「砥礪」、「惕厲」皆可。

〔21〕皆小皆大

【各家說法】

1. 廖名春：

   「皆少皆大」即「嘉小嘉大」。也就是說華、英都嘉，上、下都嘉，小、大都嘉。〔註179〕

2. 秦樺林：

   《書‧無逸》：「至於小大。」孔疏引鄭云：「小大，謂萬人，上及君臣。」《魯頌‧泮水》：「無小無大，從公於邁。」鄭箋：「臣無尊卑，皆從君而來。」是小大爲尊卑之臣。〔註180〕

3. 林碧玲：

   「偕」即「偕同」之意。「少」與「大」固然有秦氏書證之意，然而二章之「上」、「下」，已言職秩尊卑，若三章再言，便顯重覆。因而此處的「少」、「大」，或指年齡層的差別，亦即老少、老小、長幼，屈萬里先生注〈泮水〉：「無小無大」之「小大」，便是：「謂老少也。」因此「偕少偕大」意

〔註178〕曹建國：〈楚簡逸詩《交交鳴鷖》考論〉，武漢大學簡帛網，2006年11月26日。

〔註179〕廖名春：〈楚簡《逸詩‧交交鳴鳥》補釋〉，簡帛研究網，2005年2月12日。

〔註180〕秦樺林：〈楚簡逸詩《交交鳴鷖》劄記〉，清華大學簡帛研究網，2005年2月18日。簡帛研究網，2005年2月20日。

爲「偕同老少僚友」,「間關愻司,偕少偕大」,則意指「偕同老少僚友,
盡心盡力爲民謀事」。〔註181〕

4. 季師旭昇:

> 以上解釋,其實都無法避免與第二章意義相近。本文既然主張本詩是贊美
> 楚王,則不妨進一步做更深入的推敲。「小大」是個很泛的詞,可以指任
> 何「小大」之人事或物,依學者的思路,可能合於本詩的解釋如下:指職
> 位的尊卑(《魯頌‧泮水》「無小無大」箋),指年齡的小大(《小雅‧楚茨》
> 「小大稽首」箋),指政事的小大(《殷周金文集成》2841 號毛公鼎「叀
> 于小大政」、「離我邦小大猷」;10285 號瓚「余敢擾乃小大事」),最高可
> 以指友邦的小大(《殷周金文集成》949 中甗「令汝使小大邦」)。如果本
> 詩的「君子」只是一般的執政卿大夫,那麼以上的解釋其實都說得通。《詩
> 經》重章複沓,前後章只是換韻,其實文義相同的例子,所在多有。如果
> 本詩的「君子」指地位很高的執政公卿,甚至於就是指最高領導人,那麼,
> 「小大」指小大友邦,於義最妥貼。「皆小皆大」讀爲「諧小諧大」,意思
> 是:和諧地和小大友邦相處。〔註182〕

【思婷案】

誠如季師所言,小大可以指涉的意義十分廣泛,就本詩而言,不論是職位、年
齡、政事……都可以通暢地釋讀,然而釋以「小大友邦」之意,最能突顯豈弟君子
(國君)的地位與職權。

第四節 用 韻

【各家說法】

1. 廖名春:

> 從用韻來看,逸詩的每章都是句尾隔句押韻,一韻到底。如第二章第二句
> 句尾「渚」、第四句句尾「虎」、第八句句尾「冀」、第十句句尾「下」爲
> 韻,上古音皆爲魚部。

〔註181〕 林碧玲:〈《上博四‧逸詩‧交交鳴鵉》研究〉,《出土簡帛文獻與古代學術國際研討
會論文集》,2005 年 12 月 2 日～3 日,頁 241。

〔註182〕 季師旭昇:〈《上博四‧逸詩‧交交鳴鳥》新詮〉,第一屆古文字與古代史學術研討
會,中央研究院歷史語言所,2006 年 9 月 22 日～24 日。

　　　　第三章第二句句尾「濿」、第四句句尾「貝」、第六句句尾「慧」、第八句
　　　　句尾「萬」、第十句句尾「大」爲韻，「濿」、「萬」爲元部字，其餘皆爲月
　　　　部字，屬於月元通韻。
　　　　而第一章第二句句尾「梁」、第四句句尾「英」、第六句句尾「長」、第十
　　　　句句尾「英」爲韻，皆爲陽部字。因此，所殘損的第八句句尾字也當爲陽
　　　　部字。〔註183〕

2. 秦樺林：

　　　　「濿」、「萬」俱讀爲「厲」，故第三章亦一韻到底，俱押月部。此詩以押
　　　　偶句韻爲主，唯第二章首句「交交鳴烏」之「烏」亦入韻。〔註184〕

3. 董　珊：

　　　　第 1 章爲陽部韻；第 2 章爲魚部韻；第 3 章爲月部韻。〔註185〕

4. 林碧玲：

　　　　第一章爲陽部韻，第二章爲魚部韻，第三章月部韻。〔註186〕

【思婷案】

　　由《詩經》來看，許多詩並非一韻到底，用兩韻以上的詩十分普遍，根據王力
的分析，換韻的詩章可分三種形式：〔註187〕

1. 一般換韻：

　　例如〈邶風‧谷風〉：涇以渭濁，湜湜其沚。宴爾新昏，不我屑以（之部）。毋
逝我梁，毋發我笱。我躬不閱，遑恤我後（侯部）！

2. 交　韻：

　　兩韻交叉進行，單句與單句押韻，雙句和雙句押韻，如〈召南‧野有死麕〉：野
有死麕（文部），白茅包之（幽部）。有女懷春（文部），吉士誘之（幽部）。

3. 抱　韻：

　　四句兩韻，第二句與第三句押韻，但此類型在《詩經》中少見）如〈周頌‧
思文〉：思文后稷（職部），克配彼天（眞部）。立我烝民（眞部），莫匪爾極（職
部）。

〔註183〕廖名春：〈楚簡《逸詩‧交交鳴烏》補釋〉，簡帛研究網，2005 年 2 月 12 日。
〔註184〕秦樺林：〈楚簡逸詩《交交鳴鴛》箚記〉，清華大學簡帛研究網，2005 年 2 月 18 日。
　　　　簡帛研究網，2005 年 2 月 20 日。
〔註185〕董珊：〈讀上博藏戰國楚竹書（四）〉，簡帛研究網，2005 年 2 月 20 日。
〔註186〕林碧玲：〈《上博四‧逸詩‧交交鳴鴛》研究〉，《出土簡帛文獻與古代學術國際研討
　　　　會論文集》，2005 年 12 月 2 日～3 日，頁 243。
〔註187〕王力：《詩經韻讀‧楚辭韻讀》，（北京：中國人民大學出版社，2004 年），頁 58～68。

由〈交交鳴鷔〉一詩來看，此詩並不屬於「交韻」；又由於「抱韻」較少見，「一般換韻」在《詩經》中是最常見的例子，因此本文在補字時，也以「一般換韻」來考量。〈交交鳴鷔〉的韻腳及用韻爲：

第一章：梁、英（瑛）、長、匡、英（陽部）

第二章：鷔（鳥）、渚、虎、禦、鯢、下（魚部）

第三章：瀡（屬）、貝、敓（衛）、萬（礪）、大（月部）

第五節　結　論

原考釋謂：

> 自司馬遷作《史記·孔子世家》言孔子刪詩，以及《左傳》、《國語》、《毛詩》、《韓詩外傳》等傳世以來，近二千年間，不斷有逸詩發現。司馬遷言孔子刪詩三千，所錄爲十分去九，是否可信，後賢對此有所討論。段昌武《毛詩集解》：「按書集所引之詩，見在者多，亡逸者少，則孔子所錄，不容十分去九，馬遷言古詩三千餘篇未可信也。」鄭樵也持相同的觀點。清代趙翼《陔餘叢考》以《國語》、《左傳》引詩統計，結果《國語》所引逸詩約佔刪存詩三十之一，《左傳》所引逸詩約佔刪存詩二十之一，以證明逸詩甚少。孔子所刪是否是古詩三千餘篇的十分去九，難以獲得準確結論，但是大體可以知道，不編錄在《詩》中的風雅等詩歌當不在少數，《國語》、《左傳》中的逸詩僅是流行詩中很少的一部份。今次發表的《逸詩》和《采風曲目》是在極其偶然的條件下遺留下來的，是三百篇的編外詩音，彌足珍貴。而且言孔子「刪」詩也有一定問題，孔子選編《詩》是授門徒的教案，代表儒家學派對詩的整理，雖非周天子或魯侯的授權，卻迎合了社會的教育需要。所以司馬遷首創的刪詩說是尊孔的提法，三百篇不大可能包括詩的全部精華。本篇《逸詩》的修辭運用複疊句和譬喻法，是經過采風後修飾的，內容也合於當時的禮。這種未選的詩，想必不是僅存者。
>
> 〔註188〕

【思婷案】

對於孔子與《詩經》的關係，余師培林曾歸納出六點理由，說明孔子刪詩之說

〔註188〕馬承源主編：《上海博物館藏戰國楚竹書（四）》，（上海：上海古籍出版社，2004年），頁173。

不可信：

一、誠如孔穎達所言，書傳所引之詩，見在者多，亡逸者少。茲據趙翼《陔餘叢考》及拙作〈群經引詩考〉，將《左傳》、《國語》、《禮記》三書中引詩情形，列表如下：

書　　名	今存之詩	佚　詩
左　　傳	156	10
國　　語	22	1
禮　　記	100	3

三書中引詩今存者共二百七十八，已佚者十四，佚詩約佔詩二十分之一。孔氏所言，不爲無見。

二、《左傳‧襄公二十九年》記季札觀周樂，所見之詩，與今本大略相同，時孔子方八歲，自無刪詩之事，可見刪詩之說，不足採信。

三、《論語‧爲政》曰：「子曰：『《詩三百》，一言以蔽之，曰：思無邪。』」又〈子路〉云：「子曰：『誦《詩三百》……雖多，亦奚以爲？』」孔子屢言「《詩三百》」，則三百篇必爲當時魯國通行之定本，而無刪詩之事。

四、孔子極端厭惡鄭聲，如《論語‧衛靈公》云：「放鄭聲，遠佞人；鄭聲淫，佞人殆。」又〈陽貨〉云：「惡鄭聲之亂雅樂也。」若孔子刪詩，必刪去鄭詩無疑。今鄭詩疑在，足見孔子未嘗刪也。

五、孔子信而好古，好古敏求，又嘗嘆文獻不足，若詩古果有三千餘篇，孔子必不致刪之，尤不致十去其九。

六、刪詩之說，僅見於《史記》，他書未曾記載。若孔子果曾刪詩，古書記者必多，不容僅史遷及見也。〔註189〕

根據以上六點，證明孔子刪詩之說實不可信。故原考釋謂〈逸詩〉爲「三百篇的編外詩音」，非是。

季師更進一步由內容、時間、歷史背景，試著推測〈交交鳴鷺〉的創作時代：

上博簡的年代，下限在西元前278年楚國遷郢以前，這時的楚王是頃襄王（西元前298～262），再往前則是楚懷王（西元前328～298）。秦將白起敗頃襄王，拔郢都，燒先王墳墓，當非此詩主角。楚懷王初立，敗魏伐齊，十六年山東六國共攻秦，楚懷王爲「縱長」，後來雖然客死於秦，但也有一段風光的日子。懷王的父親楚威王（西元前339～328）曾經敗齊。再

〔註189〕余師培林：《詩經正詁（上）》，（台北：三民，1993年），頁8～10。

往前的楚宣王、肅王、悼王、聲王、簡王，都沒有什麼顯著的功績。簡王的父親楚惠王在位五十七年（西元前 488～431），滅陳、蔡、杞，楚東侵，廣地至泗上，聲勢頗壯。其時代正接春秋之末，《詩》學正盛。以功業論，〈交交鳴鳥〉最有可能作於楚惠王之時，其次則是楚懷王前期。惠王、懷王雖然不是多麼德業俱尊的君王，但詩本有誇飾作用，此正如《商頌》五篇，舊說或以為美宋襄公，〈殷武〉篇云：「撻彼殷武，奮伐荊楚，罙入其阻，裒荊之旅。有截其所，湯孫之緒。」對照宋襄公功業，可謂語極誇飾。《魯頌》之歌詠魯僖公・〈泮水〉篇云：「穆穆魯侯，敬明其德。敬慎威儀，維民之則。允文允武，昭假烈祖。靡有不孝，自求伊祜。明明魯侯，克明其德，既作泮宮，淮夷攸服。矯矯虎臣，在泮獻馘；淑問如皋陶，在泮獻囚。」對照僖公功業，亦極誇飾。〈交交鳴鳥〉歌頌楚王，其中頗有倣效《商頌》、《魯頌》的身影。當然，短短詩文，本不足以論斷，本文不過略作推測，存以俟考。〔註190〕

〈逸詩〉的性質，應如李銳、秦樺林之說，為南方楚人倣效《詩經》所作，上博（四）中《采風曲目》收錄了三十多個曲目名稱，亦不見於《詩經》，可見當時楚地流傳了不少的楚風楚調，而這些地方歌謠並非是孔子刪《詩》的結果。

秦樺林謂〈交交鳴鷺〉的作者大概是一位楚國貴族：

> 楚國的貴族教育，歷來都非常重視對《詩》的傳授。《國語・楚語》：「莊王使士亹傳太子箴……問于申叔時，叔時曰：『……教之詩，而為之導廣顯德，而耀明其志。』」楚簡《詩傳》的發現也證明，戰國中期時，楚國的《詩經》傳授非常發達。更為重要的是，楚國貴族不僅誦詩，而且作詩。屈原的早期作品《橘頌》就是一篇帶有明顯「《詩經》體」特徵的四言詩。和《交交鳴鳥》相比，《橘頌》共 36 句，《交交鳴鳥》共 30 句，二者長度接近，也都使用比興手法。但內容與體式方面，《橘頌》比《交交鳴鳥》有所突破。《交交鳴鳥》重章疊句，形式更接近《詩經》；《橘頌》則突破了重章疊句的限制，全詩分前後兩部分。內容上，《交交鳴鳥》以讚美君子為主，與《雅》詩頗類；而《橘頌》則以詠物為主。根據文學發展的一般通例，《交交鳴鳥》應當產生在《橘頌》之前。
>
> 李零先生認為上博簡的墓葬年代大約在前 400～前 300 年之間，屬於戰國中期，基本上早於屈原（約前 340～約前 278 年）。因此，《交交鳴鳥》的

〔註190〕季師旭昇：〈交交鳴鳥新詮〉，第一屆古文字與古代史學術研討會，中央研究院歷史語言所，2006 年 9 月 22 日～24 日。

發現，爲我們塡補了從《詩經》到楚辭文體發展的過渡環節──擬《詩》體。清儒所輯的佚《詩》中或許就有此類作品。正是有了像《交交鳴鳥》這樣成熟的擬《詩》體作品的出現，才有可能爲後來屈原創作突破《詩經》體的四言詩奠定基礎，並進而影響到騷體的形成。這對於我們加深理解風、騷文體之間的關係具有重要意義。

楚簡佚詩的發現，還有助於我們重新審視以往對先秦文學史的認識。從「詩三百」到屈賦長達數百年的時間，並不是一個缺乏文人詩歌創作的空白時期。「詩三百」由於儒家的廣泛傳播，不僅取得「經」的地位，而且還成爲文學的典範，對戰國時代的詩歌創作產生了深遠影響。楚國的儒者、貴族在誦習《詩經》的同時，也嘗試著仿照《詩經》體進行創作，並注重與民間的楚歌結合、改造，對楚辭的興起了積極的推展作用。〔註191〕

秦樺林推測〈交交鳴鴬〉爲戰國楚地貴族儒者所作，上述引文中並指出〈交交鳴鴬〉這類的擬詩體乃《詩經》與《橘頌》這類楚辭作品的過渡，其說可從。

對於〈交交鳴鴬〉的作者，林碧玲更進一步說明：

向來的中國文學史，總以《詩經》與《楚辭》作爲中國文學的兩大始祖而各爲先秦南北文化的文學代表。雖然也有學者探討楚辭文體的興起，與北方文學《詩經》的關係，而詳論從《詩經》過渡到楚辭文體的程序（游澤承，1978：3～21）。不過，這都是靜態的對比兩者的詩歌形式所得的結果，而〈逸詩〉的出土與研究，特別是秦氏之文學史觀點的意義發掘，則將提供具體而動態之傳播與轉化的了解。

楚辭文體的興起，前人所論已多，除了眾所周知的結合楚地民間的祭神歌，而注入浪漫的色彩之外，或許其中所洋溢的充滿個人際遇存在感的情意，其「個體性」的特色，也可遠溯至南方文化的殷文化。本來殷文化「點狀的水平聯繫」之思維型態，相較於周文化「樹狀的本枝連結」的思維型態，就較具有重個體性的傾向（林碧玲，1996：106～107）。然而，〈逸詩〉的出土與研究，則具體的彰顯了作爲戰國區城文化之共同源頭的周文化的影響力，以及《詩經》孕育與滋養文學新命的活力。《詩經》不僅就性情之教而言，是周文化與孔門德教的入門，同時具有文學創作質性的《詩經》，也是戰國時期詩歌創作的重要資糧，楚國的君子們在賦詩言志的政治動力下，學習《詩經》德教的同時，也深受《詩經》文學創作的啓迪，

〔註191〕秦樺林：〈楚簡佚詩《交交鳴鴬》箚記〉，簡帛研究網，2005 年 2 月 20 日。

從而在此基礎上：結合楚地文化與詩歌的資源，而開出獨具特色且影響深遠的楚辭文體。或許〈逸詩〉的擬《詩》體創作，正是其中一個十分關鍵的推動力量與銜接環節，而〈交交鳴鵟〉就在二千多年後，因著出土而成爲一個具體的象徵。〔註192〕

以《詩經》爲例，在集成的管道上，除了「采詩」以外，有一部份是來自於「獻詩」，《國語・周語》曰：

故天子聽政，使公卿至於列士獻詩，瞽獻曲，史獻書，師箴，瞍賦，矇誦，百工諫，庶人傳語。

《國語・晉語》曰：

吾聞古之言王者，政德既成，又聽於民，於是乎使工誦諫於朝，在列者獻詩使勿兜，風聽臚言於市，辨袄祥於謠，考百事於朝，問謗譽於路。

朱孟庭謂：

公卿列士獻詩的目的，主要是運用詩歌進行諫或贊頌，表達對政治的評價，其後，《漢書・食貨志》：「獻之太師，比其音律，以聞於天子」，何休注《公羊傳》：「鄉移於邑，邑移於國，國以聞於天子。故王者不出牖户，盡知天下所苦，不下堂而知四方」，皆倡獻詩之説。考《詩》之詩文，如〈大雅・民勞〉：「王欲玉女，是用大諫」；〈小雅・節南山〉：「家父作誦，以究王訩」；〈小雅・巷伯〉：「寺人孟子，作爲此詩。凡百君子，敬而聽之」；〈大雅・崧高〉：「吉甫作頌，其詩孔碩。其風肆好，以贈申伯」等，皆足以證明當時確實存在公卿列士作詩傳誦王庭的情事。〔註193〕

若以《詩經》的編輯方式來推求楚國詩歌的創作與編輯，〈交交鳴鵟〉可能即是楚國的貴族儒者所作的擬詩體，用以贊頌楚君。

根據《左傳》的記載，楚國君臣上下引詩之風已經相當興盛，如：

或謂子舟曰：「國君不可戮也。」子舟曰：「當官而行，何強之有？《詩》曰：『剛亦不吐，柔亦不茹』、『毋縱詭隨，以謹罔極』。是亦非辟強也。敢愛死以亂官乎？」（文公十年）

孫叔曰：「進之！寧我薄人，無人薄我。《詩》云：『元戎十乘，以先啓行』，先人也。軍志曰：『先人有奪人之心』，薄之也。」（宣公十年）

子重曰：「君弱，群臣不如先大夫，師眾而後可。《詩》曰：『濟濟多士，

〔註192〕林碧玲：〈《上博四・逸詩・交交鳴鵟》研究〉，《出土簡帛文獻與古代學術國際研討會論文集》，2005 年 12 月 2 日～3 日，頁 246～247。

〔註193〕朱孟庭：《詩經與音樂》，（台北：文津，2005 年），頁 65。

文王以寧。』夫文王猶用眾，況吾儕乎？且先君莊王屬之曰：『無德以及
遠方，莫如惠恤其民，而善用之。』」（成公二年）

《左傳》中相關的例子其多，茲不贅舉。由最早的文公十年（西元 617）之記載算
起，直至屈原〈西元前 343 出生〉之時，約有二百年之久，這期間《詩經》的文
學影響力自是不容小覷。關於《楚辭》之所以產生的緣起，學者已多有討論，而
《楚辭》的文學源流之一，即是「流行於北方的《詩經》與略後於詩經，而流行
於南方的幾首傳疑的楚詩爲主」。〔註194〕〈交交鳴鷖〉的出土與發現，正爲《詩經》
與《楚辭》二大文學源流之間，塡補了其中失落的環節。戰國時期，南方的楚國
在吸取周文化的同時，除了模仿學習，創作擬詩體，也融入了當地的楚風楚調，
逐漸形成了《楚辭》這類的文學作品，自成一格地產生了南方文學的代表。

〔註194〕王忠林等合著：《中國文學史初稿》，（台北：福記，1983 年增訂再版），頁 119。